그래도 삶은 계속된다
― 내 삶에 은퇴는 없다

그래도 삶은 계속된다
—— 내 삶에 은퇴는 없다

펴 낸 날 2025년 11월 25일

지은이	이양범
펴낸이	이기성
기획편집	권희연, 서해주, 최인용
표지디자인	권희연
책임마케팅	이수영, 김정훈
펴낸곳	도서출판 생각나눔
출판등록	제 2018-000288호
주　소	경기도 고양시 덕양구 청초로 66, 덕은리버워크 B동 1708, 1709호
전　화	02-325-5100
팩　스	02-325-5101
이메일	bookmain@think-book.com

· 책값은 표지 뒷면에 표기되어 있습니다.
　ISBN　979-11-7048-942-9(03810)

Copyright ⓒ 2025 by 이양범 All rights reserved.
· 이 책은 저작권법에 따라 보호받는 저작물이므로 무단전재와 복제를 금지합니다.
· 잘못된 책은 구입하신 곳에서 바꾸어 드립니다.

그래도 삶은 계속된다
─── 내 삶에 은퇴는 없다

이양범 지음

생각나눔

| 여는 글 |

내 가슴은 아직도 뜨겁다

한국 나이로 일흔네 살, 74년의 삶을 돌아보면 아득하기만 하다. 짧지 않은 그 세월을 어떻게 건너왔는지 생각하면 신기하기도 하고, 때로는 스스로가 대견스럽게 여겨지기도 한다. 그러나 누구나 그렇듯, 파란만장했던 삶 속에는 '좀 더 잘할 수 있었는데' 하는 후회와 회한이 늘 따라온다.

그런데도 나는 주어진 소명을 묵묵히 감당했고, 눈 앞에 펼쳐진 길을 흔들림 없이 걸어왔다. 화려하거나 눈부신 삶은 아니었지만, 나름대로 성공에 가까운 길을 걸어왔으며, 업계와 사회에서 작은 발자취는 남겼다고 자부한다.

20년간의 직장생활, 그리고 20년 5개월 동안의 특약 점주 생활을 통해 우리 경제의 발전에 보탬이 되고자 노력했으며, 카운셀러와 직원들을 이끄는 사장으로서도 부끄럽지 않게 경영해왔다. 은퇴 후에도 마지막 생을 허투루 보내지 않으려 애쓰고 있다.

삶은 결국 뿌린 대로 거두는 법이다. 콩을 심으면 콩이 나고, 팥을

심으면 팥이 나듯(種豆得豆), 노력 없는 성취는 없다는 게 세상의 이치다. 나는 이 진리를 믿고 살아왔다. 공부하지 않고 시험에서 좋은 성적을 받을 수 없듯, 투자하지 않고 큰돈을 벌 수 없으며, 아무것도 하지 않고는 아무 일도 일어나지 않는다. 그래서 나는 언제나 내 자리에서 나와 가족, 그리고 나를 둘러싼 사람들이 행복할 수 있도록 최선을 다했다.

물론 인생에 역경과 고난이 없을 수는 없다. 힘들고 견디기 어려운 순간마다 아내와 자식들, 그리고 나를 사랑해준 모든 사람을 떠올리며 버텨냈다. 그 결과, 내 삶의 작은 성공을 거둘 수 있었다.

은퇴 이후, 나는 다시 삶을 되짚어 보았다. 그리고 제2의 인생은 더 성실히, 더 보람차게, 더 행복하게 살자고 다짐했다. 그 결심의 첫걸음이 바로 일기 쓰기였다.

2020년 5월 31일 은퇴한 다음 날부터 오늘까지 하루도 빠짐없이 일기를 썼다. 처음에는 무엇을, 어떻게 써야 할지 막막했지만, 시간이 지나면서 차츰 글의 감각을 찾을 수 있었다. 무엇보다 중요한 것은 소박하고 진실하게 나의 하루와 생각을 담아내는 일이었다.

이 책은 그동안 쓴 1,856편의 일기 중 158편을 뽑아 여섯 개의 주제로 엮은 것이다. 노년의 삶과 생각, 가족과 이웃, 동료들과의 추억, 그리고 자연 속에서의 사색을 담았다. 나는 일에서 은퇴했을 뿐, 삶에서는 은퇴하지 않았다. 이 책은 그 증거이며, 내 인생 여정의 또 다른 기록이다.

CONTENTS

4 여는 글

제1부 삶은 계속된다

1장 은퇴, 새로운 삶의 시작 · · · · · · · · · · · 10
2장 또 다른 성찰을 통한 깨달음 · · · · · · · · · · · 33

제2부 노년과 우리 사회

1장 노년의 현실과 바람직한 노후 삶을 위하여 · · · · 56
2장 사회문제를 바라보는 내 생각 · · · · · · · · · · 80

제3부 자연 속에서의 성찰

1장 자연, 영원한 생명의 근원 · · · · · · · · · · · 126
2장 자연을 즐기다 · · · · · · · · · · · 145

제4부 가족은 나의 힘

1장 나를 지탱하는 힘, 가족 · · · · · · · · · · · · · 166
2장 평생의 동반자, 아내 · · · · · · · · · · · · · · · 194

제5부 소중한 이웃과 내 공동체

1장 세상은 함께 할 때 행복해진다 · · · · · · · · · · · 220
2장 살며 사랑하며 배우다 · · · · · · · · · · · · · · 240

제6부 다시 출발선에 서서

1장 일기를 쓰기 시작하며 얻은 것들 · · · · · · · · · 270
2장 생각의 지평을 넓히다 · · · · · · · · · · · · · · 286

318　　　　　　　　　　　　　　닫는 글

제1부

삶은 계속된다

1장 은퇴, 새로운 삶의 시작

✦ **40년 5개월의 생활 마감: 은퇴**

2020년 5월 31일(일)

회사 생활 20년. A사의 특약 점주로 20년 5개월의 생활을 마감했다. 더 일할 수도 있었으나 코로나 팬데믹과 나 자신만의 휴식과 시간을 가지기 위해 오늘로 사무실을 정리하기로 했다. 자의적으로 특약점을 정리하는 것이지만, 어찌 회한의 감정이 없을까. 여러 가지 아쉬움과 함께 지난 20년간의 특약점과 카운셀러들의 추억이 필름 돌아가듯, 머릿속에서 주마등처럼 스친다.

정말 한 시도 후회 없이, 몸을 아끼지 않고 열심히 일했고 그 모든 순간이 내게는 무엇과 비교할 수 없을 만큼 행복했다. 그러나 이젠 지난 시간을 뒤로 하고 새로운 삶을 살아가야 하는 시점이다.

집에서 빈둥거린다는 것이 아직은 어색하고 낯설다. 남의 시선, 특히 가족들의 눈을 의식하며 살 것 같은 예감으로 혼란스럽다. 최소한 몇 년은 충분히 더 일을 할 수 있고 애초 그렇게 계획했으나 '코로나'라는 복병으로 인해 계획이 앞당겨졌다. 그러므로 내 제2의 인생이 충분히 준비되지 않았고 그래서 불안감은 더 커지며 두려움이 엄습해 오는 것도 사실이다.

하지만 얼마 남지 않은 내 여생을 더 의미 있게 살기 위해 노력할 것이다. 더욱이 그간 나를 위해 모든 걸 희생해 준 아내와 더 행복하고 즐거운 노후를 보내기로 스스로 다짐한다. 더 사랑하고 더 배려하는 동반자로서 황혼의 행복을 이루기 위해 노력하기로 약속한다. 그것이 나의 남은 날들과 아내 그리고 가족과 모든 지인에게 내가 돌려줄 최선의 보답일 테니 말이다.

✦ 은퇴 후 1년의 대차대조표와 성찰

2021년 5월 31일(월)

오늘은 평생을 바쳐 투신해 온 A사에서 특약점을 그만둔 지 1년이 되는 날이다. 카운셀러들의 아쉬움을 뒤로 하고 특약점 문을 나선 것이 엊그제 같은데 벌써 1년이라니, 시간이 흐르는 속도가 활시위를 떠난 활과 같다는 말이 실감 난다.

특약점을 떠난 후 얻은 것과 잃은 것은 무엇인가. 우선 얻은 것이라고 한다면 마음의 여유를 갖고 나 자신을 돌아볼 수 있는 넉넉함이었던 것 같다. 자신을 돌아본다는 것, 즉 '성찰'은 인간으로서 매우 중요한 미덕이기도 하다. 소크라테스는 '성찰 없는 삶은 살 가치가 없다'라고 말했다. 최소한 인간으로서 가치 있는 삶이란 바로 스스로 돌아보는 일, 즉 성찰일 것이다. 특약점 생활을 하면서는 성찰할 수 있는 여유와 여건이 많이 없어 쫓기듯 살았으나 은퇴 후에는 성찰의 시간이 많아져 좋았다.

　나를 돌아볼 수 있는 여유와 더불어 얻은 것은 노후를 비교적 안락하게 보낼 수 있는 노후 대비를 이뤘다는 것이다. 게다가 평생 나의 뒷바라지를 해 온 아내를 비롯해 자녀들과 손녀, 사위, 며느리 등 가족과 돈독하게 보낼 수 있는 시간을 얻었다는 점이다.

　잃은 것은 무엇일까? 퇴직과 함께 코로나 팬데믹이 겹쳐 여러 가지 활동의 제약을 받았으며 그런 여파로 생활이 나태해졌다는 사실이다. 사람을 자주 만나지 못하게 되니 인간관계가 더 느슨해질 수밖에 없었던 점도 잃은 것 중 하나일 것이다.

　그러나 이제는 내 인생의 '대차대조표'를 그리는 일은 일단 접어두고 전원주택을 마련해 평소 오랫동안 꿈꿔온 전원생활을 모색하는 것도 나쁘지 않겠다고 생각한다. 다른 동료를 위해 새로 시작한 일에 큰 부담을 갖지 않고 시간을 선용해 여유 있는 삶을 만들어야겠다. 더불어 성찰하며 사는 일에 주력하겠다. 성찰하는 데 가장 좋은 방법은 바로 일기를 쓰는 것이다. 은퇴 후의 일상이 매일매일 비슷해 일기를 쓰는 것도 쉽지는 않지만, 그래도 쉬지 않고 계속 써야겠다고 다짐해본다. 그것이 남아있는 나의 날들을 더 의미 있고 활력 있게 보내는 길이기 때문이다.

✦ 새해 첫날의 다짐

2022년 1월 1일(토)

2022년 1월의 첫날이다. 1년의 첫날이지만 오늘도 어제와 똑같은 태양이 떠올랐다. 시간은 한시도 멈추지 않고 꾸준하게 지속해서 흘러간다.

1년을 열두 달과 365일로 나누고, 하루를 24시간, 1,440분, 8만 6,400초로 나누기 시작한 것은 17세기 갈릴레오 갈릴레이가 주기적으로 흔들리는 진자운동의 원리를 발견한 이후라고 한다.

인간이 만든 과학은 일정한 방향으로 연결된 시간의 직선을 초와 분, 시간, 일과 달과 년으로 나눠 사용하도록 만들었다. 시간을 규격화한 것으로, 이를 현실에서 피부로 체험할 수 있게 만든 것이 바로 시계이다.

그런데 사실 년과 달, 일과 시, 분과 초를 나눈 것은 인간의 필요에 의한 것이지 시간을 그렇게 나눌 수는 없다. 시간은 연속적으로 흘러가는 것일 뿐이다. 우리가 연도와 달, 날짜와 시간 등을 구분해 계획을 짜거나 생각을 하는 것이지 시간이 인간의 계획에 따라 구분되는 건 아닐 것이다. 시간은 그저 한없이 긴 선일 테니까 말이다.

1년의 첫날이지만 나는 늘 그랬던 것처럼 이른 아침 6시에 일어나 걷고 스트레칭을 했고 골프 연습도 마쳤다. 평소와 같이 8시쯤 운동을 끝냈다. 차 운행을 잘 하지 않기에 매주 토요일마다 10분 정도 하는 시험 운전도 했다.

8시 30분경 앞산에 떠오르는 태양을 바라보며 1년을 무사히 보낼 수 있도록 소원 기도를 한 후 오랫동안 키우고 있는 난과 화초를 돌보면서 메마른 것은 물도 줬다. 매일 아침에 똑같이 행하는 나의 루틴이기도 하다.

올해에는 그저 모든 것을 감사하고 욕심부리지 않고 아내와 행복하게 사는 것이 소원이다. 특히 내가 가진 3대 기저질환이 악화하지 않도록 매일 두 시간의 가벼운 운동을 꾸준히 하고 소일 삼아 하는 업무도 여유 있게 할 것을 다짐했다.

아내와 즐거운 시간을 갖기 위해 계획한 매주 토요일의 산행, 한 달 1~2회의 여행은 반드시 지킬 것이며 노욕은 버리고 늘 남을 배려하는 삶을 살 수 있도록 노력할 것이다. 더불어 내일 일을 걱정하지 않고 현재에 충실한 삶을 살아가는 내가 되도록 최선을 다하겠다.

✨ 오너가 아니면 언제 떠날지 모른다

2022년 6월 18일(토)

A사에서 영업 총괄부장으로 근무할 때 면접을 본 후배가 명퇴하게 되었다고 인사차 안부 전화를 해왔다. 대구에서 근무하다 서울로 올라가 팀장 생활을 해왔는데, 이번에 전국 방판팀장과 50대 이상 직원 대부분이 사직하게 되었다고 했다.

그는 54세로 대학에 다니는 두 명의 자녀와 고등학교에 재학하고 있는 자녀 한 명 등 세 자녀가 아직 공부하고 있어 돈 들어갈 일만 있다고 한다. 그렇기에 무슨 일이라도 해야 하는데 막막해 내게 연락해온 것이었다.

3년 전 여기저기서 돈을 끌어모아 12억 원을 주고 구매한 아파트가 20억 원으로 올라 그나마 다행이라고 볼멘소리를 했다. 명예퇴직하면서 회사에서 위로금으로 2억 원을 더 받는다는데 그 돈으로는 요즘 흔한 카페 하나 차리기도 힘들다. 일단 서두르지 말고 몇 개월 여유를 갖고 할 일을 찾아보라는, 뻔한 조언을 했으나 그 후배는 곧 녹록지 못한 현실을 마주할 것이다.

20여 년 전 회사 다닐 때, 명퇴 예정 직원들과 면담할 때의 그들의 눈빛이 문득 생각났다. 그래도 그때는 원하면 누구든 특약점을 내주기도 했는데 지금은 그런 형편도 아닌 듯싶다.

조직 내에 있을 때 늘 그 조직을 떠날 것을 염두에 두고 미리 준비해야 한다. 오너가 아닌 이상 언젠가는 자신이 몸담고 있던 회사를 떠나야 할 때가 반드시 있기 때문이다.

그런 점에서 나는 행운아라고 할 수 있다. 좋은 직책과 조건을 뿌리치고 명퇴금도 받지 않고 회사를 나와 전국의 1위 특약점을 일구었으니 말이다. 나는 허황된 꿈을 꾸지 않고 열정과 최선을 다해 엄청난 노력을 기울여 결실을 이뤘다. 땀은 거짓말을 하지 않는다. 부디 후배를 비롯한 명퇴자들의 건투를 빈다. 세상에 죽으라는 법은 없다.

✦ 사업 선배로서의 조언

2022년 6월 23일(목)

　가까운 지인의 아들이 식음료점을 새로 개업했다기에, 바쁜 일정 속에서도 시간을 내어 찾아가 보기로 했다. 개업점으로 걸음을 옮기며 '젊은 사람이 가게를 차린다니 얼마나 설레고 긴장될까'하는 생각이 들었다.

　문을 열고 들어서자, 반듯하게 정리된 실내가 한눈에 들어왔다. 깔끔한 인테리어가 매장을 환하게 밝혔고, 집기와 기물 하나하나가 모두 새것이었다. 구석구석에 새 가게 특유의 냄새가 배어 있었고, 벽면에는 아직 손때가 묻지 않은 장식들이 가지런히 걸려 있었다.

　이 가게를 차려주기 위해 지인은 과거 수년간 땀 흘려 모은 돈 중 목돈을 투자했다고 했다. 사업이라는 것이 늘 그렇듯, 시작은 기대와 불안이 뒤섞인다. 개업 전에 가족들끼리도 영업이 잘될지, 안 될지를 두고 여러 번 의견이 갈렸다고 한다. 장사는 안 해도 그만이라는 사람이 있는가 하면, 도전하지 않으면 아무것도 얻지 못한다는 사람도 있었다.

　금전적인 지원을 두고도 말이 오가며 갈등이 조금 있었던 듯했다. 그러나 문을 연 이상, 부정적인 말로 기운을 꺾기보다 장사가 잘되기를 응원하고, 손님이라도 한 명 더 데려다주는 게 진정한 가족과 친구의 역할이 아닐까 싶다.

　나는 지인의 아들을 불러 가볍게나마 사업 선배로서 몇 가지 조언을 건넸다.

첫째, 무엇보다 투자금은 어머니가 오랜 시간 땀과 정성으로 모은 돈이니, 그 가치를 가슴에 새기고 반드시 갚아야 한다. 돈을 갚는다는 것은 단순히 채무를 청산하는 일이 아니라, 부모의 희생과 신뢰에 대한 응답이자 어른으로서 책임이다.

둘째, 이익을 남기는 것도 중요하지만, 진실한 노력과 정성으로 고객의 마음을 얻는 것이 장사의 근본이다. 돈은 하루에도 벌 수 있지만, 신뢰는 하루아침에 얻어지지 않는다. 손님 한 명 한 명에게 최선을 다하는 태도가 결국 매출로 돌아온다.

셋째, 자신을 사장이라 부르기보다 봉사자라는 마음으로 손님을 대해야 한다. 웃는 얼굴 하나, 따뜻한 인사 한마디가 사람을 다시 오게 만든다. 장사는 물건이나 음식을 파는 일이 아니라, 마음을 나누는 일이라는 것을 잊지 말아야 한다.

넷째, 매출이 잘 나오더라도 소비를 늘리지 말고, 첫 달부터라도 매달 200~300만 원씩 적금을 들어 두는 습관을 지녀라. 장사는 언제나 성수기와 비수기가 있다. 잘 될 때 미리 대비해 두면 어려운 시기를 훨씬 수월하게 넘길 수 있다.

마지막으로, 세상에 공짜는 없다. 가맹본부나 주변에서 이유 없이 주는 도움, 혹은 너무 좋은 조건으로 다가오는 제안은 반드시 그 이면을 살펴야 한다. 장사꾼의 세상에는 늘 거래의 이유가 숨어 있기 마련이다.

그는 내 말을 경청하며 고개를 끄덕였다. 눈빛 속에 두려움과 의지가 동시에 보였다. 가게 문을 나서면서, 나 역시 처음 특약점의 문을 열던 날이 떠올랐다. 그날 아침, 내 손은 설렘과 긴장으로 식은땀이 흥건했고, 한쪽 마음은 '잘 될까?' 하는 불안으로, 또 한쪽 마음은 '반드시 해내리라'라는 각오로 가득했다. 세월이 흘러 지금은 웃으며 이야기할 수 있지만, 그 시절 하루하루는 살아내는 것 자체가 전쟁이었다.

오늘 만난 지인의 아들에게서 그때의 내 모습이 겹쳐 보였다. 그도 나처럼 수많은 시행착오를 겪겠지만, 진심과 성실함을 잊지 않는다면 분명 가게 문을 여는 하루하루가 축복이 될 것이다. 나는 그의 성공을 마음 깊이 빌며 천천히 발걸음을 옮겼다.

✨ 1월은 준비운동 같은 달

2023년 1월 31일(화)

올해 열두 달 중 첫 달의 마지막 날이 되었다. 달력의 첫 장을 조심스레 뜯어내며, 또 한 번 시간의 빠름을 실감한다. 마치 문 앞을 스치듯 지나가는 바람처럼, 1월도 그렇게 나를 지나갔다.

하지만 달려가는 시간을 붙잡으려 조급해할 필요는 없다. 아직도 내 손에는 열한 장의 달력이 남아 있으니 말이다. 그 남은 장마다 나의 이야기를 채워 넣을 수 있는 충분한 여백이 있다.

살다 보면 조급함이 가장 큰 적이 될 때가 있다. 목욕탕에서 뜨거운 물에 들어갈 때를 떠올린다. 탕 안으로 발끝부터 천천히 들어가야 하듯, 인생도 그렇게 여유를 가지고 시작해야 한다. 성급하게 전신을 담그면 피부가 화끈하게 델 뿐 아니라, 심하면 심장이 놀랄 수도 있다. 물의 온도에 몸이 서서히 적응하듯, 새로운 한 해의 리듬에도 천천히 몸과 마음을 맞춰가는 것이 필요하다.

우리가 1년 동안 해야 할 모든 일을 1월 한 달 안에 몰아넣으려 하면, 급하게 삼킨 밥이 체하듯 부작용만 남게 된다. 억지로 힘을 쏟아 일시적으로는 진척이 있는 듯 보여도, 오히려 열정이 꺼지거나 지쳐버릴 수 있다. 운동이 그렇다. 몸이 따라오지 않는데 마음이 앞서면 부상을 피할 수 없다. 몸과 마음이 하나가 되어야 비로소 오래 달릴 수 있다.

돌아보면, 1월은 마치 준비운동 같은 달이었다. 달력을 뜯는 순간은 경기의 출발 신호이기도 하지만, 동시에 남은 거리를 바라보며 호흡을 가다듬는 시간이다. 지금은 100m 전력 질주가 아니라, 마라톤을 시작하는 마음가짐이 필요하다. 속도를 조절하며, 발걸음 하나하나를 단단히 내딛는 것. 그것이 나를 끝까지 완주하게 할 것이다.

어쨌든 지난 한 달을 뒤로 하고, 이제 열한 달의 여정을 향해 나아가자. 남은 달력 속 날마다 새로운 색을 입히며, 때로는 숨을 고르고, 때로는 힘차게 달리며, 올해의 이야기를 써내려가는 내가 되자.

✦ 완전한 은퇴 심정과 남은 동료에 대한 바람

2023년 11월 1일(수)

11월의 첫날, A사 특약점을 그만두고 여가를 즐기고 있는데, 예전 같이 영업했던 동료가 하는 대리점 영업이 어렵다며 대신 관리해 달 라는 부탁으로 3년간 대리 관리하다 어제부로 종료했다. 보관금도 송금하고 마감 자료도 만들기 위해 출근한 사무실은 책상만 덩그러 니 놓인 텅 빈 공간이었다. 불이 꺼져 있던 사무실 문을 열고 들어 서는 순간, 그 고요 속에서 마음이 괜스레 썰렁해지는 것을 느꼈다.

매일같이 사람들의 웃음과 대화로 가득 차 있던 공간이었는데, 이 제는 오직 나 혼자뿐이라는 사실이 낯설고 서운했다. 근 24년을 쉼 없이 몸담아 왔던 곳이지만, 공식적으로는 카운셀러가 없는 사무실 에 출근하는 첫날이었다.

텅 빈 의자들과 한동안 쓰다 멈춘 듯 놓여 있는 책상, 서류철 속 에 아직도 남아있는 손때 묻은 기록들이 나를 반겼다. 그곳에는 내 가 걸어온 시간과 노력이 고스란히 배어 있었다. 그 세월 동안 경험 했던 희로애락이 한꺼번에 밀려들었다. 한때는 하루의 무게가 버겁 게 느껴져 주저앉고 싶던 순간도 있었지만, 동료들과 나눈 격려와 웃음 덕분에 다시 일어설 수 있었다. 수없이 치열했던 상담과 회의, 그리고 작은 성과 하나에도 함께 기뻐하며 박수를 치던 순간들이 주마등처럼 스쳐 지나갔다.

그 추억들은 단순한 과거의 기록이 아니라, 내 삶을 단단히 붙잡 아 주었던 뿌리였다. 그 속에서 나는 성장했고, 사람과 사람 사이의 신뢰가 얼마나 값진 것인지를 배웠다. 오늘처럼 고요한 날, 비로소 그 의미를 더 크게 깨닫게 된다.

이제부터의 시간은 오롯이 내 몫이다. 더는 조직이 정해주는 길이 아니라 내가 스스로 만들어가야 하는 새로운 길 위에 서 있는 셈이다. 약간의 두려움도 있지만, 또 한편으로는 설레기도 한다. 지나온 시간의 무게만큼 앞으로의 삶에도 나만의 색깔을 입힐 수 있을 것이라는 믿음이 있다.

무엇보다 마음에 남는 것은 다른 대리점으로 재등록하여 떠난 카운셀러들에 대한 그리움과 응원이다. 함께했던 이들이 새로운 자리에서 잘 적응해, 그곳에서도 값진 결실을 맺기를 진심으로 바란다. 비록 같은 공간에서 함께하지는 못하지만, 그분들과 쌓아온 인연이 결코 사라지는 것은 아니다. 오히려 각자의 자리에서 빛을 발하며 또 다른 추억으로 이어질 것이라 믿는다.

오늘, 텅 빈 사무실에서 나는 지난 세월을 되돌아보며 감사의 마음을 다졌다. 그리고 앞날을 향해 조심스레 다짐해본다. 나와 함께했던 모든 시간이 최고의 기억으로 남기를, 그리고 함께 걸어온 이들이 언제나 건강과 행복 속에서 각자의 꿈을 이뤄가기를. 모두 파이팅!

✦ 은퇴 이후의 부부 관계

2024년 8월 6일(화)

저녁 식사를 하는 중에 아내가 은퇴 후 집에서 생활해보니 어떠냐고 물었다. 나는 내조를 잘해주니 잘 지내고 있다고 답했다. 사실 은퇴하면 악기를 배우거나 서예를 하고 싶었는데 아직 시도하지 못한 것이 아쉽다고도 말했다.

대신 파크 골프를 시작해 아내와 함께 다닐 수 있으니 오히려 더 좋은 것 같다고 덧붙이자, 아내도 고개를 끄덕이며 웃었다. 악기보다 서예보다, 함께 웃으며 운동할 수 있는 시간이 더 소중하다는 걸 새삼 느낀 순간이었다.

은퇴 후 남자들은 대부분 아내와 함께 생활하는 것에 큰 만족을 느끼지만, 아내는 그렇지 않은 경우가 많다고 한다. 우스갯소리로 늙어서 여성에게 필요한 다섯 가지는 '돈, 딸, 건강, 친구, 찜질방'이고, 남성에게 필요한 다섯 가지는 '아내, 와이프, 집사람, 마누라, 부인'이라는데, 결국 다 같은 사람을 다른 호칭으로만 부르는 셈이다. 그만큼 남자는 은퇴 뒤 아내 없이는 하루도 버티기 힘들다는 자조 섞인 농담일 것이다.

예전에 보도된 한 설문조사가 떠오른다. 모 은행 미래설계센터가 중장년층 부부 100쌍을 대상으로 은퇴 이후 삶에 관한 조사를 진행했는데, 결과는 흥미로웠다. 남성들은 배우자에 대한 의존도가 높게 나타났지만 여성들은 더 냉철하고 현실적으로 노후를 준비하는 태도를 보였다.

"다시 태어나도 지금의 배우자와 결혼하겠느냐?"는 질문에 남성은

71%가 "그렇다"라고 답했지만, 여성은 41%만 같은 답을 선택했다. 또 은퇴 후 해외여행을 가고 싶은 대상으로 남성의 91%가 배우자를 꼽았으나, 여성은 72%로 낮아졌고 대신 친구(18%), 형제·자매(6%)를 선택한 경우도 있었다.

자녀가 생활비를 요청할 때도 남성은 '어떻게든 도와준다'는 응답이 절반에 달했지만, 여성은 '상황을 설명하고 양해를 구한다'거나 '성의만 보여준다'는 응답이 많았다. 아마도 가정과 자녀를 현실적으로 챙겨온 여성들의 삶의 경험이 이런 태도 차이를 만든 것이 아닐까 싶다.

이 조사 결과는 은퇴를 앞둔 우리 세대에 중요한 시사점을 던져준다. 남성은 은퇴 전에 더 냉철하게 미래를 설계하고 준비해야 하고, 여성은 남편에게 따뜻한 안정감을 나눠주는 노력이 필요하다. 그러나 그보다 더 중요한 것은 서로의 차이를 이해하고 존중하는 일일 것이다.

결국 은퇴 이후의 삶은 누가 더 현실적인가, 누가 더 따뜻한가의 문제가 아니라, 함께 웃고 즐길 수 있는 시간을 늘려가는 데 달려 있다. 그것이야말로 진정한 은퇴 설계가 아닐까 한다.

✦ 인생은 하루하루의 삶이 모여 이뤄진다

2024년 9월 10일(화)

인생은 결국 하루하루의 삶이 모여 이뤄진 것이다. 먼 훗날을 떠올리면 인생이 장대한 대하소설처럼 보이지만, 그 거대한 줄거리를 이루는 것은 다름 아닌 작은 하루들이다. 하루는 인생이라는 긴 여정 속에서 보면 아주 미세한 단위에 불과하지만, 어떻게 보내느냐에 따라 인생 전체의 방향은 달라진다. 작은 나사 하나가 기계를 움직이고, 작은 씨앗 하나가 거목으로 자라듯, 하루의 무게와 가치는 전혀 가볍지 않다.

우리는 흔히 먼 미래를 꿈꾸며 거대한 목표를 세운다. 그러나 그 목표를 실현하는 길은 언제나 오늘 하루를 어떻게 사느냐에서 시작된다. 미래는 저 멀리 있는 것이 아니라 매일의 작은 선택 속에 이미 들어 있다. 성실하게 하루를 쌓아 올리면 미래는 자연스레 바른 모양을 갖추게 되고, 게으르고 방탕하게 하루를 흘려보내면 미래 또한 그에 걸맞은 결과로 드러나게 된다.

빈 병에 무엇을 담느냐에 따라 그 병의 가치가 달라진다는 비유는 우리의 하루를 설명하는 데 참 적절하다. 물을 담으면 단순한 물병이 되고, 술을 담으면 술병이 되며, 향유를 담으면 귀한 향유병으로 바뀐다. 같은 병이라도 그 안에 무엇을 채웠는가에 따라 쓰임새와 값어치가 전혀 달라진다. 하루도 마찬가지다. 그저 무심코 시간을 흘려보내면 흔한 하루로 끝나지만, 사랑과 정성, 성실과 감사로 채운 하루는 평생 기억될 특별한 날이 된다.

더 중요한 것은 그 병을 채우는 주체가 오직 '나 자신'이라는 점이다. 하루의 주인은 누구도 아닌 나다. 타인의 기대나 사회적 압력이 영향을 미칠 수는 있어도, 결국 내 삶의 빈 그릇에 무엇을 담을지 결정하는 최종 책임자는 나다. 그렇기에 매일 아침 우리 앞에 주어지는 하루라는 선물은 사실상 무한한 가능성을 품은 빈 병과 같다. 그 안에 어떤 향기를 담을지는 오직 내 선택과 의지에 달려 있다.

우리에게는 늘 두 가지 길이 있다. 긍정적 사고, 따뜻한 사랑, 근면하고 성실한 일과로 하루를 채울 수도 있고, 반대로 나태와 게으름, 부정적 사고와 허망한 욕망으로 하루를 채울 수도 있다. 같은 24시간이라도 무엇을 담았는지에 따라 그 무게와 향기는 달라진다. 어제의 하루와 오늘의 하루가 모여 내일을 만든다는 사실을 기억한다면, 결코 하루를 가볍게 흘려보낼 수는 없을 것이다.

물론 살아가다 보면 누구에게나 시련과 실패가 찾아온다. 이는 피할 수 없는 삶의 숙명이다. 하지만 시련과 실패가 반드시 불행을 의미하는 것은 아니다. 오히려 그것은 더 큰 시련을 대비하라는 신호이며, 더 깊은 깨달음을 준비하는 과정일 수 있다. 넘어져 본 사람만이 일어서는 법을 알고, 실패를 맛본 사람만이 성공의 참된 가치를 안다. 결국 시련과 실패조차 우리가 빈 병에 담을 수 있는 또 다른 귀한 내용물이 된다.

예를 들어 하루의 빈 병을 '감사'로 채운다고 생각해 보자. 아침에 눈을 떴을 때 숨을 쉬고 있다는 사실에 감사하고, 식탁 위에 놓인 한 끼 식사에 감사하고, 나를 불러주는 가족과 친구의 존재에 감사한다면 그 하루는 절로 풍요로워진다. 또 하루를 '사랑'으로 채운다면, 작은 친절과 배려, 따뜻한 말 한마디가 주위를 밝히고 내 삶을 더욱 따뜻하게 만든다. 반대로 하루를 불평과 원망으로 채운다면,

같은 시간이라도 그 하루는 무겁고 어두울 뿐이다.

그렇기에 우리는 매일 아침 자신에게 물어야 한다. 오늘이라는 빈 병에 무엇을 담을 것인가? 무심히 흘려보낼 것인가, 아니면 가치 있는 것으로 채울 것인가? 인생을 바꾸고 싶다면 거창한 결심보다 오늘 하루를 어떻게 보낼 것인가를 먼저 고민해야 한다. 위대한 업적도 결국 오늘의 작은 성실이 쌓여 이룬 결과물이다.

오늘이라는 하루는 다시 오지 않는다. 어제의 하루가 모여 오늘이 되었듯, 오늘의 하루가 쌓여 내일이 만들어진다. 하루를 소홀히 하는 사람은 인생 전체를 소홀히 하는 사람이고, 하루를 귀히 여기는 사람은 인생 전체를 빛나게 만드는 사람이다. 그러므로 우리에게 주어진 이 하루 지금, 이 순간이야말로 가장 소중하고도 결정적인 시간이다.

결국 인생은 특별한 날에 의해 완성되는 것이 아니라, 보통의 날들이 모여 완성된다. 그러므로 우리는 오늘 하루라는 빈 병에 무엇을 담을 것인지 진지하게 고민해야 한다. 오늘의 선택이 곧 내 인생을 만들고, 오늘의 하루가 모여 나의 삶을 완성한다. 그 진실을 마음에 새길 때, 우리는 비로소 하루를 소홀히 하지 않고 인생을 귀하게 살아갈 수 있다.

✦ 새해 각오나 결심은 현실적으로 작성하라

2024년 12월 30일(월)

올해도 이제 딱 하루만 남기고 있다. 하루만 지나면 또 새해를 맞는다. 매년 이맘때가 되면 누구든 신년 결심을 한다. 사람마다 새해 소망이 모두 다르겠지만, 결국 최종 목표는 행복해지기 위한 것이다. 물론 각자가 생각하는 행복은 다 다르겠지만 말이다.

새해 각오나 결심은 당연히 현실적이어야 한다. 실제로 행동으로 옮길 수 있어야 하고 구체적으로 정해야 실천하기가 쉽다. 예를 들어 '독서 하기', '운동하기', '돈 벌기' 등으로 모호하게 계획을 세우는 것보다는 '세계 명작 100선 읽기 도전하기', '한해 10kg 몸무게 감량'이나 '수도권 산 등산하기', '1년간 1,000만 원 저축하기' 등 구체적인 것이 실천하기에 더 좋다.

한꺼번에 많은 것을 이루려는 욕심을 버리지 않으면 '작심삼일'이 되기 쉽다. 2월 말 정도가 되면 80%의 사람들이 새해 계획 실천에 실패한다는 통계도 있다. 그럴 때는 초심으로 돌아가 주간 또는 월간 단위로 계획을 수정해 가면서 새로운 각오로 다시 계획을 실천해 가야 한다. 매일매일 새로운 태양이 떠오르는 법이다.

나의 2025년 새해 목표는 그리 거창하지는 않다. 먼저 꾸준히 운동하기이다. 올해에 이어 월요일, 수요일, 금요일에는 둘레길 걷기, 화요일과 토요일은 아내와 파크 골프 치기, 목요일은 미진한 운동을 하거나 자율 운동을 하는 것이다.

운동 외의 시간은 오후 7시 반부터 9시 반까지 주로 뉴스와 교양 프로그램을 시청하고 오후 2시부터 5시까지는 신문과 책 읽기, 일기 쓰기를 할 것이다. 토요일은 대청소를 시행하되 스트레칭, 골프 연습, 재활용품 분류와 처리 등은 기존에 하던 대로 그대로 할 예정이다.

오늘 할 일을 내일로 미루면 내일의 일은 두 배가 된다. 하루하루 내게 주어진 책무를 성실히 해나가게 될 때 내 삶이 헝클어지지 않고 조화롭게 이어져 갈 것이다. 2025년도 올해처럼 순조롭게 지나가는 해가 되길 바라며 스스로 '화이팅!'을 외쳐 본다.

✦ 새해 첫날: 솔개의 장수 비결처럼 결행하는 한해

2025년 1월 1일(수)

2025년 새해 첫날이다. 새로운 각오와 마음으로 새해 첫날을 보내며 여러 가지 생각이 많았다. '새해에는 어떻게 살아야 할까?'라는 물음이 온종일 마음속에서 맴돌이했다.

그러다 예전 신문에서 읽었던 솔개의 장수 비결이 떠올랐다. 장수하고 싶은 마음에서가 아니라 장수를 위해 치열함을 보이는 모습에 감동 받아서였다. 그렇게 살아야겠다는 각오에서 소개해 본다.

솔개는 조류 중에서도 가장 오래 사는 새로 잘 알려져 있다. 최고 약 70세의 수명을 누릴 수 있는데 이렇게 장수하려면 약 40세가 되었을 때 매우 고통스럽고 중요한 결심을 해야만 한다고 한다.

약 40세가 되면 솔개의 발톱은 노화로 인해 사냥감을 그다지 효과적으로 잡아챌 수 없는 상태가 된단다. 부리도 길게 자라고 구부러져 가슴에 닿을 정도가 되고, 깃털이 짙고 두껍게 자라 하늘로 날아오르기가 힘들어지기도 한다. 이즈음이 되면 솔개에게는 두 가지 선택이 있을 뿐이다. 그대로 죽을 날을 기다리든가 아니면 약 반년에 걸친 매우 고통스러운 갱생 과정을 수행하는 것이다.

갱생의 길을 선택한 솔개는 먼저 산 정상 부근으로 높이 날아올라 그곳에 둥지를 짓고 머물며 수행을 시작한다. 우선 부리로 바위를 쪼아 부리가 깨지고 빠지게 만든다. 매우 고통스러운 과정이지만 서서히 새로운 부리가 돋아난다. 그 후 새로 돋은 부리로 발톱을 하나하나 뽑아낸다. 뽑아낸 곳에 새로운 발톱이 돋아나면 이번에는 날개의 깃털을 하나하나 뽑아낸다.

그런 과정을 거친 후 약 반년이 지나 새 깃털이 돋아난 솔개는 완전히 새로운 모습으로 변신하게 된다. 그리고 다시 힘차게 하늘로 날아올라 30년의 수명을 더 누리게 되는 것이다.

그대로 죽을 것인가 아니면 새롭게 갱생할 것인가. 솔개의 다짐으로 2025년을 맞는다면 이뤄내지 못할 일이 없을 것이라 확신한다. 계획만 하고 실천하지 않으면 아무 일도 일어나지 않는다. 중요한 것은 결심이 아닌 해법을 찾는 결행이다. 솔개처럼 결행하는 한 해가 되길 바란다.

✦ 자신과의 약속: 삶의 태도에 달렸다

2025년 3월 2일(일)

몇십 년 동안 꾸준히 지켜온 생활 습관 가운데 하나가 바로 아침 6시 기상이었다. 그것은 단순한 기상 시간이 아니라, 나 자신과의 약속이자 하루를 알차게 여는 첫 단추 같은 존재였다. 이른 아침 공기를 마시며 하루를 시작하는 습관 속에서 나는 삶의 리듬과 마음의 평정을 동시에 얻었다. 겨울철의 차가운 공기와 이불 속의 따스함이 교차하는 순간에도, 나는 언제나 정해진 시간에 몸을 일으켜 세우는 것으로 하루를 시작해왔다.

그런데 요즘 들어 이 규칙이 점점 흔들리고 있다. 특히 날씨가 추워지면서, 이불 속의 포근함이 너무 달콤하게 느껴졌다. 다시 눈을 감는 날이 하루, 이틀씩 늘어나면서 결국 한 달 전부터는 기상 시간이 점점 늦어져 7시를 훌쩍 넘길 때가 많아졌다. 처음에는 '겨울이라 어쩔 수 없지' 하고 자신을 달래며 넘어갔지만, 그렇게 하루 한 시간이 사라지는 것이 반복되자, 전체 하루의 계획이 흐트러지는 것을 피할 수 없었다.

늦잠으로 잃어버린 시간은 생각보다 훨씬 큰 영향을 미쳤다. 아침에 하던 산책이나 책 읽기, 글쓰기, 간단한 스트레칭과 명상까지, 하루를 시작하며 쌓아가던 작은 루틴이 하나둘 무너졌다. 그러면서 마음 한편에는 죄책감과 무력감이 쌓였고, 몸은 안온함 속에 젖어 만족하지만, 마음은 그 편안함을 거부하고 있었다. 스스로 나태해졌음을 자각하면서도, 포근한 이불 속의 유혹은 생각보다 강력했다.

하루 한 시간의 허비가 가져오는 손실을 계산해보니 충격적이었다. 1년에 365시간, 즉 무려 15일가량을 그냥 흘려보내는 셈이다. 이것은 단순히 시간이 날아간 것이 아니라, 건강을 관리할 기회를, 새로운 경험을 시도할 기회를, 자기 자신을 성찰할 귀중한 시간을 허무하게 버리는 일과 다름없었다.=

나이가 들수록 하루하루가 얼마나 소중한지, 시간이 얼마나 빠르게 흘러가는지 더욱 절실하게 느끼게 된다. 그럼에도 불구하고 나는 최근 들어 그 귀한 시간을 스스로 흘려보내고 있었던 것이다.

생각해보면 아침 6시는 단순한 시간의 지점이 아니다. 그것은 나 자신을 단단히 세우는 의식이며, 하루를 주도적으로 살아가는 힘의 시작이다. 기상 시간을 지킨다는 것은 몸과 마음을 깨어 있게 하고, 나태와 안일함에서 벗어나 자신을 제어하는 작은 승리이기도 하다. 매일 아침 늦게까지 침대 속에 누워있는 순간, 나는 선택의 갈림길에 서 있다. 포근함에 굴복할 것인가, 아니면 나 자신에게 약속한 규칙을 지킬 것인가. 그 선택 하나가 하루와 삶의 질을 결정한다.

결국 내일 아침부터는 처음 결심했던 대로 6시 기상을 철저히 지켜야겠다. 늦잠의 달콤함에 빠지지 않고, 다시 하루를 계획대로 시작해야 한다. 시간을 허비하는 일은 작은 죄악이자, 나 자신을 배반하는 행위와도 같다. 매일 아침 조금씩 쌓이는 자기 통제와 규율이 결국 삶 전체를 단단히 지탱하는 힘이 된다. 하루를 시작하며 얻는 성취감은 그 어떤 보상보다 값지며, 늦잠으로 잃은 시간은 절대 다시 돌아오지 않는다.

더 나아가, 하루를 단단히 여는 아침 기상은 단순한 습관을 넘어 삶에 대한 태도를 상징한다. 자기 자신에게 책임을 지고, 계획을 지키며, 매 순간을 의미 있게 살아가려는 의지의 표현이다. 이 작은 승리를 반복할 때, 나태와 안일함은 점점 힘을 잃고, 삶은 조금씩 더 충실해진다. 아침 6시의 시작은 단순히 시곗바늘의 움직임이 아니라, 하루와 인생을 단단히 붙드는 신호이자, 나 자신과의 약속을 지키는 상징인 셈이다.

　오늘 하루를 돌아보며 다짐한다. 늦잠을 허용한 지난 한 달을 반성하고, 내일부터는 다시 하루를 활기차게 시작하리라. 포근한 이불 속의 유혹을 뿌리치고, 알람을 듣는 순간 몸을 일으켜 세우는 선택을 반복하는 것. 그것이야말로 나를 위한 작은 승리이며, 시간을 지배하는 가장 확실한 방법이다.

2장 또 다른 성찰을 통한 깨달음

✦ 건강수명 그리고 죽음에 대한 성찰

2020년 12월 30일(수)

올해도 단 이틀만이 남았다. 내일이 지나면 내 나이 일흔 살, 고희(古稀)를 맞는다. 시간이 참 빠르다는 사실이 새삼 느껴진다. '고희(古稀)'는 당나라 시인 두보의 시 '곡강(曲江)'에 나오는 '인생칠십고래희(人生七十古来稀)'의 줄임말로, '삶에 있어 칠십도 드문 일'이라는 의미이다. 옛날에는 70세까지 사는 일이 극히 드물었다는 얘기다. 지금이야 의학의 발달로 한국인의 평균 수명이 80세가 훌쩍 넘기 때문에 칠순을 맞는 것이 그리 대단한 일은 아니다.

그래서 흔히 '100세 시대'라는 말을 많이 하지만 100세를 사는 것보다는, 건강하게 사는 수명을 가리키는 '건강수명'이 더 중요하다고 생각한다. 질병을 갖고 괴로워하며 100세를 사는 것이 뭐가 행복하랴. 맛있는 것을 마음껏 먹고 다양한 걸 즐길 수 있게 움직일 수 있는 건강이 결국 행복한 삶을 만들 수 있다고 생각한다.

'100세 시대'라지만 75세까지 살 수 있는 확률은 54% 정도라고 한다. 그러니 이제 막 일흔 살이 된 나는 인생의 마지막 시간과 함께 죽음에 대해 생각하며 죽음을 준비하는 단계에 이르렀다고 생각한다. 오늘처럼 1년의 마지막 시점이 있듯 인생에도 분명히 마지막이 있기 때문이다.

죽음에 대한 철학적 단상이나 성찰은 기본이며 그 외에 구체적으로 준비해야 할 것들을 나름대로 꼽아봤다.

먼저 재산 상속에 관한 사전 유언장을 작성할 것이다. 몸이 아파 도저히 회생 가능성이 없으면 치료를 중단하고 호스피스 병동에 들어가고 연명치료는 절대 하지 않는다. 그렇게 자연스럽게 죽음을 맞고 싶다. 사망한 후에는 화장해서 납골당에 안치하되 장례비용은 내 재산에서 처리하게 할 것이다. 제사는 지낼 필요는 없으나 내가 죽은 추모일은 가족이 반드시 모여 1년에 한 번쯤은 나를 기억하는 날이 되었으면 좋겠다. 이상의 내용을 가족들과 상의해 결정할 것이다.

지금부터 남은 인생을 더 고귀하고 아름답게 살기 위해 죽음을 대비하고자 한다. 그런 생각의 한 방편으로 타인을 돕거나 봉사활동 하는 일에도 시간을 할애할 예정이다. 지난 40년 이상을 전문직업인으로 일했으나 이제는 돈을 떠나 인생의 의미 있는 활동으로 시간을 유용하게 보낼 수 있는 생활을 해볼 예정이다. 그러면 더 소중하고 자유로운 시간이 될 수 있으리라 믿는다.

✦ 아이에게 돈보다 나눔의 미덕을 가르쳐라

2021년 5월 5일(수)

어린이날을 맞아 두 손녀에게 조그마한 선물을 하고 축하해줬다. 딸아이와 대화하다가 딸이 가진 생각의 일면을 발견할 수 있었다. 딸은 벌써부터 자식들에게 재산을 어떻게 물려줄지 고민하고 있었다.

내 생각은 조금 다르다. 재산보다는 건강과 마음의 행복, 미래에 어떻게 살 것인지를 먼저 가르치는 것이 옳다고 본다. 반면 딸내미는 자식들이 한 푼이라도 더 소유하는 것이 중요하다고 생각하는 것 같다. 내심 씁쓸한 마음이 들었다.

하나라도 더 가지려고 안달하는 것보다는 비움과 타인들에 대한 나눔의 미덕을 갖는 것이 더 행복하고 의미 있는 인생을 살아가는 데 도움이 된다고 확신한다.

세계적인 투자자이자 부호인 워런 버핏은 자신의 재산 가운데 99%를 사회에 환원하겠다고 선언해 화제가 된 인물이다. 그는 자신이 누린 모든 부는 사회에서 왔다고 생각해 환원을 결심한 것이다. 돈이 많다고 해서 특별한 사람은 아니라는 것이 그의 지론이었다. 그는 자신을 특별한 사람으로 생각한 것이 아니라, 특별한 시대와 사회 안에 놓인 평범한 사람이라 여겼다.

워런 버핏만이 아니다. 지구 상에서 가장 권위 있는 상인 노벨상을 제정한 노벨이나 마이크로소프트사의 창업주이자 최고 경영자 빌 게이츠도 마찬가지다. 그들이 존경과 칭송을 받은 이유는 그들이 쌓은 부 때문이 아닌 타인을 배려하고 사회에 환원하고자 하는 마음에서 비롯된 것이다.

나는 딸아이가 자식들에게 워런 버핏이나 빌 게이츠의 기부를 이끈, 타인에 대한 배려와 그로 인한 기부와 같은 이타적 행동을 가르치고 인생의 유산으로 남겨주길 바란다. 진정한 행복은 부에서 오는 것이 아니라 더불어 사는 사회를 추구하는 데서 온다.

돈이 많다고 해서 부자는 아니다. 진정한 부자는 다른 사람이 인정해야 하며 많은 이들에게 존경과 칭송을 받아야 한다. 더불어 진정한 행복이란 타인에게 도움이 되는 삶이다. 남을 도울 수 있는 사람은 무엇과도 바꿀 수 없는 행복감을 얻을 수 있다. 나눔엔 말로 표현할 수 없는 기쁨과 벅참이 있기 때문이다.

✨ 책 읽는 습관을 들이자

2021년 6월 29일(화)

은퇴 후 그동안 소홀했던 독서에 치중하려고 노력하고 있다. 그러나 시간이 넘쳐나도 책 읽기가 생각보다 쉽지 않고 집중이 잘되지 않는다. 모처럼 독서를 해볼까 싶어 책장을 펼쳤는데 채 한 장을 넘기기도 전에 졸음이 엄습한다. 몇 장 읽지 않았는데도 뭘 읽었는지 내용이 기억나지 않을 때가 많다. 뭔가를 읽을 때 집중이 안 되고 잠부터 오는 것은 의지박약이 아닌가?

그나마 최근 읽은 것은 책이 아닌 신문뿐이다. 신문도 집중해서 읽기가 힘들다. 한 시간 이상 들고 있어야 관심 있는 주요 기사들이 눈에 들어온다.

세상을 보는 눈을 키우고 그리고 인간의 삶과 지구촌 돌아가는 상황을 이해하는 안목을 키우려면 가장 빠른 것이 바로 읽는 일일 것이다. 책이든 신문이든 말이다. 어떤 작가는 "책 읽기는 우리 삶에 혁명적인 변화를 가져다주는 행위"라고 강조했다고 한다.

책을 읽으며 우리는 타인의 시선으로 세상을 보고, 경험해보지 못한 일을 우리 내면에 쌓을 수 있으며 미처 생각지 못한 질문을 만나고는 우리 생각의 근육을 단련시킬 수 있다. 우리가 당연하게 여겼던 상식이나 가치관이 뒤흔들리기도 하고 복잡한 인생의 문제에 대한 해답을 찾을 수도 있다. 이처럼 독서를 통해 얻는 유익은 작지 않다.

이제부터라도 책 읽는 습관을 들이자. 하루에 단 10분이라도 책을 읽으려 노력한다면 독서력도 조금씩 높아져 갈 것이다.

✦ 삶을 가장 가치 있게 만드는 것

2021년 11월 26일(금)

얼마 전 미국의 한 여론조사기관이 세계 17개 OECD 국가 국민 1만 8,000여 명을 대상으로 '삶을 가장 가치 있게 만드는 것은 무엇인가?'라는 설문조사 결과를 발표했다.

그런데 한국인 응답자만이 '물질적 행복'을 1순위로 꼽았다. 식사 수준, 집의 소유 여부, 가족을 부양할 수입, 여가 생활 비용 등이 구성항목이었다. 다른 나라는 대체로 '가족과 직업'을 꼽았다. 가족 간의 정서적 유대와 지속적인 소득의 유지 그리고 일을 할 수 있다는 것 등이 삶의 가치에서 중요하다는 답변이었다.

한국은 얼마나 좋은 직장인지, 연봉은 얼마나 받는지, 재산은 얼마나 있는지에 따라 행복의 정도가 가늠되는 것이다. 그러다 보니 어릴 적부터 더 좋은 직장과 연봉을 얻기 위해 좋은 학교, 명문대를 가기 위해 학원으로, 과외로 뺑뺑이를 돌고 대학에 입학해서도 취업 준비에 매진할 수밖에 없다.

사랑보다는 학벌과 가문, 재산 등이 좋은 배우자의 척도가 된다. 돈이 많아야 데이트도 할 수 있고 결혼도 하며 아이도 낳아 키울 수 있다는 것이 요즘 젊은이들의 공통된 생각이다.

예전에 '삼포세대'라는 신조어가 있었다. 불안정한 일자리와 사회복지 시스템의 부재로 인해 연애와 결혼, 출산 등 세 가지를 포기하거나 미루는 청년세대를 뜻하는 말로, 물질만능주의의 얼굴을 한 우리 사회의 우울한 단면을 보여주는 말이라 하겠다. 이제는 '삼포세대'에 더해 취업과 내 집 마련을 포기한 '오포세대', 인간관계와 미래의 희망까지 포기한 '칠포세대'가 회자 되는 지경까지 이르렀다.

성실하게 직장생활 해봐야 월급으로 오르는 집값을 따라갈 수 없어 '벼락 거지'로 몰락하는 세태이다 보니 '돈이 곧 행복'이라는 물질만능주의가 극에 달하는 상황이다.

그러나 돈이 아무리 많아도 건강이 좋지 않아 거동할 수 없거나 가족이 불화하는 등 정신적으로 고통을 당한다면 그 삶이 절대 행복할 수 없다. 분명히 돈보다, 물질적 풍요보다 더 중요한 가치가 존재하며 그런 것은 인간으로서 최소한의 품격을 갖고 살아가는 데 꼭 필요한 요소들이다.

돈의 많고 적음은 상대적 기준일 뿐이며 아무리 많이 가진다 해도 가진 분량보다 바라는 것이 더 많으면 분명 불행해지는 것이 인간이다. 중요한 것은 물질의 많고 적음이 아니라 내가 가진 것에 감사하고 만족할 줄 아는 것이 행복한 삶이다. '안분지족(安分知足)'이 바로 행복의 지름길인 셈이다.

✨ 죽음은 두려움의 대상이 아니다

2022년 5월 2일(월)

술을 좋아하던 모임의 한 친구가 코로나 후유증으로 세상을 떠났다는 소식을 들었다. 사람은 누구나 언젠가는 이별을 맞이하게 마련이지만, 가까이서 웃고 떠들던 친구가 홀연히 사라졌다는 사실은 말로 다 표현할 수 없는 허망함과 쓸쓸함을 안겨준다.

그 친구의 빈자리는 단순히 한 명의 부재가 아니라, 함께 쌓았던 시간과 추억이 더는 이어질 수 없다는 현실로 다가왔다. 문득, 살아 있는 동안의 하루하루가 얼마나 귀하고 덧없는지를 다시금 깨닫게 된다.

이런 소식을 접할 때마다 '죽음'이라는 주제를 외면하지 않고, 오히려 준비하며 사는 것이 얼마나 중요한지 느낀다. 우리는 대부분 죽음을 먼 훗날의 일로 미루어두고, 마치 영원히 살 수 있는 듯 일상을 소비한다. 하지만 죽음은 예고 없이 찾아오고, 그 순간이 언제일지는 아무도 모른다. 그렇기에 오히려 더 담담히, 그리고 현명하게 준비하는 태도가 필요하다.

얼마 전 타계한 석학 이어령 선생이 떠오른다. 그는 연명치료를 거부하고 남은 삶을 초연하게 보내기로 했다. 병상에서 불필요한 고통을 겪기보다, 가족과의 마지막 시간을 온전히 나누고, 자기 죽음을 스스로 받아들이는 길을 택한 것이다. 그리고 가족들이 지켜보는 가운데 잔잔하고 품위 있게 임종했다는 이야기는 듣는 이로 하여금 깊은 감동을 준다. 이는 죽음 앞에서도 삶의 품격을 잃지 않은 한 인간의 모습이었다.

100세 시대라 하지만, 우리의 생명을 끝없이 연장할 방법은 절대로 없다. 오히려 '얼마나 오래 사는가'보다 '어떻게 사는가'가 더 중요한 물음이 되어야 할 것이다. 하루를 허투루 쓰지 않고, 오늘이 마지막 날이라 생각하며 최선을 다해 살아가는 것, 그것이 죽음을 준비하는 가장 지혜로운 방법일 것이다. 때로는 미뤄둔 말들을 전하고, 오래 보고 싶었던 사람들을 연락해 만나고, 하고 싶었던 일들을 실행에 옮기는 용기가 필요하다.

죽음은 두려움의 대상이 아니라, 삶을 빛나게 만드는 거울일지 모른다. 언젠가 마주할 그 날을 준비하는 마음으로, 오늘 하루를 더 정성스럽게 살고 싶은 다짐이 절로 든다.

✦ 삼사일언(三思一言)의 시간을 가져라

2022년 5월 11일(수)

인생을 살아가면서 인간관계를 망치는 데 있어 말만큼 무서운 무기가 또 없다는 생각이 든다. 이는 단순히 직장이나 사회생활에서만 해당하는 이야기가 아니다. 오히려 가장 가까운 가족과의 관계에서, 우리가 내뱉는 말 한마디가 얼마나 큰 상처를 줄 수 있는지 깨닫는 일이 더 많다.

우리 부부도 딸이나 아들과 전화 통화를 할 때, 서로 자기 할 말만 재빠르게 한 뒤 상대방의 이야기를 끝까지 듣지 못하고 전화를 끊는 일이 빈번하다. 바쁘다는 이유로 상대의 말을 경청하지 못하는 태도는 어느새 일상이 되어 버렸다.

더 나아가, 별생각 없이 무심코 내뱉는 말이 상대방을 자극하거나 마음의 상처를 주기도 한다. 의도치 않은 말 한마디가 오해와 갈등의 불씨가 되기도 하니, 말이 얼마나 조심스러워야 하는지 새삼 느끼게 된다.

'입 밖에 말을 꺼내기 전 세 번 생각하라'라는 뜻의 '삼사일언(三思一言)'이라는 사자성어가 있다. 말이란 신중하게 선택되어야 한다는 지혜를 담고 있지만, 현실에서는 그리 쉽지 않은 일이다.

예를 들어 "기분 나쁘게 듣지 말고"라든지, "솔직히 말하면", "내가 전에도 말했듯", "내가 너라면"과 같은 표현들은, 자칫 상대방을 배려하지 않은 채 자기 생각을 강요하거나 비판하는 느낌을 줄 수 있다.

이러한 말들은 오히려 듣는 사람의 마음을 닫히게 하거나, 더 기분 나쁘게 만드는 역효과를 불러일으킨다. 그렇기에 우리는 입에서 나오는 말이 상대를 향한 따뜻한 배려와 도움이 되는지, 아니면 가시 돋은 상처가 되어 상대의 마음을 아프게 할지를 항상 생각해야 한다. 잠시 멈추어 '삼사일언'의 시간을 갖는 것이 얼마나 중요한지 모르겠다.

말은 한번 뱉으면 주워 담을 수 없고, 그 무게와 파장은 상상 이상으로 크다. 특히 가족이나 가까운 사람과 같은 소중한 관계에서는 더욱 그러하다. 말 한마디가 관계를 맺는 다리도 될 수 있지만, 다리 위에 쌓인 돌멩이가 되어 쉽게 무너지게 할 수도 있다.

그래서 나는 요즘 '말하기 전에 한 번 더 생각하기'를 습관으로 삼으려 노력한다. 대화 중에 순간적으로 튀어나오는 말보다는, 마음속에서 한 걸음 물러서서 상대의 처지에서 생각해 보는 시간을 갖는다. 그렇게 하면 의도하지 않은 상처를 줄 가능성이 훨씬 줄어들고, 오히려 관계는 더 돈독해진다.

말은 그저 소리로만 남는 게 아니라, 관계의 감정과 신뢰를 쌓아 올리는 벽돌과 같다. 한 겹 한 겹 신중하게 쌓아야 오래가는 집이 된다. 오늘도 가족과의 대화에서, 말이 아닌 '경청'으로 사랑을 표현하는 연습을 해본다. 그렇게 작고 소중한 변화가 쌓일 때, 인간관계는 더욱 단단해지고 따뜻해질 것이다.

✨ 생일을 맞으면서 인생을 재설계하자

2022년 8월 12일(목)

오늘은 내 일흔한 번째 생일이다. 나름대로 후회 없이 살아왔다고 자부하지만, 남아있는 날들을 어떻게 살 것인지 좀 더 세부적으로 계획하며 살아야겠다는 생각이 든다.

시간은 누구에게나 똑같이 주어지지만, 누구는 여유 있게 잘 활용하는 반면, 누구는 시간에 쫓기며 촉박하게 사는 것이 현실이다. 어떻게 살 것인가.

내게 주어진 한정된 시간 속에서 어떤 일을 먼저 하고 어떻게 의미 있게 살지를 잘 생각하며 시간을 효율성 있게 사용해야 할 것이다. 무엇보다 최선을 다해 시간을 선용하는 자세가 필요하다.

한국의 기대수명이 남성의 경우 80.5세, 여성은 86.5세로 평균 83.5세라고 한다면 내게는 이제 약 10여 년의 시간이 남아있다. 물론 기대수명이 중요한 것이 아니고 건강수명이 얼마인가가 더 중요하겠지만 말이다.

우리나라 평균 건강수명은 64.4세. 나 역시 5년 전부터 지병인 당뇨와 고지혈증, 고혈압으로 여러 종류의 약을 먹는 중이고 내장 기능도 약해진 상태이다. 겉으로 볼 때는 멀쩡한 것 같으나 속은 망가져 있는 것이다. 더는 건강이 악화하지 않도록 잘 관리해야 할 것이다.

앞으로 몇 차례의 생일을 더 맞이할 수 있을까? 생일을 맞는 것이 중요한 게 아니라 얼마나 더 건강하게 살아갈 수 있을지를 고민해야 한다. 다시 태어난다는 기분으로 오늘 생일을 맞아 더 활력 있게 살아갈 수 있는 인생을 설계하자.

✨ 완벽함보다 빈틈을 보이는 것도 좋다

2023년 3월 20일(월)

완벽한 삶이란 세상에 존재하지 않는다. 그런데도 사람들은 본능적으로 더 나은 모습, 더 흠잡을 데 없는 삶을 향해 나아가려 한다.

나 역시 한동안은 될 수 있는 대로 완벽에 가까운 삶을 살아야 한다는 강박에 사로잡혀 있었다. 하루의 계획을 세세하게 나누고, 실수 없이 일을 마무리하려 애쓰고, 말과 행동에도 작은 흠결조차 남기지 않으려 애썼다. 하지만 곰곰이 생각해 보니, 완벽하게 살려는 것이 꼭 바람직한 일만은 아니라는 결론에 다다르게 되었다.

살아가다 보면 누구든 크고 작은 실수를 하게 마련이다. 중요한 것은 실수 그 자체가 아니라, 그것을 어떻게 받아들이고 성장의 밑거름으로 삼느냐 하는 것이다. 오히려 완벽에 가까운 사람보다 때로는 빈틈을 보이는 사람이 더 인간적으로 다가온다.

작은 실수 속에서 드러나는 솔직함과 허술함이 그 사람의 매력으로 작용하기도 한다. 그래서 우리는 유난히 빈틈 있는 사람에게 더 쉽게 다가가고, 더 편안하게 마음을 열 수 있는지도 모른다. 그 틈새 속에서 우리는 비슷한 불완전함을 지닌 동질감을 발견하기 때문이다.

만약 완벽주의자로 살아간다면 얼마나 피곤할까. 끊임없이 자신을 검열하고, 사소한 결점에도 자신을 몰아붙이며, 타인의 시선에 예민하게 반응하게 될 것이다. 그러다 보면 마음은 늘 긴장 상태에 머물고, 사람들과의 거리도 쉽게 좁혀지지 않는다. 오히려 인간관계에서 느껴야 할 따뜻함과 유연함을 잃을 수 있다.

그래서 나는 완벽주의가 아니라, 그 순간순간에 최선을 다하는 삶이 더 중요하다고 믿는다. 최선은 완벽과 달리, 결과보다 과정을 중시한다. 작은 성취에도 만족할 수 있고, 실수에서도 배울 수 있으며, 나와 다른 사람들을 있는 그대로 받아들일 수 있게 한다.

불완전함을 인정하는 순간, 삶은 오히려 더 가볍고, 사람들과의 관계도 한층 따뜻해진다. 완벽은 멀리 있고, 최선은 지금 여기에서 우리를 숨 쉬게 하는 힘이 된다.

✨ 징크스는 깨라고 존재하는 것

2023년 7월 19일(수)

어떤 일을 하든 나만의 루틴이 있다. 이를테면 외출하기 전에 반드시 화장실에 다녀오거나, 손을 씻고 나서야 마음이 놓이는 습관 같은 것들이다. 겉으로 보면 대수롭지 않은 생활의 일부 같지만, 조금만 들여다보면 일종의 징크스라고 할 수도 있다. 누군가에게는 단순한 습관일 뿐이지만, 나에게는 그 행동을 하지 않으면 어딘가 불안해지는, 보이지 않는 규칙이자 작은 의식 같은 것이다.

생각해 보면 징크스라는 것은 결국 마음의 그림자에서 비롯된다. 특정한 행동을 하면 좋은 일이 생길 것 같고, 반대로 어떤 일을 하지 않으면 불운이 따라올 것 같다는 막연한 믿음. 과학적으로 설명하기 어려운, 그러나 사람들 사이에 은근히 뿌리내린 심리다.

흥미로운 것은, 이처럼 근거 없는 믿음임에도 불구하고 많은 사람이 자신만의 징크스를 소중히 지키거나 때로는 두려워하며 살아간다는 사실이다. 어떤 사람은 중요한 시험이나 면접을 앞두고 반드시 입는 '행운의 셔츠'를 가지고 있고, 또 다른 사람은 여행을 떠나기 전 특정 행동을 하지 않으면 마음이 불안하다고 말한다. 어쩌면 징크스는 우리 삶을 지탱하는 작은 장치이자, 불확실한 현실을 이겨내기 위한 나름의 심리적 방패막일지도 모른다.

그러나 가만히 따져보면 징크스는 결국 내가 스스로 만들어낸 틀에 지나지 않는다. 반복되는 습관이 어느새 신앙처럼 굳어지고, 작은 불안이 커져서 내 마음을 지배하는 법이다. 그렇게 되면 징크스는 단순한 생활 습관을 넘어, 나를 얽매는 족쇄로 작용하기도 한다. 어떤 일을 시작하기 전에 반드시 해야 한다는 조건을 스스로 붙여 놓음으로써, 자유롭게 움직일 수 있는 나 자신을 오히려 가두어 버리는 것이다.

그렇다고 해서 징크스를 무조건 부정할 필요는 없다. 오히려 그것을 어떻게 바라보고 다루느냐에 따라, 징크스는 나를 얽매는 쇠사슬이 될 수도 있고, 내 마음을 다잡아 주는 작은 의식이 될 수도 있다. 중요한 것은 거기에 끌려다니지 않고, 내가 주체적으로 그것을 다스릴 수 있느냐 하는 점이다.

　나는 징크스를 깨뜨리는 순간에 오히려 더 큰 자유를 느낀 적이 있다. 예를 들어 '오늘은 반드시 이 일을 해야 한다'라는 자신의 규칙을 일부러 지키지 않았을 때, 처음에는 불안했지만, 시간이 지나자 아무 일도 일어나지 않았다는 것을 깨달았다.

　그때 느꼈던 해방감은 의외로 크고 시원했다. 그렇게 징크스의 실체는 결국 아무것도 아님을 체험하고 나니, 그것이 내 삶을 통제할 힘을 잃어버렸다. 징크스란 결국 깨라고 존재하는 것이다. 그리고 그것을 깨는 순간, 우리는 더 자유롭고 성숙한 단계로 나아갈 수 있다.

　이를 위해서는 작은 변화가 필요하다. 하루의 루틴을 조금씩 바꾸어 보거나, 늘 해오던 행동을 의도적으로 달리해 보는 것만으로도 사고의 방향이 달라진다. 생활이 달라지면 마음가짐이 바뀌고, 마음이 바뀌면 징크스는 더는 힘을 발휘하지 못한다. 불확실한 세계 속에서 우리가 진짜 붙들어야 할 것은 근거 없는 징크스가 아니라, 자신을 지탱하는 확신과 긍정적인 마음가짐이다.

　결국 중요한 것은 삶을 바라보는 태도라고 생각한다. 세상은 늘 예측할 수 없는 사건으로 가득하지만, 그 안에서 내가 어떤 시선을 가지고 살아가느냐에 따라 운명은 달라진다. 징크스라는 이름의 작은 족쇄는 언제든 벗어던질 수 있다. 나를 가두는 것은 외부의 힘이 아니라, 결국은 내 마음속의 그림자일 뿐이다. 그것을 넘어설 수 있는 용기를 가진 순간, 우리는 보다 자유로운 삶을 살 수 있게 될 것이다.

✦ 궂은 날을 받아들이며 살아라

2024년 11월 26일(화)

날씨가 제법 추워졌다. 창문을 열면 싸늘한 바람이 스며들고, 아침 저녁으로는 겨울 외투가 절실히 필요하다. 날씨를 바라보다 보면 늘 드는 생각이 있다. 날씨도 인생의 모습과 참으로 닮았다는 것이다.

언제 맑을지, 언제 흐려질지, 또 언제 비가 쏟아질지는 아무도 정확히 알 수 없다. 예상하지 못할 만큼 급격하게 변하는 날씨의 모습이 우리네 삶과 어찌 그렇게 닮았는지 새삼 놀랍다.

돌이켜보면 지난 여름은 유난히 뜨거웠다. 불볕더위가 길게 이어져 몸도 마음도 지치게 했다. 이어지는 장마는 비만 내렸다 하면 곧바로 폭우가 되어 시설물과 농작물에 큰 피해를 주었다. 풍요롭고 따스해야 할 가을은 기온 급강하로 순식간에 겨울로 변해 버렸고, 정작 겨울에 접어들자 가을처럼 온화한 날씨가 이어지기도 했다. 이렇듯 계절의 흐름조차 순리를 거스르는 듯 혼돈의 연속이었다.

물론 여러 가지 요인이 있겠으나, 이제 기후변화는 한 치 앞도 내다볼 수 없을 정도로 심각해졌다. 그러나 따지고 보면 날씨란 본래 늘 일정하지 않은 법이다. 햇볕이 쨍쨍하다가도 갑작스러운 비가 내리고, 천둥 번개가 요란하게 치다가도 어느새 구름이 걷히며 맑아진다.

오히려 늘 쾌청하기만 한 하늘은 단조롭고 지루할지도 모른다. 때로는 폭우가 내려야 땅속이 촉촉해지고, 태풍이 불어야 대기 속의 먼지와 불순물이 씻겨 나간다. 자연이 주는 시련조차 결국은 더 맑고 건강한 순환을 위한 과정이 아닐까.

인생도 이와 다르지 않다. 언제나 순탄하고 평온할 수는 없다. 어떤 작가가 말했듯이, "우리 인생에서 가장 견디기 힘든 시기는 나쁜 날씨가 이어질 때가 아니라, 구름 한 점 없는 날들이 계속될 때"라고 했다. 삶이란 역설적으로 시련을 겪을 때 비로소 단단해지고, 역경을 감내할 때 더 깊은 의미를 깨닫게 된다. 늘 화창하기만 한 인생은 성장의 기회를 잃어버린 빈 껍데기에 불과하다.

비를 만나면 우산을 쓰면 되고, 바람이 불면 단단히 맞서면 된다. 때로는 쓰러질 수도 있지만, 다시 일어나면 된다. 모질고 변덕스러운 날씨처럼 세상도 늘 변화무쌍하다. 그 변화에 순응하고 적응하면서 꿋꿋이 견뎌낼 때, 인생은 더욱 풍요롭고 의미 있는 길로 이어진다. 어쩌면 날씨가 우리에게 끊임없이 전하는 메시지는 이것인지도 모른다. "변화를 두려워하지 말고, 궂은 날을 받아들이며 살아라."

✦ '뜻'을 굳게 세워야 한다

2025년 4월 6일(일)

'가다가 멈추면 아니 감만 못하다'라는 말이 있다. 처음에 이 말을 들었을 때는 단순히 끝까지 하라는 의미로만 들렸다. 그러나 나이를 먹고 인생의 여러 굽이를 지나오면서, 이 말 속에 담긴 깊은 뜻을 조금은 알 것 같다. 무엇이든 한 번 추진했다면 중간에 포기하지 말고 끝장을 봐야 한다는 말, 그리고 결과가 어떻든 끝까지 가본 사람만이 얻는 깨달음과 성취가 있다는 의미다.

세상은 눈 깜짝할 사이에 변하고 있다. 하루가 다르게 기술이 발전하고, 사회 분위기도 끊임없이 달라진다. 이런 변화 속에서 시도

조차 하지 않는다면 아무런 일도 일어나지 않는다. '혹시 실패하면 어쩌지?'라는 두려움 때문에 발을 떼지 못하는 순간, 우리는 이미 스스로 기회를 잃어버린다. 반대로 일단 시도해 본다면, 설령 결과가 기대와 달랐다 해도 그 과정에서 배운 것이 반드시 남는다. 도전은 우리를 성장시키는 가장 강력한 발판이다.

삶은 결과로만 평가되는 것이 아니다. 과정에서 얼마나 치열하게 부딪히고, 얼마만큼 배웠느냐가 더 중요한 법이다. 예컨대 산을 오른다고 할 때, 정상에 오르는 것도 중요하지만, 땀 흘리며 오르는 그 길에서 느끼는 바람, 흘린 땀방울의 무게, 동행과의 대화가 더 오래 기억에 남는다. 인생 또한 마찬가지다. 뜻한 바를 향해 걸어가는 과정 속에서 성장하는 자신을 확인하는 순간, 비록 정상에 이르지 못했다 하더라도 이미 그 길은 의미 있는 여정이 된다.

물론 인생길에는 수많은 역경과 난관이 놓여 있다. 누구나 넘어지고, 때로는 길을 잃기도 한다. 하지만 중요한 것은 그때마다 다시 일어나서 한 걸음 더 내딛는 용기다. 장애물을 피하기보다 맞서 싸우며 하나하나 제거해 나가는 과정에서 우리는 단단해진다.

옛말에 '산에 오르면서 정상에 뜻을 두지 않으면 스스로 그치는 것이 되고, 우물을 파면서 샘물이 솟을 것에 뜻을 두지 않으면 스스로 포기하는 것이다'라고 했다. 정확한 목표를 세우고, 최종의 결과물이 나올 때까지 흔들림 없이 정진하는 것, 그것이 바로 삶을 견인하는 힘이다.

그러기 위해서는 먼저 '뜻'을 굳게 세워야 한다. 뜻이 굳건하지 않으면 작은 바람에도 흔들리고, 작은 실패에도 주저앉는다. 뜻은 그 사람의 그릇 크기를 결정한다. 뜻이 깊고 크면 그만큼 더 큰 시련도 담아낼 수 있다. 그리고 그 뜻을 밀고 나갈 수 있는 동력이 바로 열정과 의지다. 열정과 의지는 꿈을 이루기 위한 가장 확실한 연료이며, 꺼지지 않는 불씨다.

나는 종종 젊은 시절을 떠올린다. 여러 번의 도전이 있었고, 그중에는 끝까지 해내지 못한 일도 있었다. 그때는 포기한 것이 후회스러웠지만, 돌이켜보면 오히려 포기하지 않고 끝까지 밀어붙였던 경험들이 지금의 나를 만들었다. 그 과정에서 느낀 성취감, 자신감, 때로는 쓰라린 실패의 기억까지도 내 삶의 자산이 되었다.

결국 중요한 것은 '가다가 멈추지 않는 마음'이다. 길이 잘못되었다고 느껴지면 새로운 길을 찾아가면 된다. 그러나 적어도 멈춰 서서 후회만 하는 일은 없어야 한다. 우리의 열정과 의지를 다지고, 쓰러져도 다시 일어나 앞으로 나아가는 힘, 그것이야말로 꿈을 이루는 가장 확실한 길이다.

가다가 멈추지 말자. 끝까지 걸어가 보자. 그 길 끝에 어떤 풍경이 기다리고 있든, 이미 우리는 더 넓고 깊은 사람이 되어 있을 것이다.

✨ 현실을 받아들이고 적응하려고 노력하자

2025년 6월 26일(목)

나이가 들수록 변화하는 현실에 대한 적응력은 점점 떨어지는 듯하다. 하루가 다르게 바뀌는 세상 속에서 발맞추어 살기가 벅차고, 그럴수록 사람들은 과거의 화려했던 시절을 추억하며 거기에 머무르려 한다.

친구들 모임만 가더라도 옛날이야기에 꽃이 피고, 과거의 성공담이나 젊은 시절의 활력을 자랑스레 이야기하는 경우가 많다. 그때는 무엇이든 할 수 있었고, 도전 앞에서도 두려움이 없었으니 그런 시절이 그립지 않을 수 없다. 그러나 현실은 더는 과거에 머물러 있지 않다. 세상은 이미 앞서 달리고 있고, 나이 든 몸과 마음은 그 속도를 따라잡지 못하는 것 같아 서글프기도 하다.

물론 좋은 시절을 지나, 늙은 몸과 마음으로 빠르게 변화하는 현실에 적응해야 한다는 사실이 불편하고 불만스러울 수도 있다. 더욱이 미래는 더 불투명하다. 현재조차 만족스럽지 않은데, 앞으로는 더 많은 어려움과 불확실성이 기다리고 있을지도 모른다.

그러나 그렇다고 해서 좌절만 하고 있을 수는 없다. 현실은 현실 그대로 받아들일 수밖에 없으며, 불평한다고 해서 세상이 달라지는 않는다. 현실을 외면하거나 도망칠 수도 없다. 결국 남은 선택은 단 하나, 지금, 이 순간을 인정하고 그 안에서 새로운 길을 찾아가는 것이다.

나이와 세월은 단순히 우리를 늙게만 만드는 것이 아니다. 마음먹기에 따라, 그것은 또 다른 시작이 될 수 있다. 노력만 한다면 누구든 충분히 적응할 수 있고, 오히려 젊은이들 못지않게 더 활력 있는 삶을 살아갈 수도 있다. 나이가 들었다는 이유로 주저앉아 버리면 그 순간부터는 정말 늙은 인생이 된다. 하지만 작은 것부터라도 변화를 받아들이고 배우려는 마음을 가지면, 나이는 오히려 지혜와 경험을 더해 주는 자산이 된다.

그러나 마음만 가지고는 문제가 해결되지 않는다. 생각만으로는 단 한 발자국도 나아갈 수 없다. 굳건한 마음가짐 위에 끊임없는 노력이 따라야 한다. 새로운 기술을 배우는 것도, 건강을 지키기 위해 운동을 시작하는 것도, 모두 작은 실천에서 비롯된다. 나이가 들수록 의지와 습관이 굳어져 시작하기 어렵지만, 일단 행동에 옮기면 그 자체가 큰 변화가 된다.

만족스러운 결과가 당장 주어지지 않을 수도 있다. 그러나 중요한 것은 결과보다 과정이다. 마음먹은 것을 행동으로 옮기는 용기, 그리고 매일매일 작은 노력을 쌓아가는 끈기, 이것이 결국 삶을 달라지게 만든다. 마치 땀 흘려 돌을 하나씩 옮겨 쌓다 보면 언젠가는 단단한 성벽이 완성되듯, 꾸준한 노력은 반드시 자신만의 성과를 남긴다.

세월 앞에서 누구나 늙어가지만, 그 늙음을 어떻게 맞이할지는 전적으로 자기 몫이다. 현실을 탓하지 않고 받아들이며, 한 걸음씩 배우고 실천하며 나아가는 사람만이 만족스러운 삶을 살아갈 수 있다. 결국 인생의 황혼기에 필요한 것은 화려한 과거에 대한 집착이 아니라, 오늘 하루를 새롭게 살아내려는 의지와 노력일 것이다. 그렇게 살아가는 사람의 얼굴에는 세월을 거스르는 빛나는 활력이 깃들게 된다.

제2부

노년과 우리 사회

1장 노년의 현실과 바람직한 노후 삶을 위하여

✦ 닮고 싶은 노년의 세 가지와 닮고 싶지 않은 노년의 세 가지

2021년 7월 16일(금)

어제 신문을 보며 절실하게 느낀 사실이 있다. 닮고 싶지 않은 노년 세 가지와 닮고 싶은 노년 세 가지를 소개하는 기획 기사였는데 기사에서 밝힌 내용대로 살고 싶다는 것 그리고 반드시 그렇게 실천해야겠다는 사실이었다.

기사에서 밝힌, 이렇게 나이 들고 싶지 않다는, 닮고 싶지 않은 노년 세 가지는 다음과 같다.

첫째, 자신의 배우자를 험담하는 짓이다. 보통 사람들은 배우자를 끌어내리면 자신이 올라가는 줄 착각한다. 그러나 배우자를 욕하는 것은 내게 욕하는 것과 같다. 특히 자녀에게 배우자 험담하는 것은 그야말로 최악이다. 부부는 인생이라는 큰 바다에서 가정이라는 배를 함께 노 저어가는 사이로 비유할 수 있다. 서로 힘을 모아 노를 저어 파도를 헤쳐나가야 하는 동반자 사이임에도 불구하고 상대

방을 욕한다면 그 배가 제대로 나아갈 수 있을까.

둘째, 나이가 어린 이에게 무례하게 대하는 일이다. 나이가 계급은 아니다. 예전에는 마음에 들지 않으면 나이로 누르고 예의 운운했으나 이제 합리적이고 상식적인 젊은 세대에게는 더는 먹히지 않는 것이 나이다. 나이와 상관없이 누구에게든 무례하게 대하는 것은 피해야 한다.

마지막으로, 타인에게 강요하는 일이다. 직장 상사가 주말에 등산이나 모임 등을 참석하도록 강요하거나 자신의 주장을 억지로 주입하는 등의 행동은 타인의 영역을 침범하는 행위이다.

그렇다면 닮고 싶은 노년의 세 가지 모습은 뭘까?

먼저, 말 안 듣는 몸을 다스려 꾸준히 운동하기이다. 노년에 몸 관리는 필수적인 투자이다. 몸은 내 존재가 거하는 집이다. 내 지식과 영혼, 내 존재의 모든 것은 건강한 몸 안에 있을 때 그 가치를 갖는다. 몸이 아프거나 무너지면 모든 것이 소용이 없어진다. 소설가 박완서는 노년에 대해 "젊었을 적 내 몸은 나하고 가장 친하고 만만한 벗이더니, 나이 들면서 차차 내 몸은 나에게 삐치기 시작했고, 늘그막의 내 몸은 내가 한평생 모시고 길들여온, 나의 가장 무서운 상전이 되었다"라고 묘사하기도 했다.

둘째는 늦었다고 생각지 않고 꿈을 펼치는 일이다. 노인이라도 꿈을 꾸고 그 꿈을 이루기 위해 노력한다면 열혈 청년과 다름없다. 꿈을 이루는 데는 나이는 아무런 상관이 없다. 따라서 스스로 꿈을 실현하기 위해 늘 힘쓰고 노력하는 자세를 가져야 할 것이다.

마지막으로 책을 가까이하기이다. 책을 읽는 사람과 그렇지 않은 사람의 차이는 시간이 갈수록 벌어진다. 지식은 물론 세계를 바라보는 사고력, 표현력 등의 간격이 쌓이게 되면 결국 삶의 수준이 달라져 있을 것이다. 책 한 권으로 인생이 바뀔 수도 있으며 건강한 정신을 유지할 수 있게 된다. 특히 성장하는 사람일수록 책을 가까이한다. 우리 사회에서 성공한 인물, 깊이 있는 정신 소유자들의 공통점은 바로 책을 손에서 놓지 않았다는 사실이다.

나이를 먹는다는 사실은 그만큼 책임을 져야 하는 영역도 넓어진다는 사실을 의미한다. 노년에 해야 할 일, 하지 말아야 할 삶의 습관 등 언론의 기획 기사를 통해 다시금 내 삶을 비춰보며 더 성숙한 노후의 삶, 더 가치 있는 노년을 살기로 다짐해본다.

✦ 호기심과 도전정신으로 살아라

2023년 4월 9일(일)

 점심 무렵, 문득 KFC 치킨이 먹고 싶어졌다. 바싹하게 튀겨진 치킨에서 풍기는 고소한 향이 머릿속을 스쳐 지나가자, 발걸음이 저절로 매장 쪽으로 향했다. 그런데 매장에 들어서니 예전과는 분위기가 달랐다. 카운터 앞에 직원이 서 있긴 했지만, 주문은 직접 받지 않고 '키오스크'를 이용하라고 안내했다.

 순간, 마음이 살짝 움찔했다. 기계와는 그리 친한 편이 아니고, 특히 요즘 식당이나 매장마다 설치된 키오스크 앞에 서면 괜히 주눅이 드는 건 사실이었다. 화면이 복잡해 보이기도 하고, 누군가 뒤에서 기다리면 더 마음이 급해져 실수할까 걱정되니, 차라리 그냥 나가버릴까 하는 생각도 스쳤다.

 하지만 곧 마음을 다잡았다. '한 번쯤은 도전해봐야 하지 않겠나.' 옆에서 젊은이들이 능숙하게 화면을 눌러 주문하는 모습을 잠시 지켜봤다. 그들의 손가락은 마치 피아노 건반을 두드리듯 빠르고 자연스러웠다. 용기를 내어 기계 앞에 섰다. 첫 화면부터 익숙하지 않은 버튼들이 줄줄이 나타났고, 메뉴 이름과 사진이 눈에 들어오긴 했지만, 무엇부터 눌러야 할지 잠시 멈칫했다.

 다행히 키오스크 옆에는 커다란 포스터가 붙어 있었고, 거기에 추천 메뉴가 사진과 함께 소개되어 있었다. 그중 닭 다리가 큼지막하게 그려진 메뉴를 골라 화면 속에서 똑같은 그림을 찾아 눌렀.

 이어서 사이드 메뉴와 음료를 고르는 화면이 떴지만, 잘 모르겠어서 '다음' 버튼을 눌러 결제 단계로 넘어갔다. 카드를 기계 아래 슬롯에 넣자 '결제 완료'라는 문구가 뜨고, 주문번호가 적힌 영수증이 나왔다.

　잠시 후 내 번호가 불렸고, 기대감을 안고 주문한 상자를 열어보았다. 그런데 의외로 닭다리만 있는 줄 알았던 메뉴에는 가슴살, 날개살, 심지어 넓적다리 부위까지 다양하게 들어 있었다. 내가 잘못 눌렀나, 아니면 원래 구성 자체가 이런 것인지 잠시 의아했다. 하지만 치킨 향이 코끝을 자극하니 그런 궁금증은 곧 사라졌다.

　무엇보다도, 난생처음 키오스크로 주문을 마치고 음식을 받아든 순간 묘한 성취감이 밀려왔다. '그래, 나이 든 사람이라고 못할 건 없지.' 작은 도전이었지만 스스로 한 걸음 나아갔다는 생각에 마음이 뿌듯했다. 앞으로도 이런 사소한 변화에 겁내지 말고, 뭐든 배우고 시도하는 자세를 가져야겠다고 다짐했다. 세상은 점점 빠르게 변하지만, 그 속도를 따라잡는 비결은 결국 멈추지 않는 호기심과 도전정신이라는 것을 다시 한 번 느꼈다.

✨ 재벌가의 이혼 소송

2024년 7월 19일(금)

　현재 소송 중인 모 재벌그룹 회장 부부의 이혼 상고심이 연일 화제가 되고 있다. 그 이유는 단순히 두 사람의 결혼생활이 끝나는 문제가 아니라, 재산분할 규모가 무려 1조 3,000억 원에 이른다는 점 때문이다. 보통 사람으로서는 상상조차 하기 어려운 어마어마한 액수다. 일반 서민의 입장에서는 평생을 벌고 모아도 손에 닿지 않을 규모의 돈이 한 가정의 이혼으로 인해 갈라지는 것이다. 그래서일까, 신문과 방송에서는 이 사건을 '역대 최대 규모의 재산분할 소송'이라 부르며 연일 다루고 있고, 사람들 사이에서도 숱한 뒷이야기와 해석이 오간다.

사실 이혼은 단순히 부부의 관계가 끝나는 것 이상의 의미가 있다. 법적으로는 재산분할과 양육권, 정신적 위자료 등이 뒤따르기 마련인데, 특히 재산분할 문제는 우리 사회가 여전히 풀지 못한 구조적 모순을 그대로 드러내 준다.

보통 우리 세대의 경우 결혼 이후 집이나 토지, 상가 등 대부분의 부동산 명의가 남편 앞으로 되어 있다. 아내가 함께 가정을 꾸리고, 아이를 키우고, 살림을 책임지며 평생을 동반자로 살아왔음에도 불구하고, 서류상으로는 아무것도 가진 것이 없는 것처럼 보이는 경우가 허다하다. 결국 아내는 남편에게 심리적으로 종속된 것처럼 느낄 수밖에 없고, 경제적 자율성의 부재에서 오는 박탈감은 상상 이상으로 크다.

사정이 이렇다 보니 이혼 소송에서 아내들이 인정받는 가사 노동의 대가는 대체로 재산의 30% 정도에 불과하다. 이는 가정의 유지와 자녀 양육에 쏟은 수많은 시간과 노력을 금액으로 환산하기 어려운 탓이기도 하지만, 동시에 가사 노동을 제대로 평가하지 않는 사회적 인식의 반영이기도 하다. 가정을 지키는 일이 경제 활동만큼이나 중요한데도 여전히 제도와 문화는 그것을 낮게 보는 경향이 있다.

내 경우에는 이런 문제를 조금이나마 줄이기 위해 아내와 재산 문제를 다르게 정리해왔다. 현재도 매달 노후 자금을 지급하고 있으며, 지금 사는 집은 아내 명의로 해주었다. 자녀가 결혼하면서 마련한 집도 공동명의로 해줬다. 또한 재산을 증여할 때도 부부 공동명의를 원칙으로 했다. 이는 단순히 재산의 문제라기보다는, 아내를 동등한 파트너로 존중하는 마음에서 비롯된 선택이었다. 혼자서 이룬 것이 아니라, 함께 살아오면서 쌓아온 결실이기에 당연히 그렇게 해야 한다고 생각했기 때문이다.

옛말에 결혼은 3주간 연구하고, 3개월간 사랑하고, 3년간 싸움하고, 30년간 참고 견딘다고 했다. 참으로 절묘한 표현이다. 처음에는 설렘과 환상이 앞서지만, 시간이 흐르면서 차이와 갈등이 생기고, 결국 오래도록 함께하기 위해서는 인내와 이해가 필요하다는 뜻일 것이다. 부부라는 관계는 결국 서로 다름을 인정하고 견디는 과정 속에서 더 깊어지는 법이다.

하지만 혹여 불가피하게 이혼이라는 길을 가게 되더라도, 최소한 서로가 경제적으로 큰 상처를 받지 않도록 하는 것이 바람직하다. 한때는 서로 사랑했고, 함께 가정을 꾸려왔던 사람이기에 끝까지 최소한의 배려는 있어야 한다. 재산을 두고 지리한 법정 다툼을 벌이는 모습은 당사자뿐 아니라 자녀와 주변 사람들에게도 깊은 상처를 남긴다.

이번 재벌가 이혼 소송은 우리 사회가 결혼과 가정, 그리고 재산 문제를 어떻게 바라보고 있는지 돌아보게 하는 계기가 된다. 돈의 크기와 상관없이, 부부가 함께 살아온 세월은 그 자체로 존중받아야 하고, 그 과정에서의 희생과 헌신은 분명히 인정받아야 한다. 결국 진정한 동반자 관계란 서로 사랑할 때뿐 아니라, 갈라설 때조차 상대를 존중하는 마음에서 완성되는 것이 아닐까 한다.

✦ 고령운전자 면허 반납에 앞서

2024년 7월 26일(금)

파크 골프 번개 라운딩 모임을 했다. 열한 명이 모임에 참석했는데 아홉 명이 차를 몰고 왔다. 최근 고령 운전자들의 운전 실수로 인한 사고가 급증하면서 65세 이상 고령 운전자 규제 목소리가 커지고 있다. 그런 상황에서 라운딩 모임에 참석한 친구들 모두 70세 이상 고령인데 거의 모든 친구가 운전해서 모임 장소에 온 것이었다.

65세 이상 운전자가 전국적으로 500만 명에 이를 정도로 많은 상황에서 정부는 고령자 운전면허 반납에만 열을 올리고 있고 언론에서는 고령자 운전의 문제점만 부각하고 있다.

사실 일정 나이 이상 운전을 제한하면 그 나이에 운전을 생계 수단으로 하는 이들에게는 경제 활동에 위협이 될 수 있다. 더불어 그 자체로 차별이 될 수도 있다.

물론 나이가 들수록 대체로 신체적으로 반응속도가 느리고 인지 기능도 감소해 운전 능력도 떨어지게 된다. 이는 높은 사고율로 이어지면서 사회문제로 대두되기도 한다.

일률적인 면허 반납 조치보다는 개별적으로 실질적인 운전 능력을 평가해 그 결과에 따라 면허 반납 시기를 결정한다거나 보조장치 설치 의무화 등 특정 조건을 전제로 제한적으로 면허를 허용하는 방법 같은 대책도 생각해 볼 만하다.

최근에는 늦게 낳은 자녀들을 뒷바라지하는 70대 노년층도 많다. 그들 중 운전을 생계 수단으로 하는 이들이 없지 않을 텐데 그들에게서 운전대를 빼앗으면 사회적 파장이 적지 않을 것이다.

정부에서 추진하고 있는 고령자 운전면허 반납 제도는 재고할 필요가 있다고 본다. 당장 운전을 그만두면 나 역시 활동에 제약이 따른다. 고령자 운전면허를 유지하되 더 안전하게 운전할 방안을 찾아보자.

✦ '노실버존'이 아니라 '올실버존'이 되는 사회

2024년 11월 8일(금)

오래 살다 보니 세상에는 내 마음대로 할 수 있는 것보다 오히려 할 수 없는 일이 훨씬 많다는 사실을 절실히 깨닫게 된다. 젊을 때는 의지만 있으면 안 되는 일이 없을 것 같았지만, 나이가 들수록 세상살이는 내 뜻과는 무관하게 흘러간다는 것을 자주 느낀다. 그래서일까. 이제는 변화가 생기면 당황하거나 거부하기보다는 어떻게든 적응하고 배우려는 마음가짐을 가져야 한다는 사실을 점점 더 깊이 실감한다.

최근 눈에 띄게 늘어난 것이 바로 '노실버존(No Silver Zone)'이다. 간판에 대놓고 '65세 이상 이용금지', '65세 이상 출입 금지'라고 써 붙인 곳들이 적지 않다. 특히 헬스장이나 수영장이 대표적이다.

이유를 들어보면, 노인들은 운동하다 다치기 쉽고 혹시라도 안전사고가 나면 시설 측에서 부담이 크다는 것이다. 또 젊은 고객들이 노인과 함께 운동하는 것을 불편해한다는 말도 덧붙인다. 운동 중에 말을 걸거나 몸을 쳐다보는 것이 거슬린다는 이유에서다. 노인이라는 이유만으로 같은 공간에서 함께 운동할 권리를 박탈당하는 현실은 참 씁쓸하다.

이뿐만이 아니다. 외식조차 쉽지 않다. 요즘 많은 식당에서는 주문을 무인 키오스크로만 받는다. 젊은 세대에게는 너무도 익숙한 방식이지만, 노인들에게는 여전히 낯설고 어렵다. 화면을 이리저리 눌러 보다가 시간이 지나면 초기화돼 다시 처음부터 시작해야 하고, 뒤에서 기다리는 손님들의 눈치를 보느라 진땀을 흘리기도 한다.

결국 당황한 노인들은 주문을 포기하고 식당을 나오는 경우도 많다. 식당이 편리함을 이유로 디지털 장벽을 높게 세운 결과, 오히려 노인을 배제하는 현실이 된 셈이다.

이런 현실 속에서 오늘날 노인으로 산다는 것은 참으로 어렵고 서러운 일이다. 사회는 점점 더 디지털화되고 속도는 빨라지는데, 노인은 그 흐름에 뒤처지면 쉽게 '쓸모없는 존재', '귀찮은 손님'으로 낙인찍힌다. '바보 늙은이'가 되지 않으려면 끊임없이 배우고 또 배워야 한다는 생각이 절로 든다. 스마트폰 하나만 제대로 못 다뤄도 세상과 단절되는 기분이 드니, 나이 들어서도 꾸준히 배우려는 태도가 절실하다.

그렇다고 해도, 사회가 노인을 불편한 존재로만 치부하고 배제하는 현상은 반드시 바뀌어야 한다. 누구든 시간이 지나면 노인이 된다. 지금 젊은 세대도 언젠가 같은 길을 걸어가게 된다. 그렇다면 지금의 배제와 혐오가 결국은 자기 자신을 향한 부메랑이 될 것이다.

초고령 사회로 접어든 지금, 세대 간의 갈등을 키우는 것이 아니라 서로를 이해하고 공존할 길을 찾아야 한다. 젊은 세대가 노인을 기다려주고, 노인 세대가 새로운 변화를 받아들이며, 사회가 서로의 다리가 되어줄 때 진정한 공존이 가능하다. 인간의 삶은 나이에 따라 달라지는 것이 아니라, 함께 더불어 살아가는 관계 속에서 완성된다.

'노실버존'이 아니라 '올실버존(All Silver Zone)'이 되는 사회, 그 속에서 모두가 존엄을 지키며 살아가는 세상을 꿈꿔 본다.

✦ 증여는 세대 간 공존을 위한 다리 역할

2024년 12월 8일(일)

자녀들에게 증여를 한 지도 벌써 4년 5개월이 훌쩍 지났다. 돌이켜 보면 내 인생에서 가장 중요한 결단 중 하나였다고 할 수 있다. 죽을 때까지 자녀들에게 아쉬운 소리 하지 않고 자기 힘으로 살아가는 것, 그 또한 하나의 큰 복이요 삶의 품위라 믿는다. 우리 세대가 걸어온 길을 돌아보면 가난과 절약 속에서 버틴 시간들이 많았기에, 내 힘으로 노후를 지탱한다는 사실 자체가 주는 자존감이 크다.

우리 세대가 평균적으로 80대까지 산다고 할 때, 그 시점에서 자녀들은 이미 50대 전후가 된다. 이 나이에 상속이 이뤄진다고 해도 사실상 자녀 세대에게는 큰 의미가 약해진다. 은퇴 직전 혹은 은퇴 이후에 재산을 물려받는 꼴이 되니 이른바 '노노(老老)상속'이 되는 것이다. 이렇게 되면 자산은 그저 같은 노년층 사이를 오가는 셈이고, 젊은 세대가 활력을 얻을 기회를 잃게 된다. 결국 사회적으로는 '자산 잠김' 현상이 심화하고, 부가 제대로 순환하지 못하는 부작용이 커질 수밖에 없다.

그렇기에 나는 '부(富)의 회춘'이라는 개념이 필요하다고 생각한다. 고령층은 이미 금융 자산의 60% 이상을 쥐고 있다고 알려져 있다. 그러나 오랜 세월 절약과 근검을 미덕으로 살아온 탓에 막상 돈을 쓰거나 과감히 투자하는 데는 인색하다.

반면 젊은 세대는 투자하고 싶어도 여유 자금이 없어, 빚에 허덕이는 경우가 많다. 신혼부부가 집을 장만하려고 해도 대출 이자에 시달리고, 아이 키우는 비용은 하늘 높은 줄 모르고 치솟는다. 이런 현실에서 고령층의 자산이 흘러가지 못하고 묶여 있는 것은 사회 전체의 활력을 떨어뜨린다.

만약 고령층이 조금 더 일찍 자녀들에게 증여하고, 필요한 몫만 자신을 위해 남겨둔다면 어떤 변화가 생길까. 젊은 세대는 비교적 이른 시기에 자산을 토대로 삶의 기반을 마련할 수 있을 것이다.

주택 구매, 교육, 창업 등 다양한 영역에서 자금을 적극적으로 활용할 수 있고, 이는 자연스럽게 소비와 투자로 이어진다. 개인의 삶이 안정되면 사회 전체의 경제 활동도 활기를 띠게 되고, 부가 순환되는 선순환 구조가 만들어진다. 바로 이것이 증여를 통해 얻을 수 있는 사회적 효과다.

문제는 제도적 장치다. 지금은 증여세와 상속세가 높은 장벽으로 가로막혀 있다. 평생 모은 재산을 자녀에게 조금 일찍 물려주려 해도 세금 부담이 만만치 않다. 따라서 정부는 이 문제를 심각하게 재검토해야 한다.

예컨대 60세 이전에 이뤄지는 증여에 대해서는 일정 부분 비과세 혜택을 확대하거나, 세율을 대폭 완화하는 방식이 필요하다. 상속세와 같은 잣대를 들이대는 것이 아니라, 젊은 세대의 자산 형성을 돕는 차원에서 과감한 정책적 배려가 있어야 한다.

물론 증여를 무조건 권장하는 것은 아니다. 부모 세대 역시 평균 수명이 길어지면서 90세 이상을 사는 경우가 드물지 않다. 그렇기에 자신이 살아가는 데 필요한 최소한의 자산은 반드시 확보해 두어야 한다. 나이가 들면 병원비, 간병비, 생활비 등 돈 들어갈 일이 천지다. 준비가 되어 있지 않으면 삶의 만족도는 급격히 떨어지고, 자녀에게 의지해야 하는 처지가 되어버린다. 따라서 바람직한 방법은 '내가 쓸 몫은 충분히 남기고, 나머지는 가능한 한 일찍 자녀에게 넘겨주는 것이다.

이러한 흐름은 단순히 개인의 선택을 넘어 사회 전체에 긍정적인 파급력을 준다. 증여를 통한 자산 이전이 활발해질수록 젊은 세대는 새로운 기회를 잡을 수 있고, 고령층은 경제적 역할을 이어가며 보람을 느낄 수 있다. 세대 간의 갈등도 줄어들 수 있으며, 공동체 전체가 함께 살아가는 힘이 세진다. 결국 증여는 단순한 재산 이전이 아니라, 세대 간 공존을 위한 지혜로운 다리 역할을 하는 것이다.

✦ 결혼과 이혼의 변화되는 가치관

2025년 1월 12일(일)

요즘 들어 친구들의 자녀들이 결혼한다는 소식을 가끔씩 듣는다. 이제는 대부분 나이가 30대 후반에서 40대에 이르러서야 결혼식을 올린다. 예전과 비교하면 정말 격세지감이다. 우리 세대만 해도 20대 중후반이면 결혼하는 것이 당연했고, 늦어도 30대 초반에는 출가해야 한다는 사회적 압력이 있었다. 결혼이 하나의 의무이자 사회적 관문처럼 여겨졌던 시절이었다.

그뿐만 아니라 예전에는 결혼 생활을 유지하는 것이 지극히 당연했다. 이혼은 부끄러운 일로 여겨져 드물었고, 한 번 맺어진 인연은 웬만하면 끝까지 끌고 가야 한다는 분위기가 강했다. 20대에 사랑으로 맺어져 30대에는 가정을 지키기 위해 땀 흘리며 일하고, 40대와 50대에는 인내와 체념으로 풍파를 견디다 60대가 되어 안정과 감사의 마음을 느끼는 것, 그것이 가정의 전형적인 삶의 궤적이었다. 우리 부모 세대, 그리고 나의 세대가 살아온 길도 그러했다.

하지만 작금의 시대는 전혀 다르다. 결혼과 이혼에 대한 생각 자체가 달라졌다. 결혼은 더 이상 필수가 아닌 선택이 되었고, 이혼 역시 더 이상 낯선 일이 아니다. 사회적 시각이 바뀌고 개인의 자유와 행복을 중시하는 가치관이 자리 잡으면서, 전통적인 결혼관은 크게 흔들리고 있다. 결혼하지 않고 혼자 사는 삶을 택하거나, 사실혼 관계를 유지하는 이들도 늘고 있다.

리서치 결과를 보면 이런 변화를 더욱 실감할 수 있다. 과거 조사에 따르면 기혼 남성의 42%, 기혼 여성의 20%가 외도를 경험했다고 한다. 놀라운 것은 만족스러운 부부 관계를 유지하고 있는 사람들조차도 배우자 외의 이성과 만남을 원한다는 점이다. 기혼 남성의 83%, 기혼 여성의 49%가 그러했다. 이는 외도가 단순히 가정의 위기를 의미하는 것이 아니라, 어떤 이들에게는 삶의 활력소로 받아들여지고 있음을 보여준다. 예전의 시각으로는 상상하기 어려운 현상이다.

이혼 통계도 변화의 흐름을 잘 드러낸다. 최근 통계청 발표에 따르면, 이혼율이 가장 높은 연령대는 40대였으며, 특히 60대 이상에서의 '황혼이혼'은 10년 전보다 10배 이상 증가했다고 한다. 오랜 세월을 함께 살아온 부부가 노년에 갈라서는 사례가 흔해진 것이다. 이는 단순히 인내와 체념으로만 가정을 유지하지 않겠다는 세태를 반영한다. '남은 삶은 나답게 살고 싶다'는 개인의 욕구가 더 크게 작동하는 셈이다.

재혼에 대한 인식 또한 흥미롭다. 남성의 경우 이혼 직후 곧바로 재혼하고 싶다는 응답이 21.1%로 가장 높았던 반면, 여성은 '5년 후'라는 응답이 22.1%로 1위를 차지했다. 남녀의 차이가 뚜렷하다. 상대 선택 기준에서도 남성은 '성격'을 가장 중요시한 뒤 '외모', '직업', '경제력'을 꼽았다. 여성 역시 '성격'을 첫째로 꼽았지만, 그다음은 '직업', '경제력', '가정환경', '종교' 순으로 현실적인 조건을 더 중시했다. 이는 남녀가 재혼을 바라보는 관점의 차이를 여실히 드러낸다.

70대인 나로서는 이런 변화가 여전히 낯설다. 우리는 가정을 지킨다는 것이 곧 인생의 본분이라고 배워왔고, 그렇게 살아왔다. 사랑으로 만나 상대를 배려하고, 어려움 속에서도 인내하며, 서로 협력해 가정을 일구는 것이 부부의 의무라 믿어왔다. 그 믿음 덕분에 지금까지 수많은 고비를 넘겼고, 이제는 함께 걸어온 세월에 감사하는 마음을 갖게 되었다.

물론 지금의 세대를 무조건 탓할 수는 없을 것이다. 시대가 달라지고 가치관이 달라졌으니 그 나름대로의 삶의 방식이 있는 법이다. 다만 한 가지 바람이 있다면, 결혼과 이혼이 가볍게 여겨지지 않았으면 한다. 결혼은 단순히 두 사람의 선택을 넘어 두 가정, 나아가 사회와도 연결되는 일이다. 또 이혼 역시 단순한 해방이 아니라 새로운 책임의 시작일 수 있다.

내게 남은 삶은 길지 않다. 하지만 나는 여전히 부부란 서로를 지켜주고 끝내는 함께 늙어가는 존재라 믿는다. 사랑은 언젠가 식을 수 있지만, 배려와 인내, 협력은 시간이 지날수록 더욱 빛을 발한다. 그것이야말로 가정을 지키는 힘이 아닐까. 오늘의 젊은 세대가 어떤 선택을 하든, 부디 그 삶의 여정 속에서 진정한 의미의 '함께함'을 발견하길 바란다.

✦ 시간의 속도는 경험과 감정 상태에 따라 달라진다

2025년 2월 4일(화)

올해도 어느덧 한 달이 지났다. 새해의 설렘이 아직 가시지 않은 듯한데, 달력은 벌써 한 장 넘어가 버렸다. 시간의 흐름이 활시위를 떠난 화살과도 같다는 옛말이 새삼 가슴에 와닿는다.

뒤돌아보면 어느새 70여 년의 세월을 건너왔지만, 긴 세월 같으면서도 실은 한순간에 흘러간 것처럼 느껴진다. 인생이라는 강물 위에서 시간은 잠시도 머물지 않고 흐르는구나 싶은 것이다.

그렇지만 시간이 빠르다고 느끼는 것은 단순한 감상이 아니라 나름의 이유가 있다. 절대적인 시간은 누구에게나 똑같이 흘러가지만, 우리가 체감하는 시간의 속도는 상대적이다. 나이가 들수록 하루하루가 더 빨리 지나가는 듯 느껴지는 것도 그 때문이다. '1년'이라는 객관적 단위는 같지만, 이를 받아들이는 우리의 감각은 나이에 따라 달라진다.

20세 청년이 맞이하는 1년은 자신이 살아온 20년 가운데 1/20의 비중을 차지한다. 그러나 70세 노인에게 1년은 이미 70분의 1이 된다. 따라서 청년에게는 길고 넉넉한 시간이, 노인에게는 짧고도 빠른 시간이 되는 것이다. 중년 이후, 우리가 어릴 적보다 시간이 훨씬 더 가속도가 붙은 듯 흘러간다고 느끼는 것은 바로 이런 까닭에서다.

시간의 속도는 우리의 경험과 감정 상태에 따라서도 달라진다. 즐겁고 몰입할 때의 시간은 쏜살같이 흘러가지만, 힘들고 단조로운 일을 할 때는 시곗바늘조차 멈춰 선 듯 느려진다. 어린 시절의 하루가 그렇게 길게만 느껴졌던 것은 단순히 나이가 어렸기 때문이 아니라, 뇌 속에서 새로운 자극을 받아들이는 활동이 활발했기 때문이다. 아이들은 새로운 경험을 쉴 새 없이 받아들이며 도파민이 분출되고, 뇌는 그 정보를 고스란히 저장한다. 그래서 하루하루가 풍부하게 채워지고 시간이 길게 느껴지는 것이다.

반면 성인이 되고 나면 생활이 반복되고 익숙한 일상에 길들여진다. 새로운 경험은 줄어들고 기억의 밀도는 희미해진다. 같은 하루라도 기록되지 않은 채 흘러가 버리기 때문에 시간의 속도는 더욱 빨라진 것처럼 체감되는 것이다. 그래서 어떤 노학자는 "삶을 길게 느끼려거든 새로움을 포기하지 말라"고 했다.

전문가들은 시간의 체감 속도를 늦추고 싶다면 '현재'라는 순간을 충실히 살라고 조언한다. 기억의 밀도를 높이고 경험의 폭을 넓히는 것이 가장 좋은 방법이다. 일기를 쓰며 하루를 정리하고, 책을 읽으며 사유를 확장하며, 그림이나 음악 같은 창의적인 활동에 몰입하면 삶의 결은 한층 풍성해진다.

또한 규칙적인 생활 습관으로 생체시계를 잘 관리하는 것도 중요하다. 그렇게 할 때 비로소 시간의 가속도를 조금은 늦추고, 남은 생을 더 활력 있게, 더 행복하게 살아갈 수 있다.

결국 시간은 누구에게나 똑같이 주어진 선물이다. 그 선물을 어떻게 느끼고 채우느냐는 전적으로 우리의 태도에 달려 있다. 남은 날들이 줄어드는 것을 아쉬워하기보다, 오늘 하루를 더 깊고 충실하게 사는 것이 지혜로운 삶일 것이다. 그렇게 살아간다면 쏜살같이 흐르는 세월 속에서도 우리는 순간순간을 영원처럼 품을 수 있으리라 믿는다.

✦ 어떻게 살아야 늙어감 속에서도 존엄과 편안을 지킬 수 있을까

2025년 3월 26일(수)

나이가 들면 대부분 고집이 세지고, 말도 많아진다. 스스로는 그렇지 않다고 생각하지만, 70세가 넘으면서 나 자신도 점점 그렇게 변해가고 있음을 느낀다. 서글픈 일이지만, 세월이 쌓이면 경험이 늘어나는 만큼 신중함과 깊은 성찰도 필요함을 깨닫게 된다.

나이가 많다고 해서 저절로 지혜로워지는 것이 아니며, 오히려 나이가 든 만큼 조심하고, 더 깊이 생각하며 살아야 한다는 사실을 깨닫는다. 그래서 나는 자신에게 묻는다. "어떻게 살아야 늙어감 속에서도 존엄과 평안을 지킬 수 있을까?"

우선 말을 많이 하기보다는 남의 말을 잘 듣는 것이 중요하다. 나이가 들면 경험을 바탕으로 자기 생각을 강조하고 싶어지는 경향이 있다. 하지만 한마디 말을 하기 전에는 머리와 가슴으로 먼저 숙고한 후 입 밖으로 내보내야 한다. 경솔하게 내뱉은 말은 관계를 해치고, 후회로 돌아오기 쉽다. 진정한 지혜는 침묵 속에서 상대를 이해하려는 자세에서 비롯된다.

둘째, 나이는 계급이 아니다. 나이가 많다고 해서 반드시 높은 위치에 있거나 더 많은 권리를 가진 것은 아니다. 나이가 많아도 낮은 자세로 타인의 심중을 헤아릴 줄 아는 마음이 필요하다. 나이가 들수록 겸손은 필수다. 어쩌면 나이가 들수록 겸손하지 않으면 오히려 인격이 위축되거나 주변과 갈등을 만들게 된다.

셋째, 있는 척하지 말아야 한다. 세상에는 자기가 가진 것을 과시하며 존재감을 확인하려는 사람들이 많다. 하지만 대부분 있는 척하는 이들은 실상 없는 자들이다. 반대로 진정으로 있는 자들은 그 자체로 당당하여, 허세를 부릴 필요가 없다. 마찬가지로, 없는 사람이 없는 척을 할 필요도 없다. 스스로를 솔직하게 인정하고 있는 그대로 살아가는 것이야말로 가장 편안하고 건강한 삶의 태도다.

넷째, 다 큰 성인 자녀에게 "이래라, 저래라" 하지 말아야 한다. 자녀는 이미 자기 인생을 살아갈 준비가 된 독립된 존재다. 부모가 지나치게 간섭하면 오히려 갈등과 불화를 낳는다. 자녀의 선택을 존중하고, 그들의 인격과 삶을 신뢰하는 것이 필요하다.

다섯째, 자녀에게 아프다고 자주 말하지 말아야 한다. 물론 나이가 들면 몸이 예전 같지 않고 작은 통증도 늘어난다. 그러나 자녀들은 부모를 보러 오는 것이지, 환자를 보러 오는 것은 아니다. 불필요하게 병약함을 강조하면, 자녀들의 마음이 무거워질 뿐 아니라 스스로도 점점 약한 존재로 자리 잡게 된다. 건강하든 아프든, 가능한 한 스스로를 강하게 유지하며 살아가는 자세가 필요하다.

여섯째, 여유를 가지고 서두르지 말아야 한다. 인생은 물 흐르듯 자연스럽게 흘러가는 것이며, 서두른다고 해서 목표가 빨리 달성되는 것은 아니다. 오히려 서두름은 마음의 혼란과 피로만 남긴다. 나이가 들수록, 하루하루를 천천히 음미하며 살아가는 것이 중요하다. 차분함 속에서 삶의 진가를 느낄 수 있고, 마음의 평정도 유지된다.

일곱째, 분노를 다스릴 줄 알아야 한다. 나이가 들면 자신의 경험과 관점을 절대시하며, 세상이 잘못 돌아간다고 느끼고, 모든 것을 남 탓으로 돌리기 쉽다. 그러나 그렇게 살면 자신도 모르게 부정적 사고에 잠기고, 분노와 원망이 마음속에 쌓인다. 결국 스스로를 해치고 주변과의 관계도 망가뜨린다. 분노를 다스리고, 이해와 용서를 먼저 생각하는 마음이 필요하다.

결국, 나이가 들수록 자기 자신과 타인에게 관대해지는 마음이 가장 중요하다. 현실을 있는 그대로 받아들이고, 불필요한 욕심과 고집을 내려놓을 줄 알아야 한다. 그리고 무엇보다, 나이가 들어도 배움의 자세를 잃지 않아야 한다. 배움은 결코 나이와 상관없이, 죽는 날까지 이어지는 과정이다. 마음을 열고 새로운 것을 받아들이는 사람만이 나이를 지혜로 승화시킬 수 있다.

✦ 신중년의 행복한 부부생활

2025년 4월 12일(토)

며칠 전 신문을 보다가 흥미로운 제목의 글을 접했다. 「신중년의 행복한 부부생활을 위한 4계명」. 제목만 봐도 눈길을 끌었다. '신중년(新中年)'이라는 용어가 아직은 낯설었는데, 내용을 읽어보니 60세에서 75세까지를 지칭하는 세대 개념이라고 했다. 예전에는 흔히 '노년'이라 불렸을 시기를 이제는 '신중년'이라 부르는 것이다. 단순히 이름이 바뀐 것이 아니라, 인생 100세 시대에 걸맞게 새로운 활력과 의미를 담아낸 표현이라 여겨졌다.

  글에서는 자녀가 독립한 뒤, 부부만이 단둘이 함께 살아가는 시기를 어떻게 더 행복하고 보람 있게 보낼 수 있을지에 대해 다루고 있었다. 나는 글의 한 줄 한 줄에 고개가 끄덕여졌고, 나 자신과 아내의 생활을 되돌아보게 되었다.

  첫째는 서로의 시간을 존중하라는 내용이었다. 하루 가운데 4~5시간은 각자의 시간을 갖도록 하는 것이 좋다고 했다. 그 대목에서 나는 깊이 공감했다. 오랜 세월 아내는 자녀를 키우고 가정을 꾸리며 내 곁에서 헌신해 왔다. 이제는 내가 먼저 아내가 자기만의 시간을 충분히 누릴 수 있도록 배려해야 할 때다. 혼자만의 여유가 있어야 서로의 만남도 더 새롭고 소중하게 느껴지지 않겠는가.

  둘째는 공통의 취미생활이었다. 부부라는 공동체가 원활하게 움직이려면 서로가 공유하는 즐거움이 필요하다. 나 역시 아내와 함께 둘레길을 걷고 파크골프를 치며 예전보다 훨씬 더 가까워졌다. 함께 땀 흘리고 함께 웃는 그 시간들이 단순한 취미를 넘어 부부를 이어주는 끈이 되어 준다. 작은 취미 하나라도 함께한다면 노후는 무료하지 않고, 오히려 새로운 활력으로 채워질 것이다.

  셋째는 가사 분담이다. 사실 예전 세대 남자들에게 가사 노동은 낯설고 서툰 일이었다. 그러나 지금은 다르다. 아침에 일어나 이부자리를 정리하고, 집안을 쓸고 닦고, 재활용품을 분리수거하는 일은 남편도 당연히 할 수 있는 일이다. 내가 조금만 움직이면 아내의 일이 줄어들고, 그만큼 아내의 얼굴에 미소가 번진다. 가사 분담은 단순한 노동의 문제가 아니라, 서로를 존중하는 가장 구체적인 표현임을 깨닫는다.

넷째는 상대방의 의견과 감정을 존중하는 것이다. 단둘이 살다 보면 오히려 더 자주 부딪히게 된다. 젊을 때는 자녀들이 완충 역할을 해 주었지만, 지금은 작은 일에도 갈등이 커질 수 있다. 그래서 중요한 것은 '다름'을 인정하는 태도다. 상대가 실수했을 때 너그럽게 이해하고, 문제가 생기면 대화로 풀어나가는 것, 이것이 평생의 동반자를 대하는 지혜일 것이다.

원래 글은 여기까지였지만, 나는 몇 가지가 더 필요하다고 느꼈다.

다섯째는 상호 신뢰다. 부부라는 관계는 결국 믿음 위에 서 있다. 작은 일에도 의심하거나 불평을 쌓아가면 그 관계는 쉽게 금이 간다. 서로를 믿고 의지하는 마음을 잃지 않아야 한다. 신뢰는 하루아침에 쌓이지 않지만, 매일의 작은 행동과 태도를 통해 조금씩 단단해지는 것이다.

여섯째는 감사와 애정 표현이다. 부부 사이에는 말하지 않아도 다 알 것이라는 착각이 있다. 그러나 말하지 않으면 알 수 없다. "고마워", "수고했어", "당신이 최고야" 같은 짧은 말 한마디가 상대의 마음을 얼마나 따뜻하게 하는지 모른다. 그 반대로 무심코 던진 말이 깊은 상처가 되기도 한다. 늦은 나이에 알게 된 사실이지만, 부부 사이야말로 가장 많은 칭찬과 격려, 애정의 표현이 필요한 관계다.

나는 이 글을 읽으며, 신중년이라는 새로운 세대 개념이 단순한 용어 이상의 의미를 갖는다는 사실을 깨달았다. 이제 우리는 더 이상 '은퇴 후 노년'이라는 이름 아래 의자에 앉아 세월을 보내는 사람들이 아니다. 오히려 새로운 인생 2막을 살아가야 할 세대다. 그러기 위해 가장 중요한 것은 곁에 있는 배우자와 어떻게 함께 살아가느냐 하는 문제일 것이다.

결국 행복한 신중년은 멀리 있지 않다. 상대방을 존중하고, 함께 즐기며, 서로를 도우며, 신뢰와 애정을 나누는 것. 이 평범한 원칙들을 일상 속에서 지켜나갈 때, 우리는 노년이 아니라 새로운 '신중년'으로서 더 활기차고 행복한 시간을 살아갈 수 있을 것이다.

✨ 후회할 일을 하지 말자

2025년 4월 23일(수)

인생을 살아가면서 가끔 지난 시간을 되돌아보는 때가 있다. 대부분 후회하는 일들을 다시 떠올리게 되는 것이다. 언젠가 읽은 글 중에 '인생과 저녁 식사의 차이가 있다. 저녁 식사에는 달콤한 것이 마지막에 나오지만, 인생은 그렇지 않다"는, 의미심장한 말이 문득 떠오른다.

세상을 살아가다 보면 가끔 회한에 빠지게 된다. 돈을 번다는 이유로 가정에 충실하지 못했던 일들이 후회된다. 가족을 등한시한 채 그렇게 열심히 살 필요가 있었을까. 살다 보면 생각보다 많은 돈이 필요 없다는 사실을 깨닫게 된다.

또 일한다는 이유로 나 스스로 자기만의 시간을 보내지 못했던 것이 후회된다. 나를 위해 시간을 더 알차게 보냈다면 삶을 좀 더 행복하고 풍요롭게 보낼 수 있었을 텐데 그렇게 하지 못했던 것이 아쉽다.

젊었을 때 건강하다는 이유로 건강을 챙기지 못해 시간이 흐르면서 몸 여기저기서 정상궤도를 이탈해 각종 기저질환에 시달리고 있다. 이에 대한 원인을 제공한 자신의 어리석음을 자책할 때 못내 아쉬움이 따른다.

살아오면서 인연을 맺었던 모든 이에게 사랑한다는 표현과 감사의 표시를 적게 한 점이 후회된다. 좀 더 겸손했더라면 더 폭넓은 인간관계가 형성되었을 것인데 그렇게 하지 못한 데 대한 아쉬움이 많다.

마지막으로, '~걸'에 대한 후회로, '그때 할걸', '더 즐길걸', '더 베풀걸', '더 잘할걸', '더 모을걸' 같이 기회를 놓친 점에 대한 후회이다. 이 부분은 많은 이들이 공감할 것이다. 그때그때 결과에 대한 두려움이나 불확실성에 따라 포기했던 것을, 과감히 도전해서 극복했더라면 더 만족스러운 삶을 살 수 있었지 않았을까?

인생에는 정답이 없고 완벽한 타이밍도 없다. 매 순간, 순간이 중요하다. 후회할 일은 늘 있게 마련이지만 그것을 극복하고 최선을 다하는 자세가 중요할 것이다.

2장 사회문제를 바라보는 내 생각

✦ 출산과 육아휴직의 '보편적 권리'

2022년 1월 12일(수)

요즘 젊은 세대는 예전 우리 세대와는 비교도 되지 않을 만큼 촘촘한 복지 체계 속에서 일하고 생활하는 듯하다. 아들만 해도 출산휴가 열흘을 모두 채우고, 오늘은 손자 예방 접종이 있다고 하루 휴가를 냈다. 30~40년 전, 우리가 직장생활을 하던 시절엔 감히 상상조차 할 수 없던 일이다. 그 시절 남편이 아이 예방 접종 때문에 휴가를 낸다? 동료들의 따가운 시선은 물론, 상사의 불호령이 떨어졌을 게 뻔했다. 그때는 일터에서 '가족'이나 '육아'라는 말은 거의 금기어에 가까웠다. 오히려 "일은 일, 집안일은 집안일"이라며 선을 긋는 것이 미덕처럼 여겨지던 시절이었다.

이런 말을 하면 '꼰대'라는 소리를 들지도 모르겠다. 하지만 그것은 시대가 달라졌음을 인정하는 고백이기도 하다. 그만큼 사회 전반의 인식과 제도가 바뀐 것이다. 당시에는 출산휴가도 지금처럼 길지 않았고, 육아휴직이라는 개념 자체가 낯설었다. 출산 후 얼마 지나지 않아 몸조리도 채 끝나지 않은 채 출근해야 하는 여성들이 많았고, 남성은 육아에 참여하는 것 자체가 생소했다. 지금 생각해 보면 참 가혹하고 불합리한 일이었지만, 우리는 그걸 당연한 것으로 받아들이고 살아왔다.

그런 점에서 며느리가 1년 3개월 동안 육아휴직을 쓸 계획이라는 이야기는 정말 부러운 일이다. 손자가 돌 지나 제법 자랄 때까지 온전히 육아에 전념할 수 있다니, 부모와 아이 모두에게 큰 축복이 아닐 수 없다. 하지만 이런 혜택은 모든 직장인이 누릴 수 있는 것은 아니다. 대기업이나 정부 기관 정도는 되어야 가능한 이야기다. 안정적인 직장 구조와 넉넉한 재정, 그리고 법과 제도에 맞춘 복지 규정이 뒷받침되어야 하기 때문이다.

그래서인지 젊은 층이 대기업과 공무원 자리를 선호하는 이유를 알 것 같다. 높은 연봉과 안정된 고용, 그리고 수준 높은 복지 제도까지, 삼박자가 완벽하게 갖춰져 있기 때문이다. 반면 중소기업, 비정규직, 자영업자는 이런 복지 혜택을 꿈도 꾸기 어렵다. 인력과 재정이 부족한 상황에서 직원 한 명의 장기 육아휴직이나 잦은 가족 돌봄 휴가를 감당하기란 사실상 불가능에 가깝다.

이렇다 보니 취업준비생들은 기를 쓰고 대기업이나 정부 기관 문을 두드린다. 스펙을 쌓고, 각종 자격증을 준비하고, 면접 대비 학원에 다니는 것이 일상처럼 된 지 오래다. 취업 컨설팅 회사가 성황을 이루는 것도 어찌 보면 당연한 흐름이다. 심지어 어떤 청년들은 "중소기업에 취업하느니 차라리 취업을 미루고 재도전하겠다"라는 말을 서슴없이 하기도 한다.

물론 누구나 대기업이나 공무원이 될 수 있는 것은 아니다. 그렇다고 해서 중소기업과 자영업이 사회의 하부 구조로만 남아 있는 현실은 바람직하지 않다. 결국 이 양극화가 장기화하면 사회 전반의 균형이 깨지고, 기업 간 경쟁력 격차는 더 벌어질 것이다. 정부가 중소기업과 자영업자의 복지 체계를 보다 현실적으로 개선하는 정책을 마련해야 하는 이유가 바로 여기에 있다. 대기업과의 격차를 완전히 해소할 수는 없더라도, 최소한 근로자가 출산과 육아를 이유로 직장을 포기하지 않아도 되는 환경은 만들어 주어야 한다.

세월이 흐르며 제도가 변하고, 세대마다 일하는 풍경이 달라지는 것은 자연스러운 일이다. 그러나 그 변화가 특정 계층이나 일부 직종에만 머무르지 않고, 모든 노동자가 누릴 수 있는 '보편적 권리'로 확산할 때, 비로소 사회는 한 단계 더 성숙해질 것이다. 그날이 오면, 아버지가 아이 예방 접종 때문에 휴가를 내는 모습이 더는 특별한 이야기가 아닌, 지극히 평범한 일상이 되지 않을까.

✨ 할 말은 할 줄 아는 요즘 아이들의 솔직한 마음

2022년 3월 10일(목)

요즘 아이들을 보고 있으면, 예전 우리 세대보다 사고가 몇 년은 빠른 것 같다. 손녀가 이제 초등학교 2학년에 올라가는데, 얼마 전 학교에서 부모에게 아이의 생활 모습을 요약해 적어 보내 달라고 부탁했다고 한다. 딸아이가 평소 조금 걱정되는 마음에 '주의가 산만하다'라고 적어 보냈는데, 이게 화근이었다.

손녀는 종이를 받아 보더니, 얼굴이 금세 붉어졌단다. "다른 애들도 나보다 훨씬 더 산만한데, 왜 나만 그렇게 썼어?" 하며 울음을 터뜨렸다. 그러더니 눈물을 뚝뚝 흘리며 방으로 들어가 문을 닫아버렸다. 어찌나 서운해하던지, 그 마음이 그대로 전해져 나도 놀라고 안쓰러웠다.

우리 때 같으면 그냥 그러려니 하고 넘어갔을 일이다. 그 시절엔 '주의가 산만하다'라는 말씀은 그저 스쳐 지나가는 평가였고, 부모가 뭐라 해도 크게 따지거나 상처받지 않았다. 하지만 요즘 아이들은 다르다. 자기감정을 또렷하게 표현하고, 억울하거나 부당하다고 느끼면 가만있지 않는다.

가끔 손녀들과 이야기를 나누다 보면, 그 연령대답지 않게 아는 것도 많고 감정의 폭도 넓다는 걸 느낀다. 기쁜 일, 억울한 일, 불안한 일에 대한 반응이 또렷하고, 스스로 생각을 논리적으로 풀어내는 모습이 놀랍다. 조금 과장해서 말하자면, 우리 때 중학생 정도의 이해력과 표현력을 가진 듯하다.

물론 이렇게 성숙이 빨라진 건 단순히 지능이 높아져서만은 아닐 것이다. 텔레비전, 스마트폰, 인터넷 등 다양한 매체를 통해 외부 정보를 접하는 기회가 훨씬 많고, 그로 인해 생각하는 폭과 깊이가 넓어졌기 때문이다. 매체 속 세상은 아이들의 호기심을 자극하고, 스스로 답을 찾으려는 뇌의 기능을 끊임없이 단련시킨다. 그러니 성장 속도가 빠를 수밖에 없다.

하지만 그렇다고 해서 순수함이 사라진 건 아니다. 손녀들은 여전히 그 나이 또래만의 해맑음을 간직하고 있다. 주말이면 나와 함께 산에 오르며 숨 가쁘게 뛰어오르고, 공원에서 꽃을 보며 웃고, 아이스크림 하나에도 눈이 반짝인다. 때로는 사소한 장난에도 배꼽을 잡고 웃다가, 이내 진지한 표정으로 "할아버지, 그건 왜 그래요?" 하고 질문을 던진다.

나는 바란다. 손녀들이 이렇게 활짝 웃는 순간들을 오래 간직하기를. 봄날 창가에 비치는 따뜻한 햇볕처럼, 마음 한쪽에 동심을 오래도록 품고 살아가기를. 세상이 아무리 빨라지고 복잡해져도, 그 순수함과 호기심이 삶의 중심에서 꺼지지 않기를. 그리고 훗날 그들이 지금의 할아버지를 기억할 때, 함께 걸었던 산길과 나누었던 웃음소리가 함께 떠오르기를.

✨ 부모의 사랑과 자녀의 독립심

2022년 4월 9일(토)

한 지인이 내게 답답한 마음을 털어놓았다. 서른이 넘은 자녀가 취직은 안하고 집에서 부모만 바라보며 지내고 있다는 것이다. 하루하루를 무의미하게 보내니 부모 마음이 편할 리 없다. 혹시나 무언가 일할 계기를 만들면 달라질까 하는 생각에, 커피숍이라도 하나 차려주면 어떻겠냐고 고민 중이라고 했다.

마침 자신의 사무실 옆 신축건물에 커피숍을 차려줄까 하고 마음이 기울고 있었다.

보증금 외에 인테리어비와 장비 구매, 초기 운영자금 등을 합치면 제법 큰 목돈이 든다고 했다. 주위에서는 영업이 어려울 거라며 난감해했지만, 지인은 예전에 영업할 때 힘들게 모아둔 자기 돈으로라도 해줄까 고민하고 있다고 했다.

나는 그 얘기를 들으며 마음속으로 '나 같으면 바로 차려주지는 않겠다'라는 생각이 들었다. 아무리 자식이지만, 경험 없는 상태에서 갑작스레 사업을 시작하는 것은 위험이 크다. 특히 커피숍 같은 서비스업은 겉보기에는 단순해 보여도, 실제로는 손님 응대, 재고 관리, 메뉴 개발, 위생 관리, 마케팅 등 챙겨야 할 일이 끝이 없다. 사소한 결정 하나에도 매출이 크게 좌우된다.

그래서 나는 우선 자녀를 같은 업종의 직장에 취직시키거나, 최소한 커피숍 아르바이트라도 시켜보는 것이 좋겠다고 말했다. 현장에서 몸으로 부딪치며 하루의 흐름과 영업 분위기를 직접 느끼는 경험은 돈으로 살 수 없는 자산이다. 그 과정을 거쳐야만 본인이 정말 이 일을 할 수 있을지, 그리고 하고 싶은 마음이 있는지를 판단할 수 있다.

또한 부모가 지원할 때도 조건 없는 '증여'가 아니라, 일정 부분 책임감을 느낄 수 있도록 해야 한다. 예를 들어 차용증을 쓰고 월 200만 원씩 상환하게 하는 등 구체적인 조건을 설정하는 것이 좋다. 이런 장치는 단순히 돈을 돌려받기 위함이 아니라, 자녀 스스로가 '이건 내가 빚을 지고 시작한 일'이라는 인식을 하게 하기 위함이다. 그 인식이 있어야 어려움이 닥쳤을 때 쉽게 포기하지 않는다.

만약 이런 준비 과정 없이, 경험 없는 자녀에게 가게를 덜컥 차려줬다가 장사가 잘 안된다면 어떻게 될까. 손해는 금전적 손실에 그치지 않는다. 부모는 큰 상처와 허탈감을 안고, 자녀는 실패의 부담과 자신감 상실을 겪게 된다. 게다가 가족 관계에까지 균열이 생길 수 있다.

사업은 시작보다 지속이 더 어렵다. 특히 가족이 얽힌 사업일수록 감정과 책임이 복잡하게 얽히기 때문에, 그만큼 더 신중해야 한다. 부모의 사랑이 자녀의 독립심을 꺾는 결과가 되지 않도록, 지원은 '충분한 준비와 경험' 뒤에 오는 것이 바람직하다. 사랑은 때로는 기다려 주는 데서, 그리고 스스로 일어설 기회를 주는 데서 빛을 발한다.

✦ 위정자를 알고 투표하자

2022년 5월 28일(토)

어제부터 오늘까지 이틀간 지방선거 사전투표가 진행되었다. 나 역시 오늘 아침 일찍 사전투표소를 찾아 소중한 한 표를 행사했다. 공식 선거일은 6월 1일로 아직 며칠 남았지만, 사전투표가 도입된 이후로 투표하는 이들의 편의와 참여율 제고에 큰 도움이 되고 있다.

이번 지방선거는 그 어느 때보다도 유권자들의 선택 폭이 넓고 복잡했다. 지방자치단체장부터 지방의회 의원, 교육의원 선거뿐 아니라, 국회의원과 교육감 보궐선거까지 함께 치러졌기 때문이다. 광역자치단체장과 기초단체장, 광역 의원, 기초 의원은 물론 보궐선거 후보들까지 고려해야 할 후보가 많아 정신이 없을 정도였다. 후보자마다 자신의 공약과 정책을 펼치지만, 유권자가 모두 꼼꼼하게 따져보기에는 현실적으로 쉽지 않은 상황이다.

특히 이번 선거에서 눈에 띄는 문제 중 하나는 출마자 중 전과자 비율이 무려 36%에 이른다는 점이다. 심지어 전과 14범 후보가 있다는 소식에 놀라움을 금할 수 없다. 물론 범죄 이력이 있다고 해서 공직자가 될 수 없다는 법은 없고, 출마 자체를 제한하기도 어렵다. 그러나 범죄 경력이 있는 사람이 공직에 진출해 공공의 이익을 위해 일한다는 사실은 유권자들에게 고민할 문제임이 분명하다.

대부분 전과는 음주운전이나 무면허 운전 같은 비교적 경미한 범죄라고는 하지만, 폭력이나 사기 등 강력 범죄 전과자도 적지 않다. 특히 집행유예 이상의 처벌을 받은 후보들에 대해서는 각 정당이 공천 단계에서 엄격하게 걸러내야 한다고 본다. 공직자의 청렴성과 도덕성은 국민의 신뢰를 바탕으로 하기 때문이다.

　또 한 가지 어려운 점은 후보자의 정책과 공약, 경력 등 자세한 정보를 제대로 알지 못하는 유권자가 많다는 것이다. 대부분 유권자는 각 후보의 세부 내용을 꼼꼼히 살피기보다 정당의 이름이나 이미지에 기대어 투표하는 경향이 강하다. 이런 현상은 이번 선거에서도 예외가 아니어서, 결국 자신의 지지 정당에 표를 던지는 흐름이 반복될 것이다.

　이런 현실이 안타깝지만, 그렇다고 해서 유권자의 투표 참여가 줄어들어서는 안 된다. 자신의 권리를 포기하면서 정치권을 비난하는 것은 모순이며 부당하다. 투표는 시민의 가장 기본적인 권리이자 의무다.

　사전투표를 하지 않은 사람이라면 꼭 본 투표일에 소중한 한 표를 행사하기를 권한다. 투표는 단순히 한 표를 던지는 행위를 넘어, 우리 사회와 미래를 바꾸는 첫걸음이다.

　나아가 앞으로는 후보자의 인격과 정책, 과거 이력까지 꼼꼼히 따져보고, 더욱 신중한 선택이 이루어지길 바란다. 그래야 비로소 정치권이 국민에게 더 신뢰받고, 지역사회가 건강하게 발전할 수 있을 것이다.

✦ 명품이란 가격표가 아니라 자신의 마음에 달려있다

2022년 9월 22일(목)

아침에 사무실에 출근하니, 커피 향이 채 가시기도 전에 카운셀러들 사이에서 명품가방 이야기가 한창이었다. 책상 위에 놓인 가방 하나를 중심으로 모두가 모여 수군거렸다. 한 카운셀러가 며느리에게 선물 받았다며 자랑삼아 들고 온 것이었는데, 가격이 200만 원대라고 했다.

그 말을 들은 한쪽에서는 "그 정도 가격이면 명품이 아니죠"라며 고개를 저었다. 그 말투에는 어딘가 확신과 단호함이 묻어 있었다. 다른 사람들은 그저 웃어넘겼지만, 그 대화를 듣는 동안 내 머릿속엔 '명품이란 무엇인가'라는 질문이 맴돌았다.

하긴, 프랑스의 어떤 명품 브랜드는 가방 하나에 1,000만 원을 훌쩍 넘기고, 희귀한 디자인은 수천만 원대에 이른다고 한다. 그런 가격을 알고 있는 사람이라면, 200만 원짜리 가방을 명품이라 부르는 데 선뜻 동의하지 않을지도 모른다. 그러나 가격표만으로 '명품 여부'를 단정하는 태도에는 어쩐지 씁쓸함이 남는다. 명품을 소유한 사실로 사람의 품격과 인격을 재단하는 현실, 그것이야말로 문제다.

물론 아름답고 품질 좋은 물건을 소유하는 것은 잘못이 아니다. 오히려 그것이 기쁨과 만족을 준다면 충분히 누릴 만한 가치가 있다. 다만, 그 소유 여부가 곧 사람의 가치로 환산되는 세태, 그리고 그것을 손에 넣기 위해 빚을 내서까지 열을 올리는 모습은 분명 건강하지 않다. 마치 껍데기는 빛나지만, 속이 비어 있는 조개처럼, 겉모습만으로 본질을 판단하는 오류를 범하는 셈이다.

인간이 처한 상황과 처지에 따라 소중한 것은 달라진다. 며칠을 굶은 사람에게 명품가방이 무슨 소용이랴. 그에게는 따끈한 국밥 한 그릇이 세상에서 가장 귀한 선물일 것이다. 목이 바싹 마른 사막 한가운데 있는 사람에게는, 크리스털 병에 담긴 최고급 와인이 아니라 그저 차가운 물 한 모금이 생명을 살린다. 사랑하는 이를 잃고 슬픔에 잠긴 사람에게는 값비싼 물질보다, 그 마음을 진심으로 어루만져 주는 한 마디 위로가 절대적인 힘을 발휘한다.

돈으로 명품을 살 수는 있지만, 돈으로는 고운 마음씨나 깊이 있는 인격을 살 수 없다. 비단결 같은 말투, 남을 배려하는 시선, 어려움 속에서도 품위를 잃지 않는 태도는 지갑이 아닌 마음에서 나오는 법이다. 오히려 지나친 물질 집착은 그 사람의 품격을 해치고, 본래 지니고 있던 따뜻함마저 앗아가기도 한다.

돈은 삶을 살아가는 데 필요한 중요한 수단이다. 그러나 그것이 목적이 되는 순간, 삶의 균형은 무너진다. 부와 소유를 위해 관계를 끊고, 신뢰를 잃고, 스스로를 소모하는 사람들을 우리는 종종 본다.

반대로 넉넉하지 않아도 품위 있게 살아가는 사람들, 가진 것을 나누며 웃음을 잃지 않는 사람들도 있다. 그들의 삶을 보고 있으면, '명품'이란 결코 값비싼 브랜드에만 있는 것이 아니라, 그 사람의 태도와 마음속에도 존재한다는 사실을 깨닫게 된다.

결국 명품의 진짜 가치는 가격표가 아니라, 그것을 대하는 우리의 마음에 달려 있다. 누군가에게는 200만 원짜리 가방이 명품일 수 있고, 또 다른 누군가에게는 오래된 모래시계나 손때 묻은 책 한 권이 세상 그 무엇보다 귀할 수 있다. 중요한 것은 남의 잣대가 아니라, 내가 소중히 여기는 가치를 아는 일이다.

✦ 아파트 관리비 인상에 따른 대처

2023년 2월 3일(금)

아파트 관리비 명세서를 받아든 순간, 눈을 의심했다. 숫자가 잘못 찍힌 줄 알았지만, 다시 계산기를 두드려 보니 현실이었다. 다른 입주민들도 엘리베이터에서, 주차장에서, 관리사무소 앞에서 한목소리로 난리다.

그 이유는 단 하나, 난방비를 비롯한 관리비가 크게 치솟았기 때문이다. 이전 정부의 포퓰리즘 정책이 미뤄놓았던 대가가, 이제 한꺼번에 우리 서민들의 주머니를 향해 날아온 셈이다.

러시아-우크라이나 전쟁으로 인한 LNG 가격 폭등은 이미 국제 뉴스에서 수없이 보도되었다. 하지만 화면 속 숫자가 피부에 와닿는 건 아니었다. 그런데 이제 그 국제 가격 곡선이 고스란히 난방비 고지서 위에 찍혀 있다.

전 정부가 집권 기간 차근차근 인상했더라면 충격이 완화됐을 텐데, 인기 유지를 위해 인상을 미루었고, 거기에 탈원전 정책까지 더해져 전력 생산과 공급 구조에 큰 적자를 안겼다. 그 결과, 현 정부는 한전과 가스공사의 적자를 메우기 위해 한꺼번에 가격을 인상할 수밖에 없게 된 것이다.

2022년 연말 기준, 전년 대비 도시가스 요금은 무려 39%나 뛰었다. 전기요금도 18%나 올랐다. 여기에 밀가루, 옥수수 같은 원자재 가격 폭등이 이어지면서 식료품 가격까지 줄줄이 오르고 있다. 빵 한 봉지, 컵라면 하나, 생수 한 병의 가격이 15~20% 이상 오른 것은 이제 뉴스거리가 아니라 일상 체감이다.

문제는 이런 고통이 서민들의 몫으로 고스란히 전가된다는 점이다. 한파 속 난방비 인상과 물가 폭등이 겹쳐 이중고, 삼중고를 견뎌야 하는 형편이다. 공공기관의 적자를 해소하기 위해 요금 인상은 불가피하다고 하지만, 그 부메랑이 가계 살림을 직격하는 현실은 씁쓸하다. 정치 지도자의 정책 부재와 미뤄두기식 결정이 국민 전체를 한꺼번에 힘들게 만들었다.

우리 집도 예외가 아니다. 난방비를 절약하려고 거실 난방은 꺼두고, 두꺼운 옷이나 양말로 지내지만 집이 남향이라 지낼만 하다. 그런데도 전기요금이 평소 5만 원대에서 18만 원으로 뛰었다. 다음 달에는 더 오를 것이라는 예고가 나왔다. 만약 전 정부가 기름값과 공공요금을 조금씩이라도 올렸더라면, 우리도 경각심을 가지고 절약을 생활화했을 것이다. 그러나 경고 없이 찾아온 큰 폭의 인상은, 그저 한숨과 허탈한 웃음만 남긴다.

지금 우리는 단순히 돈 몇만 원이 아니라, 정책의 빈자리가 만들어낸 후폭풍 속에 살고 있다. 숫자는 차갑지만, 그 뒤에는 따뜻하게 난방을 틀 수 없는 거실, 장바구니를 망설이는 손길, 미래에 대한 불안이 함께 자리하고 있다. 이것이야말로 서민들이 체감하는 진짜 '물가'이고, '정치'다.

✦ 브랜드 이름값보다 실용성과 편리성 위주의 제품

2023년 4월 19일(수)

요즘 사람들은 '명품', '명품'을 외치며 고가의 제품을 선호한다. 하지만 나는 요즘 들어, 명품이라고 해서 꼭 좋은 것만은 아니라는 생각이 든다. 사용하면서 편리하고, 관리나 사후 서비스가 쉬운 제품이 오히려 더 실용적이고 만족도가 높을 수 있다는 깨달음을 최근 몇 가지 경험을 통해 얻었다.

2년 전, 칠순을 기념하여 나와 아내가 자녀들로부터 고가의 시계를 선물 받았다. 내 시계는 반자동 방식이라 그냥 손목에 차고 다니면 됐지만, 아내의 시계는 배터리로 작동되는 전자식 시계였다. 구매 당시에는 특별히 불편함을 느끼지 못했으나, 배터리는 2년마다 교체해야 한다는 안내를 받았다. 그런데 2021년 8월 중순에 산 시계가 1년 반 만에 배터리가 다 닳아 멈추고 말았다.

배터리 교체를 위해 구매처인 신세계 백화점 매장을 찾았더니, 매장에서는 배터리를 바로 교체해 줄 수 없고, 서울 본사로 보내야 하며, 대략 15일 정도 시간이 소요된다고 했다. 순간 이해할 수 없었다. '그냥 매장에 배터리 몇 개 비치해 두고 바로 교체해 주면 되지 않나?'라는 생각이 들었다. 15일을 기다려야 한다니, 단순한 배터리 교체가 이렇게 번거로운 일이 될 줄은 몰랐다.

내 시계 역시 최근 시간이 빨라지는 문제가 생겨 수리를 부탁했는데, 결과는 똑같았다. 역시 서울 본사로 보내야만 수리할 수 있다고 했다. 기가 막혔지만 어쩔 수 없이 맡길 수밖에 없었다.

예전 결혼식 때 예물로 받은 시계도 생각났다. 그때 시계 사후 서

비스만 6개월이 걸렸는데, 이유는 해외 본사에서 수리해야 하기 때문이란다. 비용 또한 웬만한 시계 한 점 가격에 맞먹었다. 몇 년 전 벤츠를 점검하려 해도 몇 달이 걸린다고 했다. 기간과 비용 모두 엄청났다. 단순히 '명품'이라는 이유로 편리함과 효율을 포기해야 하는 현실이 씁쓸하게 느껴졌다.

그제야 깨달았다. 이제는 제품을 선택할 때 단순히 브랜드와 가격보다는 사용 편의성과 사후 서비스의 용이성을 더 중요하게 고려해야 한다는 것이다. 외국 명품보다도, 요즘 국산 제품이 기능적 측면에서는 훨씬 뛰어난 경우가 많다.

수리를 위해 본사까지 보내야 하고, 비용과 시간을 낭비하는 제품보다는, 가까운 매장에서 손쉽게 관리할 수 있는 제품이 오히려 진정한 의미의 '명품'이 아닐까 하는 생각이 들었다.

앞으로는 내가 무엇을 사든, 편리하게 사용할 수 있고 관리가 쉬운 제품을 선택할 계획이다. 명품 브랜드의 이름값보다, 실용성과 만족도를 우선시하는 현명한 소비가 더 중요하다는 교훈을 이번 경험을 통해 얻었다. 이제는 단순히 '멋진 물건'을 가지려는 마음보다는, 편리하고 오래 쓸 수 있는 제품을 선택하는 것이 더 값진 선택임을 알게 되었다.

✨ 남자는 바깥일, 여자는 집안일이라는 경계의 벽은 없다

2023년 5월 13일(토)

세탁기에 문제가 생겨 멈춰 서버린 세탁기 앞에서 한참을 서성이다가, 결국 가까운 딸내미 집에 세탁물을 맡기기로 했다. 집안일이라는 게 늘 그렇듯, 별것 아닌 것 같아도 막상 기계 하나가 고장 나면 생활이 어수선해진다. 그날은 아내와 상의 끝에 빨래 바구니를 들고 딸 집으로 향했다.

두어 시간 뒤, 세탁이 끝났을 즈음에 다시 찾아갔더니 딸은 이미 친구를 만나러 손녀들과 함께 나가고 없었다. 대신 사위만 홀로 집에 남아 있었는데, 그는 주방을 정리하고 청소기까지 꺼내 거실을 쓱쓱 밀고 있었다. 얼굴에는 땀이 송골송골 맺혀 있었지만, 표정은 오히려 담담하고 익숙해 보였다.

나는 문 앞에 서서 그 광경을 한동안 바라보았다. 그 모습은 요즘 젊은 세대에게는 흔한 풍경일지 모르겠다. 남편이 집안일을 분담하고 아이들을 돌보는 것은 이제 자연스러운 일상으로 자리 잡았다.

하지만 보수적인 사고를 가진 내 눈에는 왠지 낯설고 어딘가 불편한 장면처럼 느껴졌다. 만약 내 아들이 저 자리에 서서 주방을 정리하고 청소하는 모습을 본다면 과연 어떤 기분일까? 스스로에게 물어보니, 마음이 유쾌하지만은 않지만 그렇게 하는 것이 합리적이라고도 본다.

나는 내가 자라온 시대를 떠올렸다. 우리 세대의 가정에서는 '남자는 바깥일, 여자는 집안일'이라는 경계가 뚜렷했다. 아버지는 한 번도 부엌에 들어오지 않으셨고, 어머니는 집안일을 도맡아야 했다.

그게 당연한 줄 알고 자랐으니, 지금 사위가 보이는 모습이 조금은 이질적으로 다가온 것도 무리는 아닐 것이다.

그러나 한편으로는 시대가 달라졌음을 잘 알고 있다. 육아와 가사 분담은 이제 결혼생활의 중요한 조건이자 필수적인 사안이다. 남자가 손에 물을 묻히면 체면이 손상된다고 여겼던 낡은 사고방식으로는 더는 원만한 가정을 꾸려갈 수 없다. 부부가 함께 책임을 나누고 서로를 존중하며 살아가는 것이야말로 행복의 길이라는 것을 나도 이젠 인정하지 않을 수 없다.

나 역시 은퇴 이후 달라졌다. 온종일 집에 머물다 보니, 청소기 돌리기나 쓰레기 비우기, 간단한 장보기 같은 일들을 자연스레 내가 맡게 되었다. 처음엔 어색했지만, 막상 해보니 별것 아니었고, 오히려 아내의 수고를 조금이라도 덜어줄 수 있다는 생각에 보람을 느끼기도 했다. 그동안은 밖에서 벌어오는 것만이 남편의 역할이라 믿었지만, 이제는 집안에서 손발을 맞추는 일도 결코 가볍지 않음을 깨닫게 된다.

그런데도 사위의 집안일 모습을 보며 아들을 떠올렸을 때 마음이 편치 않았던 이유는 무엇일까. 그건 아마도 내 안에 아직도 지워지지 않고 남아 있는 가부장적 사고의 잔재 때문일 것이다. 머리로는 알지만, 가슴은 여전히 과거의 습관에 얽매여 있는 듯하다.

세상이 변해도 사람의 내면은 쉽게 변하지 않는다. 나는 그 사실을 사위의 모습 앞에서 다시 확인했다. 아마도 내 안의 낡은 그림자가 여전히 나를 붙잡고 있었던 것일 테다. 그것을 완전히 털어낼 수 있을지, 아니면 끝내 안고 살아가야 할지는 잘 모르겠다. 하지만 한 가지 분명한 것은 있다. 젊은 세대의 삶은 이미 다른 방향으로 나아가고 있다는 사실이다.

　그날 집으로 돌아오면서 나는 오래도록 생각에 잠겼다. 사위가 청소기를 밀던 그 모습은 단순한 장면이 아니라, 내 안에 남아 있는 옛 사고방식과 새로운 세상의 풍경이 맞부딪히는 순간이었음을 깨달았다. 그리고 스스로에게 조용히 물었다. 나는 과연 시대의 변화를 얼마나 받아들이고 있는가. 내 가족에게, 내 아들에게, 그리고 나 자신에게 진정 원하는 것은 무엇인가.

　아직 답은 뚜렷하지 않다. 다만 세탁기 고장으로 시작된 작은 해프닝이 내 마음에 이렇게 큰 울림을 남길 줄은 몰랐다. 어쩌면 그것이 세상과 나 사이에 놓여 있는, 넘어야 할 다리인지도 모르겠다.

✨ 책 냄새가 나는 공간이 남아 있기를

2023년 5월 22일(월)

　모처럼 한 건물 안에 입주해 있는 서점 사장을 만나러 매장에 들렀다. 안부를 묻고 차를 한 잔 나누며 이런저런 이야기를 나누었다. 요즘 경기가 어떻냐고, 장사는 좀 나아졌냐고 조심스레 묻자, 사장은 얼굴을 찌푸리며 "죽을 지경"이라는 한 마디로 대답했다. 그 말에는 무겁고도 깊은 시름이 실려 있었다.

　예전에는 어렵더라도 늘 희망을 이야기하던 사람이었다. 손님이 줄어도 "책을 찾는 사람은 어디서든 반드시 온다"라며 씩씩하게 웃어넘기곤 했는데, 이번에는 달랐다. 희망 대신 비관적인 전망만 쏟아냈다.

특히 온라인 서점의 상시 할인 정책이 가장 큰 문제라고 했다. 인터넷에서는 늘 40~60%씩 할인된 가격에 책을 파니, 동네 서점은 도저히 경쟁이 되지 않는다는 것이다. 게다가 코로나 시기를 거치면서 사람들의 발길은 아예 끊겼다.

한창 방역이 엄격하던 시절에는 어쩔 수 없는 일이었지만, 문제는 코로나가 끝난 이후에도 상황이 나아지지 않았다는 점이다. 예전 같으면 아이 손을 잡고 책을 고르러 오던 가족들, 퇴근길에 잠시 들러 신간을 살펴보던 직장인들의 발길은 이제 거의 사라졌다. 그는 "요즘은 파리 한 마리 들어오지 않는다"라는 표현으로 서점의 쓸쓸한 현실을 토로했다.

다행히 자기 건물이라 월세가 나가지 않는 덕분에 간신히 버티고 있다고 했다. 만약 임대료까지 부담해야 했다면 이미 오래전에 문을 닫았을 것이라 했다. 그의 말이 농담처럼 들리지 않았다. 실제로 주변만 둘러보아도 오프라인 서점이 속속 폐점하는 현실은 익히 들어온 이야기다. 동네마다 하나둘씩 문을 닫으며, 그 자리를 편의점이나 카페, 체인 음식점이 대신 채우고 있다.

책이 사람의 마음을 키워주던 공간이 이렇게 사라지고 있다는 사실이 안타까웠다. 서점은 단순히 책을 파는 가게가 아니었다. 누군가에게는 사색의 공간이었고, 누군가에게는 우연히 좋은 책을 발견하는 즐거움이 있는 곳이었다. 책장을 넘기는 소리, 종이 냄새, 서가 사이를 거닐며 흘러듣는 작은 대화들…. 그런 풍경이 사라지는 것은 단순한 장사의 실패가 아니라 한 시대의 문화가 점차 잦아드는 일이 아닐까 싶다.

요즘 같은 시대에 오프라인 서점이 살아남으려면 분명 새로운 길을 찾아야 할 것이다. 단순히 책을 진열해놓는 데 그치지 않고, 사람들을 끌어들일 수 있는 독서 모임이나 저자와의 만남, 작은 음악회나 강연 같은 문화적 이벤트가 필요하지 않을까. 물론 그것조차 쉽지 않은 일이겠지만, 차별화된 무언가를 만들어야만 가능성이 열릴 것이다.

나는 사장의 굳은 표정을 보면서 마음속으로 기도하듯 빌었다. 제발 이 동네에 단 하나뿐인 이 대형 서점이 무너지지 않기를. 적어도 우리 동네만큼은 책 냄새가 나는 공간이 남아 있기를. 책을 통해 사람과 사람이 이어지고, 이야기가 쌓이고, 또 누군가의 인생이 바뀌는 작은 기적이 일어나기를.

✨ 결혼은 필수가 아닌 선택이라지만

2023년 5월 28일(일)

며칠 전 읽었던 신문 기사가 문득 떠오른다. 2022년 한 여론조사 결과, 미혼 남녀의 70%가 결혼에 대해 "필수가 아닌 선택"이라고 응답했다는 뉴스였다.

기사에서는 그 이유를 자세히 짚었는데, 특히 요즘처럼 경기가 어려운 시기에는 내 집 마련이나 자녀 부양 같은 현실적인 문제들이 결혼을 가로막는 큰 장벽이 되고 있다고 했다. 집값은 하늘 높은 줄 모르고 치솟고, 양육비는 감당하기 벅차다 보니, 아예 결혼 자체를 포기해 버리는 이들이 늘고 있다는 것이다.

심지어 "결혼은 이제 중산층 이상의 계층만 할 수 있는 사치"라는 씁쓸한 농담까지 돌고 있다고 한다. 그 말 속에는 상대적 박탈감과 상실감이 담겨 있을 것이다.

신문을 덮고 나서 나는 내 젊은 시절을 떠올렸다. 우리가 젊었을 때만 해도 결혼은 인생에서 너무나도 당연한 과정이었다. 통계로 보더라도 거의 90% 이상이 결혼은 반드시 해야 한다고 믿었다. 돈이 없어도, 살림살이가 변변치 않아도, 결혼식만 올리고 나면 부부가 함께 벌어 조금씩 조금씩 집안을 꾸려나갔다. 월급날이면 고깃집에 들러 작은 축배를 들고, 가끔은 몇 달 모은 돈으로 장롱이나 냉장고 같은 가전제품을 들여놓으며 뿌듯해했다.

그 시절 결혼은 완벽하게 준비된 상태에서 시작하는 것이 아니었다. 오히려 부족한 상황에서 함께 살림을 만들어가는 과정이 행복의 근원이었다. 아이 울음소리가 집안에 울려 퍼질 때, 고단한 하루 끝에 서로 기대어 웃을 수 있을 때, 비로소 가정의 의미를 깊이 느낄 수 있었다. 결혼은 그렇게 '함께 채워가는 생활'이었다.

그런데 요즘 젊은 세대는 집과 혼수, 결혼 비용까지 완벽히 준비해야만 결혼할 수 있다고 여기는 듯하다. 부모에게 손을 벌리거나 대출로 빚을 지지 않으면 출발조차 힘들다고 생각한다.

그러다 보니 결혼을 아예 미루거나 포기하는 것이다. 사실 결혼은 혼수품이 갖춰져야만 시작할 수 있는 무겁고 고단한 의무가 아니다. 함께 벌며 작은 살림살이를 늘려가는 재미가 진짜 결혼의 묘미이고, 그런 과정에서 부부의 애정과 신뢰가 깊어지는 것이다.

물론 현실적인 어려움을 모르는 것은 아니다. 예전보다 경제 상황이 더 팍팍하고, 사회가 요구하는 기준도 높아진 것은 사실이다. 하지만 행복의 기준은 반드시 사회적 잣대에 맞출 필요는 없다. 오히려 자기 형편과 처지에 맞게 시작해도, 시간이 흐르면 사랑과 정성이 집안을 가득 채우게 된다. 사랑하는 사람과의 동행은, 때로는 힘든 여건 속에서 더욱 값지고 단단한 의미를 지니게 된다.

부디 일부 상류층을 기준으로 결혼을 바라보지 않았으면 한다. 남의 삶과 비교하며 위축되기보다는, 지금 내게 주어진 현실 안에서 제일 나은 선택을 하고, 그 안에서 기쁨을 찾을 수 있기를 바란다. 작은 보금자리라도 함께 꾸려나가며 사랑을 키우는 삶이야말로 어쩌면 더 오래가는 행복을 가져다줄 수 있다.

결혼은 거창한 준비 끝에 완성되는 제도가 아니라, 함께 살아가며 만들어가는 과정이다. 그리고 그 과정에서 서로의 삶을 지탱해주는 든든한 동반자가 되어주는 것, 그것이 결혼의 본질이 아닐까.

✦ 장사란 계속 변화와 적응 과정을 이어간다

2023년 6월 10일(토)

아파트 후문 쪽에 작은 커피숍이 다시 문을 연 지 열흘 가까이 되었다. 지인이 아들을 위해 차려 준 매장인데, 아직은 손님이 많지 않아 보인다. 유리창 너머로 보이는 매장은 깔끔하고 새것 티가 물씬 나지만, 늘 앉아 있는 손님은 몇 명 되지 않는다.

상호는 낯선 영어 단어 'THOR'였다. 처음엔 북유럽 신화 속 번개의 신이 떠올랐는데, 물어보니 발음은 '뜨오르'라고 했다. 자신이 만든 조어라며, 한국어 '떠오르다'에서 착안했다고 자랑스럽게 말했다.

언뜻 창의적으로 보일 수도 있지만, 손님의 관점에서는 직관적이지 않아 처음 들었을 때 기억하기 쉽지 않은 이름이라는 생각이 들었다. 브랜드 네임은 입소문과 기억의 힘이 큰데, 그 점에서 다소 아쉬움이 있었다.

20평 남짓한 작은 커피숍을 차리기 위해 들어간 비용은 절대 가볍지 않았다. 권리금 3,000만 원에 인테리어와 커피 기기 등 부대비용을 합하면 최소 6,000만 원 이상이 들었다고 한다. 내 생각에는 인테리어에 그렇게 큰 비용을 투입하기보다, 철저한 상권 분석과 메뉴 개발, 차별화된 영업 방식 도입에 먼저 신경 썼어야 하지 않을까 싶다. 사실 이전 매장의 인테리어도 그리 나쁘지 않았는데, 굳이 대규모 리모델링을 한다고 해서 손님이 갑자기 몰려올 가능성은 크지 않았기 때문이다.

무엇보다 입지가 문제였다. 매장이 자리한 곳은 아파트 후문이라 유동 인구가 많지 않고, 지나가는 손님이라고 해봐야 단지 내 입주민이 대부분이다. 시내 중심가에서 멀리 떨어져 있어 '발길이 저절로 몰리는 상권'은 아니었다. 커피숍은 입지가 절반이라는 말이 있는데, 이번 경우만큼은 그 말이 실감이 났다.

아메리카노 한 잔 가격이 4,000원이다. 단순 계산만 해도 하루에 수십 잔은 팔아야만 권리금과 인테리어 비용을 조금씩 회수할 수 있을 텐데, 현재 매출로는 언제쯤 손익분기점을 맞출 수 있을지 가늠하기조차 어렵다.

요즘 소비자들은 가격뿐 아니라 '특별한 경험'을 원한다. 배달 서비스, SNS 홍보, 지역 주민과 연결된 작은 이벤트 등 남들이 하지 않는 방식의 영업이 절실하다. 단지 커피 맛만 좋아서는 이 무한경쟁 속에서 살아남기 어렵다.

길을 걷다 보면 카페가 워낙 흔하다. 어느 골목에 들어서도 몇 걸음 지나면 또 다른 카페 간판이 눈에 띈다. 최근 몇 년간 '카페 창업'은 마치 누구나 할 수 있는 가장 손쉬운 사업처럼 인식되었지만, 그만큼 경쟁은 치열해졌고 수익은 점점 줄어들고 있다. 많은 이들이 인테리어를 고급스럽게 꾸미면 손님이 늘 거라 믿지만, 사실 카페 성공의 열쇠는 더 깊은 곳에 있다. 손님이 다시 오고 싶어지는 이유, 단골을 붙잡는 힘, 특별한 이야기를 만들어내는 매력 같은 것들 말이다.

지인의 아들이 운영하는 이 커피숍도 그 고민의 길목에 서 있다. 부모의 지원과 새 인테리어만으로는 부족하다. 소비자의 마음을 사로잡을 차별화된 전략, 그리고 무엇보다 꾸준한 성실함이 뒷받침되어야 한다. 커피 한 잔에 담긴 진정성과 공간에 깃든 분위기가 고객에게 전달될 때, 비로소 매장은 활기를 띨 것이다.

나는 그곳이 잘 되기를 진심으로 바란다. 그러나 그러기 위해서는 지금과 같은 방식만으로는 어렵다. 변화가 필요하다. 창업은 단순히 문을 여는 것이 아니라, 살아남기 위한 치열한 준비와 끝없는 적응의 과정임을 다시금 느낀다.

✦ 말 한마디가 사회적 신뢰와 공감을 깨뜨릴 수 있다

2023년 8월 12일(토)

요설과 궤변이 난무하는 시대다. 특히 정치인의 언어는 국민의 삶과 직결되는 만큼, 그 어느 때보다 신중하게 생각하고 내뱉어야 한다. 말 한마디가 사회적 신뢰와 공감을 깨뜨릴 수 있으며, 잘못된 정보가 퍼지는 순간 국민의 불안과 고통은 눈덩이처럼 불어난다.

과거를 돌이켜보면, 광우병 논란이나 세월호, 천안함 사건과 관련한 정치인의 발언은 국민의 마음을 더 쓰리게 만들고 고통을 배가시켰던 사례가 많다. 국민이 애써 참아야 했던 분노와 슬픔이, 정치인의 경솔한 언행으로 다시금 불붙는 경우가 있었다.

최근에도 후쿠시마 원전수 방류와 관련해 검증되지 않은 내용을 아무렇지도 않게 쏟아내며 국민의 불안을 증폭시키는 장면이 있었다. 나아가 나이 든 노인들에게 투표권을 빼앗아야 한다는 식의 발언으로 특정 세대를 비하하고, 사회적 갈등을 키운 사례까지 되풀이되고 있다.

잘못된 정보와 상대 진영을 향한 모략, 험담이 일단 입 밖으로 내뱉어진 이후에는 매스컴을 통해 급속히 확산한다. 그러면서 특정 진영에 대한 증오의 칼날이 되어 사회 전반을 후벼 판다. "발 없는 말이 천 리 간다"라는 옛말이 이렇게 와닿는 시대는 드물다. 말은 결코 흘러가는 것이 아니라, 눈에 보이지 않는 상처를 남기고, 때로는 회복할 수 없는 결과를 만들어낸다.

문제는, 한 번 퍼진 말은 다시 거두어 담을 수 없다는 점이다. 국민에게 상처를 준 말, 상대 진영을 공격한 말에 대해 제대로 된 사과가 이루어지는 경우도 드물다. 그저 시간이 지나면 잊히기를 바라는 듯, 책임을 회피하는 정치인도 많다. 하지만 언어의 힘은 그만큼 강력하다. 말이 만들어낸 불신과 갈등은 단순히 시간이 지나 해결될 수 있는 문제가 아니며, 정치인 스스로가 언어의 무게를 인식하지 못하면 사회적 혼란은 계속될 수밖에 없다.

이제 정치인은 말의 무게를 진지하게 고민하고, 충분히 숙고한 뒤 발언해야 한다. 즉흥적으로 내뱉는 말버릇을 버리고, '삼사일언(三思一言)', 즉 세 번 생각하고 한번 말하는 습관을 반드시 길러야 한다. 한 사람의 말이 한 사회를 흔들 수 있는 시대, 그만큼 정치인의 언어는 책임과 신중함 위에 서 있어야 할 것이다.

✨ 자녀교육의 마인드와 철학은 세대마다 다르다

2024년 1월 6일(토)

요즘 아이를 키우는 엄마들은 자기 자녀교육에 참으로 열성적이다. 아이를 위해서라면 무엇이든 아낌없이 해주고 싶어 하고, 또 넘치게 해주려는 경향이 뚜렷하다. 내가 어릴 때 우리 부모 세대는 물론 내가 부모였을 때만 해도 감히 엄두조차 내지 못할 만큼 자녀에게 쏟아붓는 모습이 요즘은 자연스러운 풍경이 되었다. 자녀교육을 바라보는 마인드와 철학이 세대마다 크게 달라진 것이다.

우리 세대는 학교에만 잘 다니고, 제 앞길을 스스로 개척할 수 있을 만큼만 최소한으로 지원해 주는 것이 일반적이었다. 대학 등록금을 마련해 주거나, 책을 사주고, 때로는 학용품 정도를 보태주는 수준이었다. 그러나 요즘 부모들은 억척스럽다 못해 치열하다. 아이가 태어나기도 전부터 태교 음악, 영어 동화책, 조기 교육 프로그램을 챙기고, 유치원에 들어가면 벌써 선행학습에 매달린다.

어린 시절부터 최고급 명품 옷을 입히고, 최고급 식재료를 먹이며, 학교에 다니는 순간부터는 영어, 수학, 피아노, 미술, 운동까지 학원비가 눈덩이처럼 불어난다. "다른 집 아이가 하는데 우리만 안 할 수는 없다"는 압박감이 부모들을 학원가로 몰아넣는다.

부유한 집안이야 큰 무리 없이 가능하겠지만, 서민들에게는 그야말로 죽을 맛이다. 맞벌이하며 땀 흘려 번 돈의 절반 이상이 자녀 교육비로 빠져나가니, 남는 것은 피곤과 허무뿐이다. 결국 이런 부담이 결혼 기피와 저출산 문제로 이어지는 것은 아닐까.

아이의 가능성을 키워준다는 명목으로 사실은 부모의 불안과 경쟁심리가 아이 위에 덧씌워지는 경우가 많다. 하지만 교육이란 돈으로만 이루어지는 것이 아니다. 오히려 아이의 개성을 존중하고 취향을 살려주는 쪽에서 진정한 창의력과 자존감이 자라난다. 단순히 지식과 스펙을 쌓아주는 것보다 훨씬 근본적인 힘이 된다.

예전에 한 지인에게서 들은 이야기가 오래도록 마음에 남아 있다. 아이가 어릴 적부터 색깔이 다른 신발을 신고 싶어 했다고 한다. 보통 부모 같으면 "내 아이가 이상한 건 아닐까?", "사람들 눈에 어떻게 보일까?" 하며 걱정했을 것이다. 그러나 그 부모는 오히려 아이의 취향을 존중했다. 같은 디자인의 신발을 두 켤레 사서, 아이가 원하는 대로 한쪽은 빨간색, 다른 한쪽은 파란색을 신도록 허락한 것이다.

이 작은 일화는 자녀교육의 본질을 다시 생각하게 한다. 왜 신발은 꼭 같은 색이어야만 하는가? 그것은 어른들의 고정관념일 뿐이다. 아이의 눈에는 두 가지 색이 주는 조화와 재미가 새로운 세상으로 느껴졌을 것이다. 창의적 교육은 바로 이렇게 고정관념을 깨뜨리는 것에서부터 출발한다.

오늘날 많은 부모가 아이에게 해주고자 하는 교육은 '경쟁에서 뒤처지지 않도록 하는 것'에 치중한다. 그러나 진정한 교육은 아이 스스로의 가능성과 독창성을 인정해주는 데 있다. 돈과 물질로 쏟아붓는 것만이 능사가 아니다. 아이가 자기 생각을 자유롭게 펼칠 수 있도록 격려하고, 남과 달라도 괜찮다고 다독이며, 삶을 스스로 탐험할 수 있도록 곁에서 지켜봐 주는 것, 그것이야말로 값진 자녀교육이 아닐까.

✦ 개인주의 성향

2024년 1월 21일(일)

일을 완전히 그만둔 지 두 달 반, 낯선 여유 속에서 사회 변화에 관한 생각이 잦아졌다. 최근 글로벌 가구업체 이케아가 발표한 설문조사 결과가 특히 눈길을 끌었다. 전 세계 38개국 소비자 3만7천여 명을 대상으로 한 조사에서 한국인의 개인주의 성향이 가장 높게 나타난 것이다.

'집에 홀로 있을 때 즐겁다'라는 문항에 한국인의 40%가 긍정적으로 답해 38개국 평균(30%)을 크게 웃돌았다. 반면 '가족과 함께 웃는 시간이 즐겁다'라는 질문에는 14%만이 '그렇다'라고 답해 조사 대상국 중 최저치를 기록했다. '자녀나 손주를 가르치며 성취감을 느낀다'라는 응답률도 8%에 불과했다.

흔히 개인주의가 강하다고 알려진 유럽보다 한국이 더 높은 수치를 보였다는 점은 충격적이다. 그 배경에는 빠른 서구화, 성과주의적 경쟁 사회, 그리고 전통적 유교 질서에 대한 세대적 거부감이 복합적으로 작용했을 것으로 보인다. 결국 '피로사회'라 불릴 만큼 과열된 환경 속에서, 가족과 공동체의 가치는 점차 희석되고 개인적 안식만을 추구하는 현상이 뚜렷해진 것이다.

물론 개인의 휴식과 고독을 존중하는 사회 분위기는 긍정적 변화일 수 있다. 그러나 문제는 그 과정에서 가족과 공동체가 지닌 기본적 유대가 지나치게 약화하고 있다는 점이다. 가족은 단순한 혈연 집단이 아니라 사회적 안전망이자 인간관계의 첫 출발점이다. 이 기반이 흔들린다면 사회 전체의 연대 의식 또한 무너질 수밖에 없다.

따라서 지금 필요한 것은 과거의 가족주의를 그대로 회복하는 것이 아니다. 개인의 자유를 존중하면서도 가족과 함께할 때 진정한 기쁨을 나눌 수 있는 새로운 형태의 가족애, 공동체 의식이 자리 잡아야 한다. 그것이야말로 급속한 변화 속에서 사회적 균형을 회복하는 길일 것이다.

✦ 반려 동물을 키우는 반려 문화

2024년 1월 28일(일)

아침 산책길에서 종종 눈살을 찌푸리게 하는 장면을 본다. 공원 구석에 아무렇게나 버려진 반려견의 배설물이다. 반려견을 키우는 것은 자유지만, 그 뒤처리까지 견주의 책임이라는 사실을 외면한 채 방치하는 경우가 많다. 이는 단순한 부주의가 아니라 양식과 기본적인 시민의식의 문제다.

최근 통계에 따르면 반려동물을 키우는 인구가 1,500만 명을 넘어서고, 반려 가구의 비율도 전체의 25.7%로 네 집 중 한 집꼴이다. 이제 반려동물은 우리 사회에서 더 이상 일부 사람들의 특별한 취미가 아니라 일상적인 생활의 한 부분이 되었다.

이에 따라 관련 산업도 급격히 성장하고 있다. 반려동물 사료와 의류는 물론, 장신구와 의약품, 심지어 '펫셔리'라 불리는 고가의 사치품 시장까지 확장되고 있다. 명품 브랜드들도 앞다투어 진출해, 수십만 원대 리드줄에서 수백만 원짜리 반려동물 전용 침대와 이동가방까지 출시하고 있다. 출산율은 하락하는데 반려동물 산업은 급성장하는, 아이러니한 시대 풍경이다.

반려동물을 사랑하고 아끼는 마음은 충분히 존중받을 만하다. 문제는 그것이 과도한 소비로 흐르거나, 타인에 대한 배려 없는 행동으로 이어질 때다. 값비싼 유모차에 태우고 명품 옷을 입히는 것은 결국 견주 자신의 만족일 뿐, 동물에게 꼭 필요한 일은 아니다. 더욱이 공공장소에서 배설물을 방치하거나, 목줄을 하지 않은 채 방임하는 행위는 다른 시민에게 직접적인 피해를 준다.

이제 반려 문화는 단순한 애완을 넘어 하나의 사회문화로 자리 잡았다. 그렇기에 그만큼 성숙한 의식이 필요하다. 반려동물을 키우는 일은 선택이지만, 그에 따르는 책임은 의무다. 반려동물을 사랑한다면 타인을 먼저 배려하는 에티켓부터 지켜야 한다. 그것이 진정한 '반려(伴侶)'의 의미를 살리는 길일 것이다.

✦ 중산층이라는 개념의 심리적 위축

2024년 5월 13일(월)

4·10 총선 이후 대승을 거머쥔 정당은 흡사 여의도를 점령한 해방군 같다. 총 13조 원이 드는 전 국민 25만 원 지급을 '무조건 강제 집행해야 한다'라며 행정부를 압박한다. 의회 권력을 손에 쥔 그들의 목소리는 커졌지만, 국민의 마음은 점점 더 불안해지고 있다. 과연 이들이 주장하는 정책이 나라 경제와 국민 삶의 체질을 바꾸는 근본 해법이 될 수 있는지 의문이 들 수밖에 없다.

대한민국 서민들의 삶은 갈수록 팍팍해지고 있다. 한 언론 보도에 따르면, 1980년대에 자신을 중산층이라 여겼던 국민은 무려 75%에 달했지만 지금은 절반에도 미치지 못한다.

그 사이 우리는 1997년 IMF 외환위기를 겪었고, 2008년 글로벌 금융위기를 맞았다. 위기를 거칠 때마다 사회 구조는 더 치열해졌고, 삶의 무게는 서민에게 고스란히 전가되었다. '사오정(45세 정년)', '하우스 푸어', '수저 계급론' 같은 암울한 신조어는 바로 이런 시대적 상황을 반영하는 사회학적 용어다. 언어가 곧 시대를 비추는 거울이라면, 우리는 이미 중산층 사회의 붕괴를 오래전부터 목격하고 있었던 셈이다.

상대적 박탈감은 더욱 깊다. 객관적 지표로는 분명 중산층에 속함에도, 스스로를 '하층'이라 여기는 사람들이 늘고 있다. 얼마 전 한국개발연구원이 발표한 보고서 「한국 중산층은 누구인가?」에 따르면, 월 소득 700만 원 이상 고소득 가구 100가구 가운데 상층이라 답한 경우는 고작 11가구였다. 76가구는 스스로를 중산층이라 했고, 12가구는 하층이라고 답했다.

다시 말해 자산·소득 기준으로는 중산층임에도 약 40%가 스스로 하층이라고 느낀다. 흥미로운 것은 고학력자, 전문직일수록 이 같은 인식이 더 강하다는 사실이다. 이는 단순히 물질적 풍요만으로는 사회적 안정감을 보장하지 못한다는 것을 방증한다.

이처럼 사회의 불안과 불만은 소득의 절대적 크기보다도 비교의 잣대에서 비롯된다. 주변과의 차이를 민감하게 체감하는 사회 분위기, 끝없는 경쟁을 부추기는 구조 속에서 '나는 아직도 부족하다'라는 심리가 확산한 것이다. 생활 수준만 따지면 한국은 이미 선진국이다. 그러나 국민의 70%는 여전히 "우리는 선진국이 아니다"라고 생각한다. 이는 단순한 인식 차이가 아니라, 현실의 삶이 그렇게 팍팍하다는 집단적 경험의 반영이다.

총선에서 승리한 정치권은 이 문제를 직시해야 한다. 표를 얻기 위한 단기적 현금 살포나 정쟁에 몰두하는 것은 민심을 달래기는커녕 오히려 불안을 증폭시킬 뿐이다. 국민은 생활의 안정과 미래에 대한 희망을 원한다. 정치가 해야 할 일은 일, 이십 만원을 나눠주는 일시적 조치'가 아니라, 교육·주거·노후라는 구조적 불안을 덜어내는 장기적 대안 마련이다. 청년 세대가 희망을 품고 미래를 설계할 수 있도록 제도를 개선하고, 중산층이 두터워지는 방향으로 정책을 설계하는 것이야말로 진정한 민생 정치다.

국민이 안심하고 생활할 수 있는 분위기를 만드는 것은 결국 정치인의 몫이다. 총선에서 승리한 정당은 당리당략과 권력 투쟁을 넘어, 왜 국민이 자신들에게 표를 던졌는지를 성찰해야 한다. 민생을 돌보라는 것이 국민의 뜻임을 잊지 말아야 한다. 민심은 언제든 돌아설 수 있고, 그때의 심판은 훨씬 혹독할 것이다.

✨ 성형으로 인생의 본질은 바뀌지 않는다

2024년 6월 3일(월)

지인의 딸내미가 취업을 앞두고 성형수술을 한다고 한다. 이미 쌍꺼풀 수술을 비롯해 두 차례나 경험한 것으로 아는데, 이번에도 또 새로운 시술을 받으려 한다니 놀라움을 금치 못했다. 이제는 성형수술이 마치 머리카락을 자르듯 일상적인 일이 되어버린 시대라 하지만, 여전히 누군가 가까운 사람의 이야기를 들으면 씁쓸한 마음이 드는 건 어쩔 수 없다.

대한민국은 세계 제1위의 성형수술 국가로 꼽힌다. 거리의 광고판을 보면 "자연스러움"을 내세우는 병원이 넘쳐나지만 정작 자연미인을 찾아보기는 점점 더 어려워졌다. 쌍꺼풀 수술이나 눈매 교정술은 이제 기본 중의 기본이고, 얼굴 윤곽 수술, 지방흡입술, 몸매 교정술, 코 성형 등 없는 시술을 찾기 힘들 정도다. 취업, 결혼, 인간관계, 심지어는 운명까지 바꾸기 위해 사람들은 끊임없이 병원의 문을 두드린다.

특히 흥미로운 점은 단순히 미적 기준 때문만이 아니라, 역술이나 관상학에 기대어 수술을 결정하는 경우가 많다는 사실이다. 눈꺼풀이 처지면 게으르고 돈을 모으는 일에 서툴다는 인상을 준다느니, 들창코는 재물이 달아난다는 인상을 준다느니 하는 말들이 여전히 성형을 부추긴다. 콧대가 높고 길면 재물복이 넘친다고 하여 '융비술'을 받기도 하고, 매부리코가 인상이 강해 보인다고 하여 부드럽게 교정하는 '축비술'을 받는 사례도 허다하다. 결국 외모는 단순히 아름다움의 문제가 아니라, 사회적 경쟁에서 살아남기 위한 일종의 전략으로까지 확장된 셈이다.

이렇듯 취업을 앞둔 젊은이들이 지푸라기라도 잡는 심정으로 수술대에 오르는 현실은 안타깝다. 사회가 얼마나 외모 중심적으로 변했는지를 보여주는 명백한 증거다. 부모로부터 물려받은 얼굴로 세상을 살아가는 일이 왜 이토록 힘들게 되었을까. 외모는 노력으로 바꿀 수 없는 영역이라 했지만, 오늘날은 돈과 기술이 있다면 얼마든지 교정할 수 있다고 믿는다. 그러나 성형이 인생의 모든 난관을 해결해 주는 만능열쇠는 아니다. 성형으로 운명을 바꿀 수는 없다.

물론 긍정적인 측면도 있다. 성형을 통해 외모에 대한 콤플렉스를 극복하고 자신감을 얻는 예도 있다. 실제로 더 부드럽고 온화한 인상으로 변하면서 인간관계가 개선되고, 마음의 문을 활짝 여는 사례도 많다. 그러나 문제는 그 선을 넘어서 지나치게 집착하는 데 있다. 한 번 시작하면 멈추기 어렵고, 만족은 잠깐이지만 불만은 금세 쌓인다. 결국 끝없는 수술의 굴레 속에서 정작 '나 자신'을 잃어버리기 쉽다.

오늘날 성형문화는 단순히 개인의 선택을 넘어 사회문제로 자리 잡았다. 외모가 능력보다, 인성이 실력보다 앞서는 현실이 만든 그늘이다. 외모 지상주의를 비판하면서도 정작 우리 스스로가 외모를 중시하는 시선을 거두지 못한다면, 그 흐름은 더 커질 수밖에 없다.

이제는 성형을 단순히 '예뻐지기 위한 수단'으로만 보지 않고, 사회와 문화 속에서 어떤 의미를 지니는지 성찰해야 할 때다. 개인의 자유와 선택은 존중받아야 한다. 그러나 동시에 우리는 있는 그대로의 자신을 존중하고 사랑하는 법을 배워야 한다. 타인의 기준이 아닌, 나만의 개성과 자연스러움 속에서 진정한 아름다움을 발견할 수 있어야 한다.

성형으로 얼굴은 바꿀 수 있어도, 인생의 본질은 바뀌지 않는다. 세상이 요구하는 기준에 무작정 맞추기보다는, 자기 자신을 긍정하고 삶의 깊이를 키우는 데 더 큰 노력을 기울일 때 비로소 사람다운 아름다움이 빛을 발할 것이다. 지금 우리 사회에는 성형을 둘러싼 문화와 가치관의 새로운 정립이 무엇보다 절실하다.

✦ 문해력은 현대 사회를 살아가는 생존 도구다

2024년 7월 20일(토)

요즘 젊은 세대의 문해력 저하가 사회적 문제로 도마 위에 올랐다. 단순히 글을 읽지 않는 수준이 아니라, 글을 읽고도 뜻을 제대로 파악하지 못하거나, 맥락을 놓쳐 의도와 전혀 다른 해석을 하는 경우가 잦아지고 있다.

전문가들은 그 주요한 원인으로 유튜브나 숏폼 영상 등 빠른 정보 소비에 익숙해진 현실과 함께 책을 읽지 않는 문화, 깊이 있는 글을 접할 기회 부족 등을 꼽고 있다. 스마트폰 속 자극적인 영상과 간단한 자막에 길들여진 세대가 복잡한 문장이나 추상적인 개념을 만나면 이해하지 못하거나 곡해하는 경우가 많아진 것이다.

실제 사례를 보면 실소를 금치 못할 만큼 황당하다. 예를 들어 비가 오는 상황을 뜻하는 '우천 시(雨天時)'를 젊은 세대 중 일부는 '우천시(市)', 즉 어떤 도시 이름쯤으로 이해한다. 또한 '심심한 사과'라는 표현은 깊고 간절한 사과를 의미하는데, 이를 '따분하고 지루한 사과'라고 해석하는 경우가 있었다. 수학여행 안내문에 적힌 '중식 제공'을 두고는 "왜 굳이 중국 음식을 주느냐"라는 질문이 나온다. 여기서 말하는 '중식(中食)'이 점심을 의미한다는 사실을 모른 채, 문자 그대로만 받아들인 것이다.

이뿐만이 아니다. '금일(今日)'을 '금요일(金曜日)'로 혼동하고, '사흘'을 3일이 아닌 4일로 이해하는 경우도 흔하다. 심지어 어린이집에서 발송한 가정통신문에 적힌 '금주(今週) 행사'를 보고 "어린이집에서 왜 음주 금지 행사를 하느냐"라며 항의 전화를 하는 해프닝도 벌어진다. 단어의 맥락적 의미를 파악하지 못하고 표면적인 글자 해석에만 의존한 탓이다.

문해력 부족으로 발생하는 혼란은 사회 전반에서 크고 작은 문제를 일으킨다. 한 아르바이트 모집 공고에 '모집인원 0명'이라는 문구가 실린 적이 있었다. 여기서 0명은 '정해진 인원 없이 상황에 따라 채용한다'라는 의미였지만, 이를 곧이곧대로 받아들인 일부는 "한 명도 뽑을 생각이 없는데 왜 공고를 올렸느냐"며 항의와 비난을 퍼부었다. 글의 맥락을 이해하지 못한 결과, 불필요한 갈등과 오해가 생긴 것이다. 이처럼 문해력 저하는 단순한 개인의 문제를 넘어, 사회적 소통과 신뢰에도 영향을 끼친다.

그렇다면 이 문제를 어떻게 극복해야 할까? 무엇보다도 꾸준한 독서 습관을 통해 단어의 의미와 문맥 파악 능력을 기르는 것이 중요하다. 책을 읽는 과정은 단순히 지식을 쌓는 것이 아니라, 글 속의 맥락을 따라가고 함축된 의미를 추론하는 훈련이 된다.

또한 다양한 매체 속에서 쏟아지는 수많은 정보 가운데 어떤 것이 내게 유익하고, 바람직하며, 진실한 것인지 판별하는 비판적 읽기 능력도 필수적이다. 단어 하나, 문장 하나를 깊이 이해할 힘이 결국 세상을 바르게 바라보는 안목을 길러준다.

나아가 학교와 가정, 사회 전반에서 문해력 교육의 중요성을 다시 한 번 강조할 필요가 있다. 단순히 시험을 위한 독해 훈련이 아니라, 생활 속에서 글과 언어를 제대로 이해하고 활용할 수 있도록 돕는 환경이 마련되어야 한다. 부모가 자녀와 함께 책을 읽고 토론하는 습관을 들이거나, 학교에서 신문 읽기·글쓰기 활동을 강화하는 것도 좋은 방법이다. 또 디지털 매체 환경 속에서 짧은 글에 익숙해진 청소년들에게는 '길고 깊이 있는 글을 읽는 경험'을 의도적으로 제공할 필요가 있다.

문해력은 단순한 국어 실력이 아니라 사고력, 비판력, 소통 능력의 근간이다. 글을 제대로 읽고 이해하는 능력이야말로 현대 사회를 살아가는 기본적인 생존 도구다. 문해력 저하 문제를 가볍게 여기지 말고, 사회 전체가 함께 해결해야 할 과제로 인식하는 노력이 필요하다.

✦ 일기예보의 날씨 중계화

2024년 8월 2일(금)

예전부터 일기예보의 오보율은 크게 변함이 없다. 최근에는 기후변화가 심화하고 외부변수도 복잡해져 예측이 정확하지 않을 수 있다지만, 올해 7월만큼 기상청 예보가 맞지 않은 적이 별로 없는 것 같다.

폭우가 온다고 예보했는데 비가 오지 않고 햇볕이 쨍쨍하거나 쾌청한 날씨를 예보했는데 소나기가 오는 경우도 적지 않았다. 더구나 날씨 변화에 따라 예보가 수시로 바뀌어 "이 정도면 날씨 중계 아니냐"라는 비아냥도 많았다.

올해 기상청의 예보 정확도가 평균 69%에 그쳤다. 장마전선 폭이 극도로 좁아지면서 같은 지역이라도 강수량 편차가 크다는 게 기상청 관계자들의 항변이다. 상황이 이렇다 보니 해외 날씨 앱을 찾아본다는 사람이 크게 늘었다.

애플 앱스토어의 무료 날씨 앱 부문 1위에는 체코에 본사를 둔 '윈디닷컴'과 미국기업인 '아큐웨더'가 올랐다고 한다. 우리나라 기상청 날씨 알리미는 6위로 처져 있다. 해외 날씨 앱을 쓰는 사람들을 '기상 망명족'이라고 부르기도 한단다.

그런데 기상청이 해외 앱의 한국기상 예보 적중률을 검증해 본 결과 많이 틀린다고 발표했다. 즉 우리나라 기상 예측이 더 정확했다는 것이다. 그 이유는 해외 기상 앱들의 예보는, 한국 기상청이 제공한 자료를 수치 모델로 돌리는 방식으로 정보를 추출하다 보니 우리 자료보다도 틀릴 확률이 더 높은 것이다. 그런데도 해외 앱을 더 신뢰하는 현실이 참으로 아이러니라고 하지 않을 수 없다.

부디 우리 기상청의 예보가 더 촘촘한 관측망을 확보하고 예측 시스템을 세밀화함으로써 지금보다 더 높은 적중률을 보일 수 있기를 기원해 본다.

✦ 왜 사람들은 이렇게 쉽게 분노할까?

2024년 8월 24일(토)

작금의 시대는 '분노 폭발의 시대'라 할 만하다. 길거리에서 사소한 접촉이 빌미가 되어 다툼이 폭력으로 번지고, 차를 몰고 사람이 붐비는 식당이나 인도로 돌진하는 사건이 종종 뉴스에 등장한다.

심지어 일면식도 없는 사람을 향해 흉기를 휘두르는 참극이 벌어지기도 한다. 예전 같으면 상상하기 어려운 일이 이제는 낯설지 않게 반복되고 있다. 작은 일에도 쉽게 화를 내고, 그것이 곧바로 행동으로 이어지는 모습은 우리 사회의 불안한 민낯을 보여준다.

더 우려스러운 사실은 분노조절 장애 환자 가운데 10대에서 30대까지 젊은 세대의 비율이 전체의 60%를 넘는다는 점이다. 삶의 앞길을 열어가야 할 세대가 분노에 휘둘리고 있는 것이다. 특히 순간적인 충동에 의해 범죄로까지 이어지는 경우가 급증하고 있다는 것은 사회 전체의 안전망을 위협하는 심각한 신호다. 이는 단순히 개인의 성격 문제로 치부할 수 없는, 구조적이고 사회적인 현상으로 바라보아야 한다.

분노를 참지 못하는 현상은 뇌의 기능이 제대로 작동하지 못하는 병리적 문제로 이해할 수 있다. 이 단계에 이르면 이성적 판단 능력이 마비되고, 설득이나 타협이 거의 불가능하다. 흔히 "말로 풀면 되지 않느냐"라고 생각하지만, 분노가 폭발한 상태에서는 언어와 논리가 아무 힘을 발휘하지 못한다. 이럴 때 가장 현명한 대응은 상대방을 제압하려 하기보다 일정한 시간을 두고 화가 가라앉기를 기다리는 것이다. 이는 분노를 다루는 데 있어 '시간이 최고의 약'임을 말해 준다.

왜 사람들은 이렇게 쉽게 분노할까? 전문가들은 가장 큰 이유로 '무시당했다'는 감정을 꼽는다. 상대방에게 인정받지 못하고 존중받지 못한다고 느낄 때, 인간은 본능적으로 강한 반발심을 일으킨다. 여기에 더해 취업난, 경제적 어려움, 사회적 불평등과 소외감 등 현실적 문제들이 겹치면서, 작은 일에도 과잉 반응을 일으키는 경우가 늘고 있다. 결국 개인의 분노 폭발은 그 사회가 안고 있는 불안과 긴장을 비추는 거울이라 할 수 있다.

의학적으로도 분노의 흐름은 비교적 잘 알려져 있다. 소위 '분노 호르몬'이라 불리는 물질은 분노를 표출하기 시작한 뒤 15초까지 급격히 상승해 정점에 이르며, 15분이 지나면 대부분 자연스럽게 잦아든다. 이 원리를 이해한다면, 분노가 치밀 때는 최소한 15초간 심호흡을 하거나, 가능하다면 15분 정도 자리를 피하는 것이 큰 도움이 된다. 짧은 시간의 자기 억제가 폭발적인 상황을 예방할 수 있는 것이다. 이러한 훈련은 누구나 일상에서 조금만 의식하면 습관으로 만들 수 있다.

그러나 분노를 단순히 억누르는 것만이 능사는 아니다. 분노는 인간의 자연스러운 감정이며, 때로는 삶을 변화시키는 원동력이 되기도 한다. 부당한 대우나 불의한 현실에 분노하지 않는다면 사회는 결코 개선되지 못했을 것이다. 역사적으로도 정의로운 분노는 사회 개혁과 변화를 이끌어낸 큰 힘이었다. 중요한 것은 분노를 파괴적인 폭발로 흘려보낼 것인가, 아니면 건설적인 에너지로 전환할 것인가 하는 점이다.

따라서 우리는 분노를 단순히 '제어해야 할 감정'으로만 여기지 말고, 건강하게 표현하고 관리하는 법을 배워야 한다. 사회 차원에서도 존중과 배려의 문화를 확산시키고, 청년 세대가 느끼는 불평등과 소외감을 줄일 수 있는 구조적 개선이 필요하다. 개인의 작은 훈련과 사회의 제도적 노력이 함께할 때, 분노는 더 이상 폭발의 원인이 아니라 성숙과 변화의 동력이 될 수 있다.

✨ 한강 작가의 노벨문학상 수상을 접하면서

2024년 10월 25일(금)

한강 작가의 노벨문학상 수상을 진심으로 축하한다. 아울러 외국인 번역가에게도 감사드린다. 스웨덴 한림원은 한강의 작품세계를 '역사적 트라우마에 맞서고 인간 삶의 연약함을 드러낸 강렬한 시적 산문'으로 평가하며 선정 이유를 밝혔다.

한국인 최초의 노벨문학상 수상이자 아시아 여성작가로 최초 수상이며 여성작가로는 역대 18번째 수상이란다. 대단한 업적이다.

나는 언론매체를 통해 한강이라는 작가의 이름은 들었으나 그의 작품을 읽어보지는 못했다. 이제부터라도 한 작품씩 읽어볼 작정이다. 학창 시절에는 독서를 제법 했지만, 사회생활을 시작한 이후로는 바쁘다는 핑계로 책을 덜 보게 되었고 보더라도 주로 영업 관련 책자나 은행, 증권사에서 발간하는 월간지, 건강 관련 책자 그리고 두 종의 신문을 읽는 것도 벅찼다.

책상 위나 응접 테이블, 식탁, 화장실 등 주요 동선에 읽을거리를 두고 짬이 날 때마다 관심 분야 중심으로 겨우 책을 접할 뿐이었다. 폭넓은 독서가 삶에 유익함은 익히 알지만, 베스트셀러나 고전 같은 교양서조차 손에 들지 못하는 현실이 되었다.

부담이 없는 시간을 선용하거나 일부러라도 짬을 내 책을 읽는 습관을 들이는 게 좋을 것 같다. 바쁘고 각박한 현실에 기름칠도 하고 정신적 풍요로움을 도모하기 위해서는 독서가 꼭 필요하다. 시간이 없어서라기보다는 습관이 되지 않아서 혹은 마음이 없어 책을 읽지 않는지도 모르겠다.

✦ 직의 시대가 가고 업의 시대가 온다

2025년 2월 12일(수)

'직(職)의 시대가 가고 업(業)의 시대가 온다'라는 말이 있다. 직은 말 그대로 직위나 자리, 곧 돈을 중심으로 한 생계 수단이고, 업은 그것을 넘어 자아실현이나 더 큰 가치를 향해 나아가는 일을 의미한다.

우리가 흔히 '직업(職業)'이라 말할 때도 두 개념이 함께 붙어 있지만, 실상은 서로 성격이 다르다. 남보다 앞서기 위해, 자리를 얻기 위해, 경쟁하며 매달리는 모습은 '직'에 머무는 것이고, 스스로 바라고 진정으로 하고 싶은 일을 이어가는 것은 '업'의 길을 걷는 것이다.

그렇게 보자면 직과 업은 서로 전혀 다르다. 직은 누군가 차지하고 있는 자리를 가리키는 것이지만, 업은 자신에게 부여한 과업이자 사명이다. 직은 사회가 정해주는 이름표라면, 업은 내 삶이 만들어내는 이야기라 할 수 있다. 무엇보다 중요한 것은 '직'이 아니라 '업'이다.

하지만 현실에서는 많은 사람이 직에만 몰두한다. 안정된 자리를 얻고 유지하는 데만 집중하다 보니 정작 업을 잃게 된다. 그렇게 되면 직을 잃는 순간 모든 것을 잃은 것처럼 느껴지고, 결국 '실업(失業)'이라는 허무한 상황에 빠지게 되는 것이다.

사업을 하는 사람도 마찬가지다. 무턱대고 돈만 좇아 영업에 몰두한다면 그 일은 직에 불과하다. 그러나 자신의 소명과 철학을 담아내고, 사회에 이바지하고자 하는 의미를 부여할 때 비로소 업이 된다. 직은 누군가로 대체될 수 있지만, 업은 평생을 통해 나만이 쌓아갈 수 있기에 대체 불가능하다. 직은 사람을 안주시키고 때로는 변화를 두려워하게 만들지만, 업은 늘 새롭고 창조적인 도전을 허용한다.

그렇다면 어떻게 자신의 업을 찾을 수 있을까? 많은 이들이 '잘하는 일'을 좇아가지만, 사실 더 중요한 것은 '좋아하는 일'을 찾는 것이다. 잘하는 일을 계속하다 보면 더 잘해야 한다는 강박에 시달리기 쉽다. 실패를 두려워하고, 남의 평가에 예민해진다.

그러나 좋아하는 일을 하면 비록 부족하더라도 다시 시도할 힘이 생기고, 실패 속에서도 배움과 도전을 이어갈 수 있다. 잘하면서 좋아하기까지 한다면 그야말로 이상적이다. 그러나 잘하긴 하지만 정작 좋아하지 않는 일이라면 다시 한 번 자신에게 묻고 방향을 돌아봐야 한다.

일을 통해 행복해지려면 결국 직이 아니라 업을 추구해야 한다. 직은 단순히 삶을 지탱하는 수단일 뿐이지만, 업은 삶 자체를 빛나게 하는 원천이다. 내가 선택한 업은 삶을 관통하는 소명으로 자리 잡아, 평생 나와 함께 성장한다. 중요한 것은 안정된 직이 아니라, 나 자신에게 맞고 내가 사랑할 수 있는 업을 찾아내는 일이다. 그것이야말로 흔들리지 않는 행복과 진정한 성공으로 가는 길이 될 것이다.

제3부

자연 속에서의 성찰

1장 자연, 영원한 생명의 근원

✦ 날갯짓에 실려 오는 작은 생명의 기척

2022년 2월 7일(월)

가끔 창가에 처음 보는 새가 주방 베란다로 찾아온다고 아내가 내게 말했다.

"책 읽고 있으면, 꼭 인사하듯 와서 쪼르르 다가와."

아내는 어린아이처럼 웃으며 이야기했다. 그 표정에는 오랜만에 발견한 작은 기쁨이 반짝였다. 첫 손님이 다녀간 지 사흘쯤 지나, 이번에는 다른 종류의 새가 찾아왔다. 깃털 빛깔은 조금 다르지만, 고개를 갸웃거리는 모습이 꼭 장난꾸러기 같았다.

아내는 그 새가 오간 이야기를 저녁 식사 내내 했다. 마치 오래 알고 지낸 친구가 놀러 온 것처럼, 목소리에는 친근함과 설렘이 묻어 있었다. 처음에는 그저 소소한 일상 이야기인 줄 알았다. 하지만 그 이야기를 듣다 보니, 나 역시 마음이 스르르 풀렸다. 요즘 도심에서 흔히 볼 수 있는 새라야 비둘기뿐인데, 이름 모를 예쁜 새라니. 내 마음도 어느새 어린 시절로 돌아가 있었다. 시골 마당에서 참새를

쫓던 기억, 봄날 둥지 속을 엿보던 설렘이 문득 되살아났다.
 그날 오후, 창밖을 유심히 살펴보았다. 그제야 녀석들의 목적을 알 수 있었다. 창틀에 엮어놓은 빨래걸이 위에서, 말리던 배춧잎을 열심히 쪼아 먹고 있었다. 한겨울이라 먹을 것을 찾기 힘들었을 것이다. 푸른 속잎이 마르지 않은 채 매달려 있으니, 그야말로 뜻밖의 잔칫상이었으리라.
 '새들도 먹고 살아야지.'
 그 생각이 들자, 우리는 배춧잎을 일부러 널어 두었다. 다만 식탁에서 가까운 자리에 있으면 새가 겁을 먹을까 싶어, 소파 쪽으로 자리를 옮겼다. 그렇게 두어 걸음 물러나 앉아 있으면, 녀석들은 조심스럽게 날아와 배춧잎을 뜯었다. 간간이 우리를 힐끔거리며 경계하는 눈빛이었지만, 곧 다시 부리로 잎을 찢어 삼켰다. 부리 끝에 매달린 물기와 깃털에 비치는 겨울 햇빛이 유난히 반짝였다.
 그 모습을 보고 있자니, 우리가 무언가를 주고 있다는 사실보다, 그들이 우리 집에 와준다는 사실이 더 고마웠다. 추운 계절에도 잊지 않고 찾아오는 작은 손님이라니. 그 존재만으로도 마음이 한결 따뜻해졌다.
 가을에 저장해 둔 배추를 한 포기 더 꺼내야겠다. 바람에 살짝 말리면서도 속잎의 수분은 남겨, 새들이 배불리 먹을 수 있도록. 혹여 그 잎 사이에서 무언가의 온기를 느낀다면, 그것이 우리 부부가 전하는 인사이자 감사이리라. 겨울이 깊어갈수록, 우리는 창가를 더 자주 보게 될 것이다.
 혹시 오늘은 또 어떤 친구가 찾아올까. 날갯짓에 실려 오는 작은 생명의 기척이, 올겨울 우리 집의 가장 반가운 소식이 되었다.

✦ 식물은 키우는 정성에 보답한다

2022년 3월 26일(토)

봄꽃이 여기저기서 피어나는 길을 걸으며, 나도 모르게 마음에 봄바람이 불었다. 따뜻한 햇볕과 은은한 바람에 마음이 들떠, 발길은 자연스레 꽃시장을 향했다. 시장 입구부터 형형색색 꽃들이 줄지어 서 있었고, 꽃잎 사이로 스미는 향기가 온몸을 감쌌다.

그중에서도 난을 전문으로 파는 화원에 들어서자, 마치 작은 정원 속에 들어온 듯한 기분이 들었다. 하얀 비단결 같은 꽃잎을 가진 호접란이 중심을 잡고, 곱고 단아한 자태의 각종 난이 제각기 맵시를 뽐내며 울긋불긋 꽃 잔치를 벌이고 있었다. 그 앞에 서 있으니 시간 가는 줄 몰랐다.

사장님의 말에 따르면, 요즘은 경제 사정이 어려워 각종 행사나 축제가 줄줄이 취소되면서 난 판매량이 크게 줄었다고 한다. 축하 화환이나 전시회 장식으로 자주 쓰이던 난들이 제 자리를 잃고, 이렇게 화분 속에서 조용히 피어 있는 모습이 어쩐지 안쓰럽기도 했다.

그래도 나는 오래전부터 마음에 두었던 화초들을 하나씩 골라 담았다. 화분에 심을 화초 두 촉, 기존에 키우던 난 중에서 새로 교체할 세 촉, 그리고 은은한 향이 매력적인 석란과 중란 세 촉까지. 오랜만에 이렇게 마음껏 꽃을 고르다 보니, 벌써 집안이 화사해지는 상상을 하며 행복감이 밀려왔다.

난을 키우는 일은 내게 단순한 취미를 넘어선 작은 기쁨이다. 아침에 난을 보고 잎을 쓰다듬으며 하루를 시작하면, 눈이 즐겁고 마음이 고요해진다. 꽃봉오리가 조금씩 부풀고, 마침내 꽃잎이 열리는 순간을 마주할 때면 마치 자식이 자라는 모습을 보는 것 같은 감동을 느낀다.

　무엇보다 식물들은 참 정직하다. 내가 기울인 정성과 시간만큼 변함없이 자라고, 꽃을 피워 기쁨을 돌려준다. 사람 사이의 관계에서는 결코 쉽게 얻기 어려운 단순하고도 확실한 보답이다.

　올해는 집 앞 베란다의 동백도 분갈이해주어야 하지만, 조급하게 생각하지 않기로 했다. 지금은 일부 가지치기만 마무리하고, 더 성숙하도록 기다릴 예정이다. 꽃과 나무는 때를 알아서 스스로 피어나고 자란다. 우리는 그저 옆에서 묵묵히 기다리고, 필요할 때 손을 내밀어 주면 된다.

　오늘 꽃시장에서 돌아오는 길, 봄바람에 실려 온 난 향기가 코끝에 맴돌았다. 문득 이런 생각이 들었다. 꽃을 키운다는 건, 어쩌면 내 마음속 계절을 가꾸는 일인지도 모른다고.

✨ 가을의 시작에 서서

2022년 9월 3일(토)

　최근 며칠 사이, 아침저녁으로 스치는 공기 속에서 계절의 변화를 실감한다. 어제는 가을을 재촉하듯 가랑비가 부슬부슬 내렸다. 창문 너머로 들려오는 빗소리는 유난히 부드러웠고, 그 소리에 맞춰 나뭇잎들이 살짝 몸을 떨었다.

　오늘 새벽에는 문을 나서는 순간, 소름이 돋을 정도로 서늘한 기운이 몸을 감싸며 '이제 여름이 저만치 물러가고 있구나' 하는 생각이 들었다.

요즘 들어 더 심해진 이명 탓에 새벽녘이면 자연스럽게 눈이 떠진다. 하지만 때때로 이른 시간에 깨어나는 것도 나쁘지 않다. 고요한 거리를 걸으며 마주하는 새벽 공기는 유난히 쾌청하고, 풀숲에서는 가을의 전령인 귀뚜라미들이 찌르르 울어대며 내 걸음을 반긴다. 풀잎 끝에 맺힌 이슬방울이 바람에 흔들리다 옷깃에 스칠 때면, 차가움 속에 맑고 상쾌한 기운이 전해진다.

새벽에는 이렇게 가을이 성큼 다가온 듯 느껴지지만, 해가 떠오르면 아직 막바지 여름의 기세가 남아 있다. 한낮이면 뜨거운 햇살이 거리를 달구고, 매미들은 고목에 매달려 힘껏 울어댄다. 그 울음소리는 여름이 마지막 힘을 짜내어 부르는 합창 같고, 내 귀에는 계절의 경계선에서 들려오는 이별의 노래처럼 들린다.

하늘을 올려다보면 뭉게구름과 솜털 같은 새털구름이 뒤섞여 흘러간다. 그 사이로 잠자리 떼가 한 무리로 날아다니며 가을 하늘을 가른다. 들녘에는 코스모스와 백일홍 같은 가을꽃들이 바람에 흔들리며 화려하게 수놓고, 은은한 꽃향기가 바람을 타고 퍼진다. 계절의 초입에서만 느낄 수 있는 빛깔과 냄새, 그리고 소리가 오감을 깨운다.

오랜만에 저녁상에는 좋아하는 회를 준비했다. 막걸리 한 잔을 곁들이며 창밖으로 저무는 가을빛을 바라본다. 잔 속에 이는 흰 거품과 입안에 번지는 구수한 맛, 그리고 차갑게 넘기는 회 한 점이 오늘 하루를 한층 더 깊게 물들인다. 이렇게 '추일서정(秋日抒情)'을 온몸으로 느끼는 시간, 계절은 어느새 나의 마음 한가운데로 들어와 있었다.

✨ 낙엽은 죽음이 아니라 다음 생을 위한 준비다

2022년 11월 23일(수)

집 근처 수변공원의 오색찬란하던 단풍들이 하나둘 낙엽이 되어 떨어지고 있다. 불과 몇 주 전만 해도 붉고 노란 물결로 물든 나무들이 햇살에 반짝이며 가을의 절정을 자랑했는데, 이제는 앙상한 가지 사이로 바람이 스며들고, 바닥은 누렇게 바스러진 잎들로 가득하다.

바람이 불면 낙엽들이 서로 부딪히며 마른 소리를 내고, 그 소리가 가슴 깊숙이 스며드는 듯하다. 깊어가는 가을빛 속에서 마음이 서늘해진다.

가만히 바라보다가 문득, 가을의 참맛을 느끼게 해주는 대상은 단풍 그 자체가 아니라, 다 지고 난 후의 낙엽이 아닐까 하는 생각이 들었다. 절정의 단풍이 화려함으로 눈을 사로잡는다면, 낙엽은 고요함과 쓸쓸함으로 마음을 붙잡는다.

물가로 다가가니, 수면 위로 비치는 형형색색의 잔영이 '만추홍엽(晚秋紅葉)'의 마지막 장면을 고하고 있었다. 그 빛깔은 더는 찬란하지 않지만, 오히려 그 담담함 속에 깊은 울림이 있다.

땅 위에 흩어진 낙엽들을 보며, 부질없는 인생사의 한 단면이 겹쳐졌다. 한때는 무성하게 하늘을 가렸던 잎들도 결국 바람 한 번에 흔들리다 땅으로 떨어지고, 다시 밟히고 부서져 사라진다.

인간 역시 한평생을 살아가며 모든 것을 쏟아내고도 결국은 대지의 품으로 돌아간다. 그렇게 생각하면, 왜 우리는 그 짧은 생을 서로 미워하고 다투고, 때로는 추하게 살아가는가. 서로를 감싸 안아주기에도 부족한 시간이 아닌가.

낙엽은 땅에 떨어져 썩어가지만, 그것으로 끝나지 않는다. 겨울 동안 보이지 않게 흙 속에 스며들어, 봄이 오면 새로운 싹을 틔우는 자양분이 된다. 자연은 그렇게 순환하며, 생과 사의 흐름을 이어간다. 인간의 삶도 마찬가지일 것이다. 나 역시 언젠가는 누군가의 삶을 풍요롭게 하는 양분이 되고 싶다. 그것이 자연이 우리에게 남긴 가르침이자, 가장 순리다운 삶의 모습일 테다.

가을은 끝남과 동시에 또 다른 시작을 품고 있다. 떨어지는 낙엽은 죽음이 아니라, 다음 생을 위한 준비다. 그렇게 생각하니, 쓸쓸함 속에서도 묘한 따뜻함이 번져 온다. 언젠가 나도 누군가의 봄을 위해, 기꺼이 이 가을의 낙엽처럼 내려앉을 수 있기를 바란다.

✦ 산행에서 배우는 인생 여정

2023년 3월 25일(토)

수밭골 중봉산행을 하면서 머릿속에는 많은 생각들이 꼬리를 물고 이어졌다. 숨을 고르며 한 걸음 한 걸음 산길을 오르다 보니, 문득 산행이 꼭 인생길과 닮아 있다는 느낌이 들었다. 인생을 살아간다는 것은 어쩌면 지금처럼 굽이진 산길을 걷는 것과 크게 다르지 않다. 길이 곧게 뻗어 있을 때도 있지만, 대부분은 굽이치고 굴곡이 많은 법이다.

'산 넘어 산'이라는 말처럼, 인생에는 고비가 끝없이 이어질 때가 있다. 한 고개를 넘으면 잠시 평지가 나올 것 같지만, 곧 또 다른 언덕과 비탈이 눈앞에 나타난다. 산길에는 끝이 보이지 않는 오르막이 있는가 하면, 예상치 못한 내리막이 불쑥 찾아오기도 한다. 인생도 그렇다. 힘든 시간만 계속될 것 같다가도, 어느 순간 웃음과 행복이 불쑥 찾아와 마음을 덮어 준다. 반대로, 평탄하던 길이 순식간에 가파른 오르막으로 바뀌어 우리를 시험에 들게 하기도 한다.

능선을 오르다 보면 어느 순간 정상에 가까워진다. 숨이 차고 다리가 무겁지만, 그 길을 포기하지 않고 끝까지 오른 사람만이 정상에서의 탁 트인 풍경을 마주할 수 있다. 그 순간의 뿌듯함과 보람은, 힘겹게 걸어온 모든 시간이 헛되지 않았음을 증명한다.

인생에서도 마찬가지다. 작은 목표 하나를 달성하거나 오랜 노력 끝에 성취를 이루었을 때, 우리는 마치 정상에 선 사람처럼 마음 깊이 행복을 느낀다.

정상을 향해 내딛는 발걸음은 조급하지 않다. 한 발 한 발 천천히, 그러나 멈추지 않고 나아간다. 우리 인생도 그렇다. 최종 목적지에 도달하기 위해서는 거창한 도약보다 작은 발걸음을 꾸준히 이어가는 것이 더 중요하다. 때로는 길을 잘못 들어 잠시 되돌아가야 할 때도 있고, 숨을 고르기 위해 잠시 멈춰 설 때도 있다. 그러나 그 모든 과정이 결국은 길 위에서 우리를 단련시키고, 더 넓은 세상을 바라보게 한다.

그렇게, 한 걸음 한 걸음 삶을 걸어가는 사람만이 진정한 행복에 이를 수 있다. 산행이 끝났을 때 남는 건 땀방울과 피로만이 아니라, 자신이 걸어온 길에 대한 깊은 만족과 감사다.

인생의 여정도 그러하다. 우리가 걸어온 길을 돌아볼 때, 힘든 순간조차 의미 있고 아름다웠다고 말할 수 있다면, 그것이야말로 성공한 인생이 아닐까.

✨ 인간은 본디 자연의 일부다

2023년 6월 11일(일)

초여름의 늦은 아침, 손녀와 함께 산행길에 올랐다. 이른 시간이 아니어서 햇살은 이미 제법 따사로웠지만, 숲길에 들어서자 청량한 바람이 불어와 오르는 발걸음을 가볍게 해주었다.

첫 오르막은 손녀에게는 다소 버거웠다. 숨을 몰아쉬며 나를 올려다보는 손녀의 표정이 안쓰러우면서도 대견했다. 나는 잠시 걸음을 늦추며 "조금만 더 가면 평지가 나온단다" 하고 격려했다. 그 말에 다시 힘을 내는 모습에서 아이의 순수한 의지를 읽을 수 있었다.

숲은 이미 연초록을 지나 짙은 녹음을 이루고 있었다. 햇빛이 나뭇잎 사이로 흩어져 반짝이는 모습이 보석 같았고, 나무 사이로 스며드는 바람은 풀 향기와 함께 가슴속 깊이 스며들었다.

피톤치드가 가득한 공기를 들이마시는 순간, 도시에서 느낄 수 없던 싱그러움이 온몸을 감싸 안았다. 손녀도 두 팔을 벌리며 "할아버지, 숲 냄새가 너무 좋아요"라며 함박웃음을 지었다. 그 한마디에 내 마음도 환히 밝아졌다.

6월의 햇살은 하얀 뭉게구름을 뚫고 이마와 콧잔등에 살포시 내려앉았다. 멀리 흐릿하게 보이는 산의 능선과 계곡을 따라 흐르는 물소리가 겹쳐져, 초여름의 생기와 활력이 오감으로 전해졌다. 발걸음을 옮길 때마다 새들의 지저귐이 귓가에 울리고, 바람이 나뭇잎을 흔드는 소리가 어우러져 하나의 교향곡처럼 들려왔다.

산행길에는 생각보다 많은 사람이 있었다. 가벼운 옷차림으로 걷는 이들의 표정은 밝고 화사했다. 가족 단위로, 혹은 친구와 함께 걷는 모습들에서 자연과 동화된 기쁨이 묻어났다. 서로 마주치며 주고받는 인사 속에도 산이 주는 여유와 따뜻함이 느껴졌다.

 나는 문득 이런 생각을 했다. 인간은 본디 자연의 일부이기에, 자연과 동화되어 살아갈 때 가장 건강하고 가장 아름다운 존재가 되는 것이 아닐까. 도시의 빌딩 숲 속에서는 느낄 수 없는 편안함과 순수가 바로 여기에 있었다. 사람은 자연을 닮을 때 진정으로 풍요로워지고, 자연을 노래하며 살아갈 때 가장 행복해진다.

 손녀와 함께한 이 산행은 단순한 운동이나 나들이가 아니었다. 함께 걷고, 숨을 고르고, 숲의 냄새와 소리를 나누는 그 순간들이 모두 소중한 추억이 되었다. 나는 속으로 다짐했다. 손녀들에게 자연을 사랑하는 마음, 작은 풀과 꽃 하나에도 생명의 귀함을 느끼는 마음을 꼭 가르쳐주고 싶다고. 그것이야말로 건강하고 바른 삶을 살아가는 밑거름이 되리라 믿는다.

 산에서 내려오는 길, 손녀는 여전히 힘들었지만, 만족스러운 미소를 띠고 있었다. "할아버지, 다음에 또 같이 와요." 그 말 한마디에 피로가 싹 가셨다. 오랜만에 대자연 속에서 손녀와 함께한 산행은 내게도 잊지 못할 선물이 되었고, 우리 둘만의 아름다운 이야기로 오래 남을 것이다.

✦ 계절은 어김없이 흐르고 그 안에서 기쁨을 찾을 수 있다

2023년 9월 3일(일)

일주일만 있으면 '일 년 중 찬 이슬이 내려 가을다운 기운을 더해 준다'는 날, 백로(白露)가 찾아온다. 24절기 가운데 15번째 절기인 백로 즈음에는 밤 기온이 이슬점 이하로 내려가면서 풀잎 끝마다 맑은 이슬이 맺히곤 한다. 새벽녘 햇살을 받아 반짝이는 이슬방울은 자연이 건네는 투명한 편지 같아, 예부터 사람들은 그 순간에서 계절의 전환을 읽어 왔다.

그러나 요즘은 사정이 다르다. 기후변화 탓인지 아직도 낮에는 무더위가 맹위를 떨치고, 심한 지역은 밤에도 열대야가 나타난다. 올해 여름은 특히 기록적이었다. 한밤에도 에어컨을 켜지 않으면 도저히 잠을 이룰 수 없을 정도였으니 말이다. 옛날 같으면 입추가 지나고 처서가 다가올 무렵이면 한결 시원해졌을 텐데, 이제는 절기가 무색해진 듯하다.

문득 생각한다. 인간의 마음처럼 간사한 것이 또 있을까. 여름 내내 우리는 눈이 펄펄 내리는 서늘한 겨울을 그리워한다. 그런데 막상 겨울이 되어 손끝이 시리면 또다시 한여름의 뜨거운 햇살이 그리워진다. 철 따라 변덕스러운 마음은 계절의 흐름을 닮아 있는 듯하다.

올해는 더위가 유난히 심해 복날에도 삼계탕집을 찾지 않았다. 더위를 이기려 보양식을 찾는다는 것이 오히려 무의미하게 느껴졌던 것이다. 하지만 여름이 저물어가는 아쉬움은 어쩔 수 없었다. 그래서 얼마 전, 가창 쪽으로 나가 백숙을 먹으며 늦여름의 끝자락을 붙잡아 보았다.

차를 몰고 가는 길, 차창 밖으로 펼쳐진 들녘은 이미 황금빛으로 물들어가고 있었다. 누렇게 익어가는 벼가 고개를 숙이며 영글어가는 모습은, 그 자체로 계절이 건네는 메시지였다.

바람에 일렁이는 벼 이삭 사이로 가을의 기척이 느껴졌다. 길가에 심어진 감나무에도 주렁주렁 감이 열려 있었는데, 여름 내내 뜨거운 햇볕을 받아서인지 제법 실하게 굵어져 있었다. 아직은 단단하고 푸른 기운이 남아 있지만, 머지않아 빨갛게 익어 가을 하늘과 어울릴 날이 올 것이다.

이렇듯 뜨거운 여름도 결국은 서서히 물러나고 있음을 자연은 분명하게 보여준다. 눈 앞에 펼쳐진 풍경을 바라보며 나는 신비롭고 감동적인 자연의 순리를 새삼 느꼈다. 인간의 손길과 상관없이 한 치의 어긋남도 없이 이어지는 계절의 바통 터치가 마음을 울컥하게 했다.

도착한 백숙 집은 여느 때처럼 사람들로 붐볐다. 담백하면서도 깊은 맛으로 이름난 집이라 늘 손님이 많다. 긴 여름 내내 지쳐 있던 몸과 마음이 백숙 한 그릇으로 위로받는 듯했다. 오랜만에 나들이로 일상의 분위기를 바꾼 덕분에 더 행복한 시간으로 기억된다. 계절은 어김없이 흐르고, 그 안에서 소소하지만 확실한 기쁨을 찾을 수 있다는 사실이 고마웠다.

✦ 만추의 들녘과 아름다운 산천의 수채화

2023년 10월 28일(토)

　만추(晩秋)의 계절이다. 이른 아침 시골길을 걷노라면 먼저 서늘하고 상쾌한 공기가 가슴 깊이 스며든다. 여름날의 뜨겁고 후덥지근한 바람과는 달리, 가을 아침의 공기는 살며시 어깨를 감싸 안는 듯하다. 햇볕은 여전히 따갑지만, 그 기운마저 푸근하게 다가와, 오래 잊고 있던 따스한 위로처럼 느껴진다.

　들녘은 어느새 황금빛 물결로 가득하다. 바람이 불 때마다 이삭들은 고개를 숙여 서로 인사하듯 흔들리고, 그 사이로 메뚜기와 잠자리가 노닐며 익어가는 계절의 맛을 전한다.

　논에서 산으로 이어지는 밭에는 어린아이 장딴지만 한 무들이 뿌리 깊이 박혀 있고, 배추는 속을 가득 채운 채 수확의 날을 기다리고 있다. 이맘때의 채소들은 그 어떤 보석보다 값지고, 대지의 품에서 자라난 생명의 기운을 오롯이 품고 있다.

　도로와 이어진 밭 가장자리에 서 있는 콩들도 서서히 빛깔을 바꾸어 간다. 아직 콩깍지가 터지지 않은 토종 콩들은 선선한 바람에 흔들리며 묵묵히 익어가는 중이다. 그 모습은 마치 깊은 사색에 잠긴 듯 고요하고도 단단하다.

　마을 입구에 다다르면 가을꽃들이 한데 어울려 방문객을 맞이한다. 붉게 피어난 맨드라미는 닭의 벼슬처럼 힘차고, 길가에 늘어선 코스모스는 바람에 흔들리며 청초한 자태를 뽐낸다. 한쪽에 수줍게 피어난 달걀꽃은 소박한 시골 처녀의 미소를 닮았다. 이렇듯 다채로운 꽃들은 말없이도 가을의 풍요로움과 정취를 노래한다.

마을 뒷산에 오르면 풍경은 한층 장관이다. 흰 구절초가 군락을 이루어 눈부시게 빛나고, 단풍은 붉고 노랗게 물들어 서로의 색감을 겨루듯 화려한 조화를 이룬다. 저마다 다른 빛깔로 물든 나무들이 한 폭의 수채화를 그려내니, 자연이야말로 최고의 화가가 아닐까 싶다.

언제나 그렇듯 자연은 인간을 겸허하게 만든다. 광활한 풍경 앞에 서면 우리의 왜소함과 보잘것없음이 절로 느껴진다. 그러나 바로 그 작은 존재로서 자연 앞에 서 있다는 사실이 오히려 경이롭다. 자연은 묵묵히 흐르며 변치 않는 순리로 우리를 가르친다.

오, 위대한 자연의 힘이여! 계절의 끝자락마다 이렇게 새로운 배움과 감동을 안겨 주니, 내가 살아 있음을 더 강하게 실감한다. 인간은 결국 자연에 기대어 살아가는 존재임을, 만추의 들녘과 산천이 다시금 일깨워 주는 것이다.

✦ 만물이 소생하는 3월의 설렘 : 삶의 아름다움을 깨닫다

2024년 3월 14일(목)

온 산과 들에 봄기운이 완연하다. 겨우내 움츠렸던 가지마다 푸른 기운이 돌고, 매서운 바람이 잠잠해지자 따스한 햇살이 대지를 감싼다. 춘삼월의 훈풍이 남쪽에서부터 불어와 꽃망울을 깨우고, 땅속의 새싹을 불러내며 사람들의 마음까지 들뜨게 한다.

어느새 하늘은 한층 맑아지고, 골목마다 봄 내음이 번져 간다. 봄꽃이 차례로 개화하면서 많은 이들이 들로 산으로 발걸음을 옮겨 봄을 맞기 위한 나들이에 나선다. 올해는 개나리, 진달래, 벚꽃 등

대표적인 봄꽃들의 개화 시기가 평년보다 며칠 빨라, 봄이 더 성급하게 우리 곁으로 찾아온 듯하다.

봄꽃 가운데 가장 화려한 꽃을 꼽으라면 단연 벚꽃이다. 봄바람에 하얀 눈송이처럼 흩날리는 벚꽃잎은 사람들에게 잠시 발걸음을 멈추게 하고, 일상의 무게를 잊은 채 하늘을 올려다보게 한다. 흥미로운 사실은 이 벚꽃의 꽃말이 동서양에서 다르게 전해진다는 점이다. 서양에서 벚꽃은 봄과 순결, 처녀의 상징으로 '정신적 아름다움', '내면의 미(美)'라는 의미를 지니고 있다.

반면 동양에서는 '부와 번영'을 뜻하며, 열매가 두 개 붙어 있는 벚꽃은 행운과 매혹을 상징한다고 한다. 또한 '아름다운 정신' 혹은 '아름다운 영혼'을 의미한다는 해석도 있다. 같은 꽃이라도 문화권에 따라 그 의미가 달라진다는 점이 흥미롭고, 또 그만큼 벚꽃이 다양한 얼굴을 지닌 꽃임을 보여준다.

봄을 알리는 전령사라면 역시 개나리를 빼놓을 수 없다. 가장 먼저 얼굴을 내미는 노란 꽃송이는 겨우내 얼어붙었던 마음을 환하게 밝히고, 소박하지만 강한 생명력으로 길가와 담벼락을 물들인다. 개나리의 꽃말은 '고요한 사랑', '순수한 마음', '새로운 시작'이다.

새 학기, 새로운 직장에서 첫발을 내딛는 3월의 설렘을 가장 잘 대변해주는 꽃이 아닐 수 없다. 어린 시절, 개나리꽃을 꺾어 귀에 걸어 장난을 치거나, 꽃잎으로 화관을 엮어 머리에 쓰던 추억을 떠올리면 절로 미소가 지어진다. 개나리는 단순히 봄의 꽃이 아니라, 우리의 어린 시절과 함께했던 기억의 한 조각이기도 하다.

산수유꽃도 봄을 대표하는 꽃 가운데 하나다. 작은 별처럼 피어나는 노란 꽃송이는 군집을 이루어 활짝 피는데, 그 화사한 빛깔이 마치 별무리를 연상시킨다. 산수유의 꽃말은 '영원불멸의 사랑'이다. 전해 내려오는 이야기에 따르면, 산수유의 고장인 전남 구례에서는 예로부터 연인들이 변치 않을 사랑을 약속할 때 산수유꽃이나 붉게 익은 열매를 주고받았다고 한다. 봄날 산수유꽃이 활짝 핀 마을에 서 있노라면, 그 오랜 전설이 단순한 이야기가 아니라 실제로 살아 숨 쉬는 풍속이었음을 느끼게 된다.

또 3월 중순부터 개화하는 진달래는 한국 사람들에게 특히 친숙한 꽃이다. 산과 마음을 연분홍빛으로 수놓는 진달래 군락은 그 자체로 장관이다. 진달래의 꽃말은 '사랑의 기쁨'이다. 꽃잎 하나하나가 마치 수줍은 미소처럼 다가와, 바라보고만 있어도 마음이 환해진다.

어린 시절 진달래 꽃잎을 따서 화전(火煎)을 부쳐 먹던 추억이 있는 이들도 많을 것이다. 꽃잎을 씹을 때 입안 가득 번지던 은은한 향과 단맛은 단순한 맛을 넘어, 봄의 향기를 온전히 느끼게 하는 체험이었다.

봄은 이처럼 다양한 꽃으로 우리 곁을 찾아와 삶을 위로하고, 다시 앞으로 나아갈 힘을 준다. 겨울의 삭막함을 이겨내고 화려하게 피어나는 꽃들을 바라보면, 자연의 위대함과 생명의 경이로움에 절로 고개가 숙여진다. 산과 들을 울긋불긋 물들이는 꽃들의 향연 속에서 우리는 다시금 삶의 아름다움을 깨닫게 된다. 동시에 봄은 우리에게 이렇게 말하는 듯하다. "다시 시작하라. 움츠렸던 마음을 활짝 열고, 새로운 희망으로 나아가라."

만물이 소생하는 계절, 봄. 그 속에서 우리는 자연이 주는 선물과 같은 기쁨을 누리고, 잊고 있던 삶의 의미를 되새긴다. 그래서 봄은 단순한 계절이 아니라, 우리 모두에게 새로움과 설렘, 그리고 사랑을 약속하는 특별한 시간이다.

✦ 둘레길은 인생을 함께 걸어가는 동반자다

2024년 10월 27일(일)

비가 오지 않고 특별한 약속이 없는 날이면 나는 거의 매일 둘레길을 걷는다. 나이 탓에 몸이 예전 같지 않아 힘들 때도 있지만, 걷기를 마치고 집으로 돌아오면 몸과 마음이 함께 맑아지는 것을 느낀다. 땀방울이 이마를 타고 흘러내릴 때의 상쾌함, 숨이 차오르다 다시 고르게 가라앉는 순간의 평온함, 그리고 그 뒤에 찾아오는 기분 좋은 피로감은 말로 다 표현하기 어려운 선물이다.

걷기를 처음 시작했을 때는 단순히 아파트 주위를 도는 정도였다. 가볍게 몸을 풀고 산책한다는 의미밖에는 없었다. 그러나 몇 년 전부터는 지병인 당뇨를 관리하기 위해 본격적으로 둘레길을 찾게 되었다. 당뇨가 눈에 띄게 빨리 좋아진 것은 아니지만, 오히려 그 덕분에 걷기가 내 삶의 중요한 일과로 자리 잡게 되었다. 이제는 하루라도 걷지 않으면 뭔가 허전하고 심지어 마음이 불편하다. 몸이 운동을 기억하고, 일상이 자연스레 발걸음을 밖으로 내딛게 만든다.

가끔은 '내가 왜 걷기 시작했을까?' 하는 생각을 곱씹어 보기도 한다. 분명 시작은 건강 때문이었다. 그러나 시간이 흐를수록 걷기의 의미는 조금씩 변해갔다. 단순히 병을 관리하기 위해서라기보다는 자연과 함께 호흡하는 시간이 즐겁고, 고요한 걸음 속에서 나 자신을 돌아볼 수 있는 것이 좋았다.

사람과의 대화가 아닌, 나와 나 자신이 나누는 대화가 바로 걷기 시간에 이루어졌다. 걷는 동안 떠오르는 기억과 사색, 다짐들은 하루를 버티게 하는 힘이 되었다. 무엇보다도 둘레길을 걷고 난 후에는 삶이 더 풍요롭고 여유로워졌다는 점이 크다. 일상의 무게가 한결 가벼워지고, 마음이 단단해진다.

둘레길을 따라 걷다 보면 평균적으로 하루 만 보 남짓 걷게 된다. 그러나 걸음의 수보다 더 중요한 것은 그날그날의 느낌이다. 어떤 날은 파란 하늘과 짙은 녹음 속에서 걷는다. 바람이 나뭇잎을 스치며 내는 소리는 마치 자연이 들려주는 음악 같다. 또 어떤 날은 회색빛 안개가 자욱한 길을 천천히 헤쳐 나가기도 한다. 주변 풍경이 뿌옇게 가려져 있으면 오히려 내 내면을 더 깊이 들여다보게 된다. 비 오는 날에는 우산을 들고 빗방울 소리를 벗 삼아 걷는다. 빗속에서 걷는 발걸음은 묘하게 차분하면서도 단단해진다. 날씨와 계절이 바뀔 때마다, 둘레길은 전혀 다른 얼굴로 나를 맞아준다.

걷다 보면 문득 둘레길이 인생과 얼마나 닮아 있는지 놀랄 때가 많다. 날씨가 시시각각 변하듯 인생도 언제나 일정하지 않다. 화창한 날만 있지 않고, 갑작스러운 비바람과 먹구름이 몰아치는 순간도 있다. 길을 걷다가 돌부리에 걸려 잠시 비틀거리기도 하고, 예상치 못한 갈림길에서 잠시 멈춰 서기도 한다. 그러나 결국은 다시 길이 이어지고, 그 길을 걷는 동안 또 다른 풍경을 만난다. 인생도 그렇지 않은가. 뜻하지 않은 어려움에 발이 묶이기도 하지만, 그 과정을 지나면서 결국 새로운 길을 찾게 된다.

둘레길은 나에게 단순한 운동의 공간이 아니다. 그것은 삶을 성찰하게 하는 공간이고, 하루를 충만하게 만드는 벗이다. 걷는 동안 나는 내 지난날을 돌아보고, 현재 내가 가고 있는 길이 과연 옳은지 스스로에게 묻는다. 때로는 후회도 떠오르고, 때로는 감사의 마음이 밀려온다. 무엇보다 걷기의 끝에서 느끼는 충만감은 그 어떤 성취와도 비교할 수 없다.

  이제 둘레길은 내 삶의 중요한 일과를 넘어, 인생을 함께 걸어가는 소중한 동반자가 되었다. 걸음을 옮길 때마다 삶이 조금 더 단단해지고, 마음이 조금 더 깊어진다. 그리고 그 길 위에서 나는 오늘도 또다시 내 삶을 배우고 있다.

2장 자연을 즐기다

✦ 부부 동반 친구들과 가산산성 도보여행

2021년 10월 15일(금)

근 1년 만에 부부 동반으로 친구들과 둘레길 도보여행을 다녀왔다. 칠곡의 가산산성 둘레길, 너무 아름답고 한적한 곳이었다.

여름 내내 푸르고 싱그러움을 뽐내던 나무들도 자기들의 생존을 위해 무성한 나뭇잎을 낙엽으로 떨구기 위한 준비를 하는 중이었다. 진정으로 깊어가는 가을을 느끼게 하는 정경이었다. 황혼을 맞는 우리 나이대와 비슷한 계절이라고 할까?

세월은 쉼 없이 제 갈 길을 묵묵히 가는데 인간은 제 몸 일부를 떨궈 앞날을 준비하는 나무처럼 미래를 위한 겸허한 준비도 못 하고 그저 미련하게 늙어만 간다. 나무처럼, 세월처럼 자연의 순리대로 고집과 욕심을 버리고 인생길을 겸손하게 걸어간다면 얼마나 평화롭고 행복할까.

10km 코스를 4시간 반 동안 여유롭게 거닐면서 친구들과 많은 얘

기를 나눴고 지나간 날들 속에서 내 어리석은 행동과 생각들을 많이 반성했다. 생각하고 계획한 대로 사는 건 절대 쉽지만은 않겠지만, 평생 그렇게 하려고 노력해 왔다.

그런 속에서 스스로 성찰하고 자신의 부족함을 깨닫고 겸손하게 산다는 것, 그것 하나만으로 족하겠다는 생각을 또 해본다. 좌고우면하지 않고 오직 하늘을 향해 머리를 드는 나무들처럼 살 수만 있다면 얼마나 좋을까? 나무들 사이로 들어서니 시원하고 상쾌한 가을바람이 얼굴을 스친다.

앞으로 내게 남겨진 세월을 더욱 즐겁게 따라가야겠다. 더욱이 부부가 오늘같이 함께 다닐 수 있는 이 행복한 시절을 감사히 생각하자.

✨ 김천의 문화유산을 즐기다

2022년 7월 16일(토)

아내와 함께 김천의 부항댐으로 바람을 쐬러 갔다. 오랫동안 비가 오지 않아 가물었고 수위가 낮아져 댐 바깥으로는 강바닥이 거북이 등처럼 쩍쩍 갈라져 있었다.

부항댐 출렁다리를 산책한 후 지례 흑돼지 불고기로 점심을 먹고 김천 직지사로 향했다. 절에 가면 늘 마음이 평온해진다. 시끄러운 속세에서 고통을 받은 귀가 고요함 속에서 휴식을 얻고 그와 동시에 내면의 평정심을 느낄 수 있어 좋다.

예전에 해남사에서 템플스테이 체험을 했는데 너무 좋아서 나중에 딸, 손녀들과 함께해볼까 해서 직지사 템플스테이를 안내하는 팸

플릿을 찾아봤다.

 체험형과 휴식형 등 두 유형이 있었는데 체험형은 108배 체험과 예불, 공양, 차담 등 절의 일상생활을 체험하는 코스이며 휴식형은 염주와 연등 만들기 체험, 사찰 둘러보기 체험, 예불 참여 등 프로그램으로 이뤄져 있다. 손녀들을 생각하면 체험형이 더 좋을 것 같다. 계속해서 사명대사 공원 등을 둘러봤는데 전반적으로 깨끗하게 잘 정돈되었다는 느낌을 받았고 지자체에서도 다양한 볼거리를 위해 많은 지원을 한 것처럼 느껴졌다.

 아쉬웠던 것은 생각보다 관람객이 적었다는 점이었다. 사찰과 같은 우리의 문화유산에 대해 좀 더 적극적으로 홍보해도 좋을 것 같다는 생각이 들었다. 무더운 날씨였지만, 눈과 마음이 호강했던 하루였다.

✨ 철원 한탄강 주상절리의 절경

2022년 11월 6일(일)

 철원 한탄강 주상절리길을 다녀왔다. 전날 대구를 떠나 산정호수와 비둘기낭 폭포를 둘러본 뒤 맞이한 여행 이틀째 아침이었다. 차창 밖으로 스치는 공기는 한층 차가워져 있었고, 가을빛이 절정에 달한 산과 들이 눈을 즐겁게 했다.

 아침 일찍 도착했는데도 한탄강 주차장은 이미 차로 가득 찼다. 발 디딜 틈 없이 모여든 사람들로 북적였고, 이른 시간인데도 공기 속에는 들뜬 기운이 가득했다. 결국 인근 학교 체육관에 차를 세우고, 셔틀버스를 타고 매표소까지 이동했다. 안내판에는 어제 하루

동안만 무려 6만 명이 다녀갔다고 적혀 있었다.

한탄강 지질 공원은 유네스코가 지정한 세계 유산이다. 총 길이 3.6km, 폭 1.5m의 잔도로 이루어져 있어, 보통 1시간 30분 정도면 걸을 수 있는 코스다. 그러나 발걸음을 옮길 때마다 눈 앞에 펼쳐지는 풍경이 발목을 붙잡아, 그 시간이 훌쩍 지나가 버린다.

순담계곡에서 시작된 잔도 길은 절벽과 절벽 사이를 잇는다. 투명한 바닥 유리 위를 걸을 때면, 발아래로 한탄강의 맑은 물줄기가 아찔하게 내려다보인다. 아래로는 잔잔하게 흐르는 강물, 위로는 깎아지른 듯 솟아 있는 주상절리의 기암괴석이 병풍처럼 둘러서 있다. 강물 위로 드리운 단풍잎들은 햇살을 받아 붉게 빛났고, 가을바람이 불 때마다 살짝 흔들리며 손을 흔들 듯 나를 맞이했다.

공원 초입의 데크 길부터 세심하게 정비되어 있었고, 주상절리교를 비롯한 여러 다리는 단단하고 안전하게 놓여 있었다. 길가의 쉼터와 전망대에서는 여행객들이 숨을 고르며 저마다의 감탄을 쏟아냈다. 주상절리대의 바위들은 수천, 수만 년 동안 형성된 대지의 예술작품 같았다. 그 모양이 마치 누군가 조각도를 들고 정성껏 깎아만든 듯 정교하고, 또 웅장했다.

2시간 가량의 트레킹을 마치고 나니 온몸에 상쾌한 피로가 감돌았다. 현장에서 먹는 점심은 그 어떤 진수성찬보다 맛있었다. 따뜻한 국물과 김이 모락모락 나는 밥 한 숟가락이 온몸에 기운을 불어넣어 주었다.

귀로에 오르자, 서울 인근에 이르러 차들이 거북이걸음을 하기 시작했다. 창밖으로 보이는 끝없는 차량 행렬은 주차장을 방불케 했다. 평소 뉴스에서만 듣던 서울의 교통 체증을, 이번에는 온몸으로 실감할 수 있었다.

길게 이어진 정체 속에서도 아침에 보았던 한탄강의 절경과 단풍의 빛깔이 마음을 환하게 밝혀 주었다. 마치 '오늘 하루 잘 다녀왔다'라는 자연의 인사가 귀갓길까지 따라온 듯했다.

✦ 함안 낙화놀이:전통 불꽃축제를 보면서

2023년 6월 18일(일)

친구와 1박 2일로 함안에 다녀왔다. KBS 예능 프로그램인 '1박 2일'에도 소개된 함안 낙화놀이 불꽃축제 행사를 찾은 것인데 코로나 거리두기 해제 이후 처음 개최되는 행사여서인지 함안 읍내부터 행사장까지 인산인해를 이뤘다. 최대 2,000명을 수용할 수 있는 행사장에 무려 6만여 명이 운집했다고 하니 상상할 수도 없을 만하다.

함안 낙화놀이는 2008년 경남 무형문화재 제33호로 지정된 놀이로, 한지와 숯가루를 활용해 만든 낙화봉을 줄에 매달고 불을 붙이는 방식으로 진행된다. 불꽃이 공중에서 터지는 일반적인 불꽃놀이와는 달리, 함안 낙화놀이는 불꽃이 흩날리듯 떨어지며 연못 위에 아름다운 빛의 장관을 연출하는 것이 특징이다.

함안 낙화놀이는 조선 중엽부터 시작된 전통 불꽃놀이로 군민의 안녕과 풍년을 기원하는 행사였는데, 일제강점기 당시 민족정기 말살 정책으로 인해 중단되었다가 1985년에 복원되어 지금까지 이어져 내려오고 있다고 한다.

숯가루가 연소해 타는 불꽃이 꽃가루처럼 흩날리는 모습은 황홀할 정도로 장관이다. 특히 행사 장소뿐만 아니라 함안 읍내 군립공원과 잘 정비된 아름다운 둘레길, 하천가에 조성된 아름드리 벚나무, 초여름의 정취를 더하는 수많은 나무 군락을 이룬 수목원 등 인근 환경도 매우 뛰어나다.

함안 낙화놀이는 단순한 낙화놀이가 아니라 전통과 현대가 조화를 이루는 특별한 축제로서 전국적으로 명성을 얻고 있다. 내년에도 꼭 방문해 아름다운 축제를 즐기고 싶은 마음이다.

✨ 비를 표현하는 조상들의 유머와 지혜

2023년 8월 13일(일)

계속된 불볕더위와 열대야로 오늘도 지친 하루였다. 시원하게 비라도 내렸으면 좋겠다고 생각했는데 드디어 오후부터 오랜만에 비가 내리기 시작했다. 우산 지붕을 경쾌하게 두드리는 빗소리를 듣는 기분이 나쁘지 않다.

사실 비의 종류를 찾아보면 생각보다 많고 다양하다. 눈에 보이지 않게 내리는 안개비부터 안개보다 약간 더 굵게 내리는 는개, 눈에 보일락 말락 흩뿌리며 내리는 이슬비, 옷에 젖는지도 잘 모르게 가늘게 내리는 가랑비, 바람 없이 작은 물 알갱이로 보슬보슬하게 내리는 보슬비, 이보다 더 굵게 내리는 부슬비, 새색시처럼 소리 없이 수줍은 듯 내리는 색시비 등 비의 종류는 다양하다.

오늘처럼 맑은 날 잠깐 내리다 그치는 여우비, 굵은 장대처럼 억센 빗줄기로 쏟아지는 장대비, 선명한 빗발로 굵게 내리는 발비 등도 있다.

여기에 봄비를 일컫는 일비(봄에는 일이 많아 비가 내려도 일한다는 의미)를 비롯해 우레비, 부슬부슬 내리는 오란비, 는개의 또 다른 이름인 부덕비, 물레를 맞듯 세차게 내리는 모다깃비, 굵고 거세게 좍좍 내리는 작달비, 여름에 내리는 비를 이르는 잠비(낮잠을 잔다는 의미), 여유롭게 쉬면서 떡을 해 먹는다는 의미로 가을비를 이르는 떡비, 농한기인 겨울에 술 마시며 놀기 좋다는 겨울비의 의미인 술비 등이 있다. 비를 표현하는 우리 조상들의 유머와 지혜를 엿볼 수 있다.

✨ 청도 프로방스의 야경과 불빛의 찬란함

2024년 1월 2일(화)

저녁 무렵 청도 프로방스의 야경을 구경하러 갔다. 프로방스는 프랑스 남동부의 지중해 해안선 지대와 이에 접한 내륙지역 휴양지를 일컫는데 우리나라에서는 지중해 연안의 이국적이고 멋진 풍광을 본떠 만든 위락시설에 많이 이름을 따 붙이고 있다. 청도 프로방스가 조성된 지 벌써 오래되었다고 하는데 나는 이런 시설이 있는지도 몰랐다. 청도 프로방스가 가까워지니 화려한 불빛이 휘황찬란하게 빛나며 눈을 즐겁게 한다.

청도 프로방스가 유명해진 것은 빛 축제가 열리면서부터라고 한다. 포토랜드, 러브러브 빛 축제, 빛의 숲, 걷고 싶은 길, 고흐별빛정원 등으로 이뤄져 방문객을 황홀하게 해주고 내부 공간 곳곳에 고흐, 샤갈 같은 프랑스 화가들의 작품이 전시되어 있어 예술적 감성을 느낄 수 있게 해주는 곳으로 잘 알려져 있다.

그래서인지 입장료가 대인과 소인 모두 1만 2,000원으로 비싼 편이었다. 그러나 20여 개의 다양한 콘셉트로 사진 촬영을 할 수 있는 셀프 스튜디오, 커피를 이용한 염색 소품점, 사랑스러운 분위기의 포토존과 아기자기한 소품 등 다양한 시설들이 있어 가족 단위의 방문객은 물론 연인과 함께 데이트하기에도 좋은 장소라고 한다.

외부에서 볼 때 건물 외관이 커보기는 했으나 내부로 들어와서 보니 그렇게 크지는 않았다. 테마공원 같은 위락시설은 모두 그렇겠지만, 먹거리나 기념품 등의 가격은 생각보다 비쌌다. 아무리 위락시설이라 해도 현실적인 가격 책정이 아쉬웠다.

어쨌든 새해를 맞아 첫 번째 나들이여서 심심치 않았다. 올해도 프로방스의 찬란한 불빛처럼 아름답고 밝은 한 해가 되었으면 좋겠다.

✨ 수석은 단순한 돌이 아니라 자연의 아름다운 선물이다

2024년 1월 22일(월)

내 취미 가운데 가장 오래된 것은 수석 수집이다. 세월을 거슬러 올라가면 벌써 35년이나 이어온 셈이니, 그 자체로도 내 인생의 긴 한 부분이 되었다. 화초는 살아 있는 생물이라 정성과 손길이 끊임없이 필요하지만, 수석은 묵묵히 제 자리에 서서 변함없이 세월을 견딘다. 그래서인지 오히려 더 편안하고, 내 마음을 오래 붙들어 준다.

얼마 전 근 3년 만에 수석 받침대를 청소하며 오랜 벗 같은 수석들을 하나하나 꺼내 보았다. 먼지를 털고 맑은 물로 씻어내자, 돌들이 다시금 본래의 빛을 드러냈다. 코끼리, 여우, 악어, 거북, 공작을 닮은 수석들이 모습을 드러냈고, 한 폭의 수묵화를 연상케 하는 무늬석, 폭포가 흘러내리는 듯한 기암석, 고요한 달빛을 닮은 둥근 돌까지….

작은 수석 하나하나가 저마다의 이야기를 품고 있었다. 그것들은 단순한 돌이 아니라 자연이 오랜 세월 빚어낸 작품이었다. 손끝으로 돌의 결을 따라가다 보면, 그 돌을 처음 주웠던 계곡과 강가의 풍경, 함께했던 사람들의 얼굴, 그날의 공기와 햇살까지 떠오른다. 수석을 닦는 일은 단순한 청소가 아니라, 오래된 추억을 다시 불러내는 의식과도 같았다.

수석 취미의 매력은 세월이 흐를수록 더 깊어지는 데 있다. 처음 강가에 나섰을 때만 해도 무엇이 수석으로 가치가 있는지 분간하기 어려웠다. 그저 무수히 흩어진 돌들 사이에서 길을 잃은 듯 막막했다.

그러나 눈이 조금씩 열리고 경험이 쌓이자, 돌의 형태와 결, 색감과 무늬 속에서 자연의 메시지를 읽을 수 있게 되었다. 좋은 수석을 알아보는 눈이 자라는 것은 곧 삶을 보는 눈이 자라는 것과 다르지 않았다. 처음에는 무엇이 귀하고 소중한지 알지 못했지만, 세월 속에서 시행착오와 경험을 통해 차츰 분별할 수 있게 되는 것. 그래서 수석을 바라보고 고르는 일은 내 삶의 단면을 비추는 거울이기도 했다.

돌은 무심해 보이지만, 사실 돌만큼 많은 이야기를 담고 있는 존재도 드물다. 수천 년, 수만 년의 세월을 강물과 바람, 비와 햇살 속에서 견디며 지금의 모습이 되었다. 그 속에 자연의 인내와 고요, 끊임없는 변화와 조화가 새겨져 있다. 나는 그 돌들을 바라보며 자연이 가르쳐 주는 삶의 지혜를 느낀다. 쉽게 깎이지 않고, 쉽게 변하지 않으면서도, 긴 세월에 걸쳐 조금씩 다른 얼굴로 다가오는 수석은 인간의 삶과 닮아 있다.

누군가는 수석 수집을 고상한 취미라 하지 않을지도 모른다. 그러나 나에게는 이만큼 소박하면서도 깊은 즐거움을 주는 취미가 없다. 남들이 화려한 여행이나 값비싼 오락으로 시간을 채운다 해도, 나는 작은 수석 하나를 바라보며 충분히 행복을 느낀다. 그것은 단순한 돌이 아니라, 자연이 선물한 하나의 세계이자 나만의 이야기이기 때문이다.

앞으로도 나는 이 조용한 벗들과 함께 세월을 살아갈 것이다. 손바닥만 한 수석이지만, 그 안에 담긴 우주의 시간과 자연의 숨결은 끝이 없다. 나 또한 언젠가는 세월 속에서 하나의 돌처럼 묵묵히 남을 것이다. 수석을 통해 배운 평안과 인내, 그리고 고요한 기쁨을 마음에 담아, 내 삶의 남은 길을 걸어가고 싶다.

✨ 속리산 둘레길 '괴산 8구간' 트레킹

2024년 3월 13일(수)

둘레길을 걷기로 한 날마다 우연히 비가 내려 무려 3개월 만에야 속리산 둘레길을 걷는다. 이전 7구간까지 걸었고 오늘은 괴산 8구간 '연풍선비길'을 걷기 위해 트레킹 출발지에 도착했다.

지곡경로당에서 출발해 오수 새마을회관까지 13.1㎞ 거리로 가장 난도가 낮은 5시간 코스였다. 이 코스는 오르막 없이 평지의 길을 따라 걷게 되는데 코스 내내 쌍천이 함께 한다. 태성리부터 하천의 제방을 따라 걷다 보면 보가 만들어 놓은 풍경과 백로, 청둥오리 등 물새들과 인근을 둘러싼 산의 풍광이 눈길을 빼앗는다. 무념무상으로 걸을 수 있는 이 길은 갈길마을을 거쳐 금대리, 유하리를 지나 연풍 전통시장 앞에서 잠시 멈춘다.

오전 내내 둘레길을 걸으며 오랜만에 상쾌한 기분을 느꼈다. 태성 삼거리 형제식당에서 점심으로 묵채 정식을 먹은 후 마을 길을 걸어 '초원의 집'에 들렀다. 초원의 집은 괴산의 명물로, 이재옥 선생께서 평생 가꿔온 정원이 있는 가옥이다. 다양한 종류의 꽃들과 함께 예쁜 자갈과 대리석, 석고 작품이 아기자기하게 꾸며져 있었다. 전국적으로 유명한 곳이라고 한다.

이후 소궁뎅이 금대마을도 방문했다. 이 마을에는 괴산에서 유명한 미선나무 군락이 있는데 '모든 슬픔이 사라진다'라는 꽃말을 가진 아름다운 나무였다. 우리나라에서만 자생하고 있는 식물이라고 한다.

금대마을에는 송아지와 관련된 전설이 있다. 연풍면에 두 개의 마을이 금대천이라는 냇가 하나를 사이에 두고 있었는데 윗마을과 아랫마을로 불렸다. 그런데 아랫마을 사람들은 해마다 풍년이 들었다. 윗마을이 흉년이 들어서 먹을 것이 하나도 없을 때도 아랫마을 사람들은 풍요롭게 지낼 정도였다. 사람들은 아랫마을이 해마다 넉넉하게 지낼 수 있었던 것은 바로 송아지 덕분이라고 했다. 조금은 황당한 전설이지만, 우직하게 농사일을 돕는 소에 대한 고마움이 깃든, 재미있는 전설이었다.

어쨌든 오랜만에 친구들과 즐겁게 춘삼월 자연을 느낄 수 있었던 좋은 시간이었다.

✦ 동창 모임의 가을 야유회

2024년 10월 31일(목)

동창 모임의 가을 야유회 날이다. 움직일 수 있을 때 많이 다니는 것은 좋으나, 모임에 따라나서기를 망설이는 모임도 있기 마련이다. 특히 관광차 안에서 나이 들어 술 마시고 좁은 통로 사이에서 막춤 추는 위험한 모습을 보는 것이 싫어 참석하지 않는 경우도 있다. 다들 술과 흥에 취해 몸을 흔들며 노는데 멀뚱히 앉아 손뼉만 치는 게 너무 어색해서다.

대부분 친목 모임의 야유회 목적이 마음 편하게 노는 것이라지만 차 안에서 술 마시고 춤추는 것은 안전상 문제도 있고 보기에도 좋지 않은 우리 사회의 고쳐야 할 문화 중 하나라고 생각한다. 어쨌든 오전 6시 20분쯤 모여 출발해 10시 반에 목적지인 서울 경복궁에 도착했다. 오랜만의 서울 나들이인데다 국가 유산인 경복궁에 오니 마음이 들떴다. 예전과 달라진 경복궁의 풍경이라면 한복을 입고 우리 문화를 체험하는 외국인들이 많아졌다는 점이다.

근정전과 경회루를 둘러보고 국민의 품으로 돌아온 청와대로 향했다. 청와대는 1948년 8월 15일 대한민국 정부가 수립된 후 2022년 5월 9일까지 대한민국 대통령의 집무실과 관저 역할을 담당했다. 초대 이승만 대통령부터 열두 명의 대통령이 이곳에서 생활하며 근무를 했다. 청와대는 본관 관저, 녹지원, 영빈관 등으로 구성되어 있는데 일부만 내부 개방되어 다소 아쉬움이 남았다.

오후 3시부터 한강유람선에 탑승해 40분 정도 관광했는데 가격 대비 볼거리와 즐길 거리, 주위 관광 요소가 조금 빈약한 듯했다.

서울을 떠나 다시 대구로 돌아오는 동안 차 안에서는 예상했던 것처럼 술과 춤의 유흥이 펼쳐졌다. 나도 예전 특약점을 운영할 때는 영업상 차 안에서 유흥의 시간에 동참하기도 했는데 이제는 재미도 없고 그 자체가 싫어졌다. 다리가 아파 관광도 잘하지 못하는 친구조차 흥에 못 이겨 관광버스 춤 묘기로 유흥을 즐겼다. 어쨌거나 알차게 보낸 하루였다.

✦ 속리산 둘레길 마지막 구간 상주길 15구간을 마치면서

2024년 12월 18일(수)

속리산 둘레길 마지막 구간인 상주길 15구간을 걷는 날이다. 총길이는 9㎞, 난이도는 중급으로 약 세 시간 20분 정도가 소요되는 코스다. 지난 1년여 동안 끊임없이 걸어온 208.6㎞ 속리산 둘레길 여정의 대미를 장식하는 길이라, 아침부터 마음이 설렘과 긴장으로 가득했다.

버스 정류장 옆 이정표(←달천 0.1㎞, 태봉산 1.8㎞→)를 따라 마을 길로 들어섰다. 가을걷이가 끝난 논에는 하얀 곤포 사일리지가 점점이 놓여 있었다. 초겨울 햇살 아래 흰 이불처럼 드러누운 풍경은 농촌의 한적한 정취를 배가시켰다. 드문드문 자리한 포도밭 비닐하우스가 바람에 은빛으로 반짝이며, 인적 드문 들녘을 더 평화롭게 만들었다.

10시 25분경, 갈림길에서 우측 용담사 방향으로 발걸음을 옮겼다. 완만한 산등성이를 따라 오르자 이정표가 나타났는데, 해발

683m 천택산 정상까지 1.9㎞가 남았음을 알려주었다. 목책을 따라 이어지는 급경사 구간이 본격적으로 시작되었다. 이따금 숨이 차오르고, 다리에 힘이 빠져 주춤하기도 했지만, 땀이 이마에 송골송골 맺히며 살아 있다는 감각이 온몸에 번졌다. 차갑던 초겨울 공기가 호흡마다 따뜻하게 바뀌는 순간, 산행의 묘미가 다시금 다가왔다.

약 한 시간의 오름 끝에 천택산 정상에 도착했다. 전망대에 올라서니 사방이 탁 트였다. 맑은 하늘 아래 산자락을 품고 있는 아랫마을들이 아기자기하게 모여 있어, 마치 오래된 풍속화 속 장면을 보는 듯했다. 굴뚝에서 피어오르는 연기 한 줄기, 논두렁을 따라 이어진 밭두렁길이 정겹게 어우러져 있었다. 삶의 땀이 배어 있는 풍경이기에 더욱 따스하게 다가왔다.

잠시 호흡을 고르고 난 뒤, 천택산 고갯마루를 넘어 임곡 저수지에 이르렀다. 초겨울이었지만 저수지에는 여전히 넉넉한 수량이 차 있었다. 잔잔한 수면 위에 비친 산 그림자가 은은히 흔들렸다. 그것은 화려하지 않고 소박한, 수수한 여인의 자태와도 같았다. 그 고요한 자태에 한동안 발걸음을 멈추고 시선을 빼앗겼다. 산과 물이 서로를 비추며 만들어내는 풍경은 자연의 시(詩)요, 세월이 그려낸 수묵화였다.

저수지 옆에 앉아 맞은편 구병산을 바라보았다. 겹겹이 이어진 산 능선이 푸른 기운을 머금은 듯 우뚝 서 있었고, 그 아래로 펼쳐진 농로가 한없이 넓게 이어졌다. 걸음을 옮길 때마다 흙길 특유의 푹신한 감촉이 발바닥에 전해졌다. 들판의 바람은 얼굴을 스치며 사색을 불러일으켰고, 계절의 바뀜이 삶의 덧없음과 동시에 새로운 시작을 상기시켜 주었다.

예상보다 시간이 조금 더 걸려 세 시간 반 만에 출발지로 되돌아왔다. 힘든 여정이었지만, 되돌아온 순간의 기쁨은 더할 나위 없었다. 그렇게 지난해 3월부터 시작된 속리산 둘레길의 전 구간을 모두 마쳤다. 충청북도 보은과 괴산, 그리고 경상북도 문경과 상주를 아우르는 총 208.6km의 긴 여정이었다.

속리산 둘레길 완주는 단순히 걷기의 기록을 넘어, 내 삶 속에서 또 하나의 작은 도전이자 성취였다. 길 위에서 만난 사계절의 풍경은 나를 겸허하게 했고, 발걸음을 내디딜 때마다 내 안의 두려움과 게으름을 조금씩 떨쳐낼 수 있었다. 산길의 오르막은 인생의 고비를, 내리막은 쉼과 여유를 닮아 있었다. 길을 걸으며 자연이 가르쳐 준 삶의 지혜는 무엇보다 값졌다.

마지막 구간을 완주한 지금, 나는 단순히 '208.6km를 걸었다'는 기록보다 더 깊은 감정을 간직한다. 그것은 바로 스스로 정한 목표를 끝까지 밀어붙여 마침내 해냈다는 뿌듯함이다. 크고 화려한 성취는 아니더라도, 인생의 어느 지점에서 나를 지탱해 줄 작은 등불 같은 성취다. 앞으로의 삶에서도 이 경험이 또 다른 도전을 향한 용기와 힘이 되어줄 것이라 믿는다.

✦ 구미 낙동강 문화생태탐방로 트레킹을 시작하다

2025년 1월 24일(금)

　지난달로 속리산 둘레길 완주를 마치고, 이달부터는 새로운 여정을 시작하기로 했다. 바로 구미 낙동강 문화생태탐방로다. 총 9구간, 80㎞에 이르는 긴 길을 한 달에 한 번씩 나누어 걷기로 계획을 세웠다. 단순히 걷는 길이 아니라, 낙동강 물줄기를 따라 문화와 역사, 그리고 자연 생태가 조화를 이루는 길이라는 점에서 더 큰 의미가 있다. 각 구간마다 '나루터로', '둑방으로', '물소리로', '노을 속으로' 등 시적인 이름이 붙어 있어, 길 자체가 한 편의 시처럼 느껴진다.

　그 첫날, 오늘은 제1구간을 걸었다. 이름하여 '나루터로'다. 출발점은 남구미대교 전망대, 도착지는 비산 나루터로 이어지는 약 5㎞ 코스다. 길이는 짧지만, 발걸음을 옮길 때마다 과거와 현재가 겹쳐 보이는 특별한 구간이었다.

　비산 마을은 신라 이전, 가야 시대부터 이어져 내려온 역사 깊은 곳이다. 낙동강을 통한 교통과 물류의 중심지로 기능하며 사람과 물자의 흐름을 이어주던 나루터였다. 그 오랜 시간을 품은 마을을 지나니, 내가 걷는 이 길이 단순한 산책로가 아니라 역사를 밟고 가는 길임을 새삼 느낄 수 있었다.

　남구미대교 전망대에 오르니 시야가 확 트였다. 높이 29.4m를 올라 바라본 풍경은 그야말로 압도적이었다. 발아래 낙동강은 은빛으로 빛나며 유유히 흐르고, 멀리 눈을 덮어쓴 금오산이 당당하게 솟아 있었다. 유심히 바라보니 산의 능선이 마치 사람 얼굴 형상을 닮아 있었다.

예전에 산 모양이 이승만 대통령 얼굴 윤곽을 닮았다고 해서, "이 대통령이 누워 계셔서 박정희 대통령이 태어났다"라는 소리까지 돌았다는 이야기가 떠올랐다. 산 하나에도 시대의 이야기와 추억이 켜켜이 담겨 있는 셈이다.

탐방로를 따라 걷다 보니 드론 전문 교육기관이 눈에 띄었다. 때마침 드론이 낮게 날며 하늘을 가르는데, 마치 새처럼 자유롭게 움직이는 모습이 신기했다. 머지않아 이곳에서 드론이 날아오르는 풍경은 새로운 시대의 또 다른 문화로 자리 잡겠구나 싶었다.

길가에는 벚나무가 줄지어 서 있었다. 지금은 앙상한 가지뿐이었지만, 봄이 되어 꽃망울을 터뜨리면 분명히 탐방로 전체가 벚꽃 터널로 변해 장관을 이룰 것이다. 그때 다시 이 길을 걸으면 얼마나 아름다울까 하는 상상에 마음이 들떴다.

걷다 보니 흙 야구장이 나타났다. 옆에는 '하천 점용 허가 현황판'이 세워져 있었는데, 그곳에는 야구장 5면, 드론 연습장 1면이 마련되어 있다고 표시되어 있었다. 게이트볼 구장과 다목적 구장도 함께 자리해 있어, 강가 탐방로가 단순한 길이 아니라 지역 주민들의 삶과 함께 숨 쉬는 공간이라는 사실을 실감했다. 운동하는 사람들의 활기찬 모습이 탐방길의 생기를 더했다.

마침내 오늘의 도착지인 비산 나루터에 닿았다. 옛 시절, 강을 건너던 나룻배가 그대로 전시되어 있었는데, 실제로 보니 크기와 위용이 대단했다. 오랜 세월 낙동강을 오가며 사람과 물자를 실어 나르던 배가 지금은 박제된 듯 서 있었지만, 그 안에는 수많은 사람의 땀과 삶의 흔적이 남아 있는 듯했다.

짧은 1구간이었지만, 발걸음마다 역사가 스며 있고, 풍경마다 이야기가 담겨 있었다. 앞으로 이어질 2구간, 3구간이 벌써 기대되었다. 이번 탐방길은 단순한 걷기가 아니라, 낙동강이 품은 문화와 역사를 다시 배우고 느끼는 소중한 시간이 될 것임을 예감하며 오늘의 여정을 마무리했다.

✨ 가족, 연인과 함께 찾는 관광 명소 구미 낙동강 탐방로 2구간

2025년 2월 28일(금)

구미 200리 낙동강 물길 따라 문화생태탐방로 2구간 '강바람 숲으로'를 친구들과 함께 걸었다. 총 10.6㎞ 구간으로 가장 인상 깊었던 것은 63홀짜리 파크골프장에서 골프를 하면서 여유로움을 즐기는 사람들이었다. 또 강바람을 맞으며 흔들리는 억새의 풍경, 줄지어 날아가는 철새들의 군무도 뇌리에 강하게 남았다.

2구간에 대해 묘사한 경북일보 기사를 인용해본다.

"2구간 '강바람 숲으로'는 비산 나루터에서 낙동강 체육공원을 지나 매학정까지 이르는 약 11㎞에 이르는 평지 구간으로 절기별로 다양한 꽃과 식물들을 볼 수 있어 많은 이들이 가족, 연인과 함께 나들이를 오는 관광 명소이기도 하다.

계절별로는 3~4월 벚꽃, 5~6월 금계국, 9~10월에는 핑크뮬리를 감상할 수 있으며 초여름 물안개와 함께 넓은 초원을 가득 덮은 금계국은 전국적으로도 유명해 물안개를 보기 위해 새벽부터 찾는 이들도 많다.

낙동강 체육공원에서 낙동강 유역을 따라 걷다 보면 드넓은 대지

위에 자라난 억새평원을 만날 수 있는데, 감성 사진을 찍기 위해 많은 이들이 찾아오는 포토존 명소이기도 하다.

'강바람 숲으로'의 대미는 매학정인데, 조선 시대 명필가 고산 황기로가 조부의 뜻을 받들어 정자를 짓고 매화나무를 심어 학을 길렀다 해서 매학정이라 이름 붙였다고 한다.

매학정 앞뜰에는 홍매화와 백매화가 자라고 있으며 봄이면 매학정 이름에 걸맞게 매화꽃이 피는 것을 볼 수 있다. 매학정에서 바라보는 낙동강의 아름다운 경치를 감상하기 위해 이곳을 찾는 탐방객이 많다."

(출처 : 경북일보 「걸어서 힐링 속으로, 경북을 걷다 5. 낙동강 문화생태탐방로」 2024년 1월 31일 자)

제4부

가족은 나의 힘

1장 나를 지탱하는 힘, 가족

✦ 딸내미와 카운셀러의 배려

2020년 6월 3일(수)

딸내미가 있어 좋다는 사실을 절실하게 깨닫는 요즘이다. 직업적인 일에서 은퇴한 아빠가 심란해 한다며 귀찮을 정도로 여기저기 끌고 다니려 노력한다. 어제저녁에는 인근의 화원 유원지로, 오늘은 학산으로 나를 데리고 함께 다니며 잡생각이 들지 않도록 배려한다. 퇴직 후 우울증이 생기거나 갑작스러운 생활의 변화로 내가 자칫 의기소침해질 수 있다는 생각에서 그렇게 하는 것이다.

생각할수록 기특하고 고맙다. 많은 이들이 은퇴 후 온종일 집안에서 무기력하게 지내고, 익숙하던 일상이 사라지면서 마음이 텅 빈 듯한 허무감으로 고통받는다고 한다. 가족들과 함께 있는 시간이 늘어났지만, 오히려 대화는 줄어들고 소소한 갈등만 생긴다는 얘기도 심심찮게 듣는다.

실제로 며칠 경험해 보니 예전과 비교해 하루는 생각보다 길고 낯설었다. 매일같이 나가던 출근길의 바쁜 활력은 더는 없고 집 안에 머물면서 어색한 고요함만 가득한 것 같다. 딸아이는 바로 그런 점을 간파하고 나를 데리고 여기저기 다니는 것이다. 아빠가 되어서 그 갸륵한 마음을 어찌 모를까.

딸뿐만이 아니었다. 오랫동안 함께 일했던 카운셀러들이 문자를 보내와 그동안 나눴던 정을 회상케 한다. 나와 함께 일할 때는 몰랐는데 그때가 행복하고 좋았단다. 나를 떠올리며 눈물을 흘리고, 내가 없는 사무실에 들어서면 괜스레 답답하고 힘이 빠진다는 카운셀러들도 있었다.

함께했던 이들의 문자를 보며 현역에 있을 때 적어도 나는 그리 나쁘지 않은 특약점주였다는 자각이 들어 뿌듯했다. 더불어 떠난 특약점주를 그리워하며 진심으로 제2의 인생을 축복해주는 그들에게 고마움을 느꼈다.

하지만 이제 그 시절을 잊고 새로운 삶을 시작해야 하는 출발점에 섰기에 지나간 시간에서 과감히 벗어나야 한다. 그렇기에 함께 했던 카운셀러들의 문자에 회신하지 않았고 마음으로만 아쉬운 정리(情理)를 띄워 보내야 했다.

✦ 며느리의 손자 임신 소식

2021년 7월 11일(일)

며느리가 임신한 아이의 성별이 남아라고 병원에서 들었다고 한다. 그 얘기를 전해 들으며 기분이 너무 좋았다. 손녀가 둘인 상황에서 손자를 기다려왔기 때문이다.

아직 유교적 의식이 강한 우리 세대인 만큼 고루한 사상이라 할지라도 아들이 있어야 한다는 남아선호사상이 더 지배적일 수밖에 없다. 물론 두 손녀도 너무나 예쁘고 사랑스럽다. 그래도 아들이 손자를 낳아줬으면 하는 바람이 있었다.

지금 세대들이야 우리 때처럼 아들을 낳아 집안의 대를 이어가야 한다는 의식은 희박하다. 더 나아가 아들보다도 딸을 더 선호하는 현상은 점차 높아져 가고 있는 실정이다. 딸을 선호하는 이유는 양육의 즐거움과 정서적 교감을 꼽는다. 쉬운 말로 딸을 키우는 재미가 더하다는 것이다.

아이들이 성인이 된 이후에도 아들보다는 상대적으로 딸과의 교류가 좀 더 밀접하다는 것도 딸을 선호하는 이유 중 하나이다. 부모를 더 잘 보살펴 줄 거라는 기대 또한 아들보다는 딸이 높다는 설문조사 결과도 있다.

이렇다 보니 노후에 대한 대책으로서 아들이 갖는 상대적인 우위가 많이 약해졌다. 사실 노후에 부모를 공양한다는 전통적인 사고방식도 많이 희석된 것이 오늘날 현실 아니던가.

그렇지만 나는 전통적 유교의 가치관이 큰 사람으로 아직은 아들에 대한 선호도가 높다. 아내도 마찬가지여서 며느리가 손자를 낳을 것이라는 소식을 들었을 때 "내 아들 낳을 때보다 더 기다렸다"라고 내게 고백하기도 했다. 어찌 되었든 아주 고마울 따름이다. 부디 손자가 태어날 때까지 몸조심하고 건강하게 지내길 바란다.

✨ 대학 수학 능력 시험이 치러진 날의 회상

2021년 11월 20일(토)

이틀 전에는 대학수학능력시험이 치러진 날이었는데 올해는 코로나 팬데믹 여파로 수험생들의 고초가 더 심했을 것이다. 수능일이면 한파가 몰아닥쳤던 예년과 비교해 올해 수능일에는 비교적 따뜻해서 그나마 다행이었다.

수능을 마친 첫 주말, 모든 수험생이 이제는 심적인 부담감에서 벗어나 마음껏 즐기기를 바란다. 물론 수능을 준비하며 쌓인 스트레스와 압박감이 한꺼번에 풀리면서 허무감이나 불안감을 느끼는 예도 있을 것이다. 그러나 이런 감정은 자연스러운 것이니 자신을 너무 질책하지 말고 충분한 휴식을 취하기를 바란다. 그동안의 긴장감을 털고 자신을 돌아보는 시간을 갖는 것도 나쁘지 않겠다.

집에서 막걸리 한 잔을 마시면서 나도 모르게 예전 딸과 아들이 수능시험을 칠 때를 언뜻 떠올렸다. 두 아이 모두 수능 시험장에 들여보낼 때 나도 모르게 울컥했다. 겉으로는 눈물을 보이지 않으려 노력하면서 속으로 시험을 잘 치르길 염원했던 것 같다.

이제는 담담하게 회상하지만, 당시는 왜 그렇게 가슴을 졸이며 걱정했는지 모르겠다. 공부가 인생의 전부는 아니며, 공부를 잘하는 것이 살아가는 데 있어 그저 약간 더 유리한 고지에 설 뿐, 인생에 큰 영향력은 없다고 생각한다. 공부를 잘하는 것도 중요하지만, 무엇보다 중요한 것은 현재의 삶에 충실하고 주어진 일에 최선을 다하며 감사할 줄 아는 삶이 가장 행복하고 아름다운 삶일 것이다.

고맙게도 아들과 딸 모두 행복한 가정을 이루고 가족 간의 사랑과 우애를 나누며 서로를 아끼고 위하며 살아가는 모습이 고마울 따름이다. 행복은 먼 곳에 있지 않다. 노벨문학상을 받은 작가 메테를링크가 말했듯, 파랑새는 이미 내 안에 있는 것이다.

✨ 손자 탄생의 기다림과 출산의 기쁨

2021년 12월 23~24일(목~금)

며느리가 손자 출산을 위해 병원에 입원했다. 요즘이야 의료기술의 발전으로 예전과 비교해 출산이 쉬워지긴 했으나 그래도 출산은 매우 힘든 과정이다. 멀리 대구에서 서울에 있는 며느리 출산을 기다리고 있으려니, 예전 내 자식들 출산 때가 아련하게 떠오른다. 물론 그때와는 또 다른 감정이 느껴지며 울컥하는 마음이 생겨난다.

코로나로 인해 병실을 배정받기가 어려웠는데 겨우 방 하나를 얻었다. 저녁에는 아들이 합류해 출산 과정을 함께했다. 며느리가 촉진제를 맞고 오전 내내 2~3분 간격으로 진통을 했다. 오후에는 무통 주사를 맞았는데 진통은 없었다. 손주가 세상의 빛을 보기에는 아직 시간이 더 필요했다.

하루를 넘겨 다음날에도 분만은 쉽지가 않았다. 오전 내내 가슴을 졸이며 옥동자의 탄생을 기다렸다. 밖에서 순산을 기원하며 기다리는 가족들의 속이 이렇게 시커멓게 타는데 직접 분만을 하는 며느리 속이야 오죽했겠는가. 그나마 평소 건강 체질로 임신 중에도 씩씩했던 며느리였기에 불안한 중에도 조금은 안심을 할 수 있었다.

드디어 오후 1시 22분. 분만실에서 우렁찬 신생아의 울음소리가 터졌다. 첫 손자의 탄생이었다. 3.7kg의 정상 체중에 산모도 건강하게 순산했다. 고생했을 며느리를 생각하니 가슴이 저렸고 오로지 고마운 마음뿐이었다. 소식을 듣고 바깥사돈이 전화를 해왔고 서로 축하를 나눴다. 다음 주 월요일에는 손자 이름을 지으러 미래 작명 연구소에 가기로 했다. 손자의 앞날이 잘 될 수 있도록 기원한다.

✦ 설날은 가족 화합의 날

2022년 2월 1일(화)

민족 고유의 명절, 설날 아침이 밝았다. 아직 해가 높이 오르기 전, 집안에는 은은한 음식 냄새와 따뜻한 온기가 감돌았다. 부엌에서는 전과 나물, 탕이 차례상에 오를 준비를 마치고, 거실 한쪽에는 정성스럽게 차린 차례상이 놓였다.

가족이 둘러앉아 조심스럽게 절을 올리고, 조상들의 은혜에 감사의 마음을 전했다. 의식이 끝나자 자녀들이 차례로 세배를 올렸다. 단정히 허리를 굽히는 자녀들의 모습에서 어느새 훌쩍 커버린 세월이 느껴져 마음이 뭉클했다. 세배 후에는 덕담을 나누며 한 해의 무탈함과 행복을 기원했다. 따끈한 차 한 잔에 전과 떡국을 곁들이니 명절의 맛이 입안에 가득 퍼졌.

올해도 가족 모두가 건강하길, 그리고 각자가 품고 있는 소망이 이루어지길 간절히 빌었다. 특히 가족간의 관계가 원만하지 않았을 경우 설날을 계기로 마음의 앙금을 풀고 가족이 함께 웃을 수 있기를 바랐다.

설날은 원래 흩어진 마음을 모으고, 쌓인 오해를 풀어내는 좋은 날이다. 좋은 날을 계기로 마음속 응어리를 털어내고, 부모와 자식 간의 끈끈한 정이 계속 이어지기를 바라는 마음이 간절하다.

가족 관계를 오래 곱씹다 보면, 부모와 자식 사이의 거리감은 결국 '소유'라는 생각에서 비롯되는 경우가 많다. 부모가 자식을 내 뜻대로 움직이게 하려는 순간, 갈등이 싹트기 마련이다. 부모는 자식을 소유물이 아닌 독립된 인격체로 존중해야 하며, 자식들이 자기 뜻을 펼칠 수 있도록 지지하고 인정해주는 자세가 필요하다. 그 반대로, 자식들도 부모를 단순히 봉양의 대상이나 전통적 권위로만 보지 않고, 한 사람의 인격으로 대하며 공경과 사랑을 나눌 때 관계가 깊어진다.

세상은 변하고 있다. 과거처럼 부모의 권위가 절대적이던 시대가 아니기에, 여전히 전통적 유교 사상에만 매달려 산다면 부모와 자식 간의 관계가 불편해질 수 있다. 현대 사회에서는 서로의 다름을 인정하고, 세대 차이를 좁히는 대화와 존중이 필수적이다. 부모로서 대접만 받기를 바라기보다, 때로는 자식에게 배우고, 새로운 가치관을 받아들이는 유연함이 필요하다.

설날은 단순히 한 해의 시작을 알리는 날이 아니라, 우리 마음속의 관계를 돌아보게 하는 날이다. 조상에게 감사하는 마음, 현재 곁에 있는 가족의 소중함, 그리고 앞으로 함께할 시간의 의미를 새기는 날이다.

오늘 나눈 덕담이 말로만 그치지 않고, 하루하루의 행동으로 이어져 가족 모두가 서로의 울타리가 되기를 바란다. 그렇게 한다면 내년 설날에는 더 밝고 환한 웃음으로 다시 모일 수 있을 것이다.

✨ 손자의 백일을 진심으로 축하한다

2022년 4월 3일(일)

손자가 태어난 지 어느덧 101일이 되었다. 어제가 딱 100일째 되는 날이었지만, 코로나로 인해 별다른 모임이나 잔치는 하지 못했다. 예전 같았으면 온 가족이 한자리에 모여 흰옷을 입은 아기를 가운데 두고 사진을 찍고, 잔칫상을 차려 웃음꽃을 피웠을 것이다. 하지만 이번에는 멀리서 마음으로만 축하를 보냈다.

생각해 보면, 옛날에는 질병이나 영양 부족 등 여러 이유로 갓난아기가 100일을 넘기기가 쉽지 않아, 백일을 무사히 넘겼다는 사실만으로도 큰 축하를 했다고 한다. 그러나 요즘은 의료 환경이 좋아지고 유아사망률이 극히 낮아져, 100일 잔치를 크게 하는 집이 줄어드는 추세다. 시대는 변했지만, 새 생명을 향한 부모와 조부모의 기쁨과 축복의 마음은 여전히 같다.

아이들은 백일 전후가 가장 사랑스럽고 보는 이의 마음을 사로잡는 시기다. 작은 손과 발, 초롱초롱한 눈망울, 옹알옹알 소리를 내며 웃는 모습은 하루의 피로를 단숨에 잊게 한다. 손자에 대한 아들 부부의 사랑이 극진한 것을 보면, 흐뭇함과 감사가 함께 밀려온다. 손자는 성품이 순하고 온화하다. 사실 아이를 키우다 보면, 팔이 안으로 굽는다고 자기 자식이 한없이 예쁘게 보일 수밖에 없다. 작은 행동 하나하나에 감탄하게 되고, 오로지 장점만 눈에 들어온다.

보통은 생후 5개월쯤 되어야 낯가림을 한다고 들었는데, 손자는 벌써 낯을 가린다고 한다. 그만큼 예리하고 빠른 성장이라는 생각이 든다. 옹알이도 제법 또렷하게 잘해서, 마치 무슨 말을 하려는 듯한 표정이 귀엽기 그지없다.

백일을 맞아, 나는 손자를 위해 케이크를 주문해 배송했다. 직접 안아줄 수 없는 아쉬움을 달래는 작은 선물이었다. 조만간 손자를 보게 되면, 예로부터 무병장수와 다복을 상징하는 모형 돼지를 선물할 생각이다. 그 속에 담긴 기원은 하나다. "아프지 않고 건강하게 잘 자라다오."

나는 바란다. 손자가 몸과 마음이 건강하고, 삶의 어려움 앞에서도 꿋꿋한 사람이 되기를. 공부가 인생의 전부는 아니지만, 그래도 자기 길을 찾아 남들보다 한 걸음 앞서 나가기를 바란다. 그 길 위에서 자신의 재능과 시간, 마음을 아낌없이 나누며, 다른 사람을 위해 헌신하는 훌륭한 인물로 자라 주기를 진심으로 기원한다.

그리고 언젠가 손자가 자라 이 글을 읽게 된다면, 그때 이 할아버지가 너의 첫 100일을 이렇게 마음 깊이 축하하고 있었다는 사실을 기억해 주었으면 좋겠다.

✨ 어머니는 영원한 나의 엄마이다

2022년 9월 9일(금)

가까운 거리에 있는 어머니를 모신 봉안당이 있지만 효심이 부족해서인지 자주 찾아뵙지 못하고 있다. 봉안당에 갈 때마다 살아계실 때 좀 더 잘해 드리지 못했던 사실에 대한 후회와 아들 하나만 바라보며 평생을 희생하신 점에 대해 죄송한 마음에 늘 눈물이 난다.

돌아가신 지 벌써 7년 반의 세월이 흘렀다. 봉안당에 모셔둔 어머니 사진을 보며 나는 늘 대화를 시도한다. "엄마, 저도 이제 일흔 한 살이에요. 엄마가 걸어갔던 길을 따라가고 있어요. 재회의 날이 반드시 오겠지요? 그때는 정말로 효도해 드릴게요."

필요할 때 꺼내 쓰시라고 예쁜 비단 주머니에 넣어드린 돈을 아직도 하나도 쓰시지 않고 그대로 있다. 워낙 고우신 얼굴이었지만 주머니에 챙겨드린 메이크업도 아직 그대로다.

어머니를 뵙고 오는 날은 늘 마음이 푸근하다. 유달리 힘이 드는 날은 늘 몸에 지닌 어머니 사진을 들여다본다. 내 나이 벌써 일흔이 넘었지만 나는 영원히 엄마의 아들이고, 어머니는 영원히 나의 엄마이다. 엄마, 편히 쉬세요.

✦ 무소식이 희소식

2023년 4월 10일(월)

매주 주말이나 휴일이 되면 아들 부부에게서 어김없이 전화가 온다. 손자가 태어난 후로는 그 빈도가 더 잦아져, 카톡으로 매일같이 손자의 모습을 담은 동영상이 도착한다. 갓난아기가 웃고, 뒤집고, 옹알이를 하는 모습은 하루의 피로를 단숨에 잊게 해주는 가장 큰 기쁨이었다.

그런데 이번 주는 조금 달랐다. 그제도, 어제도 아무 연락이 없었다. 처음엔 별일 아니겠거니 했지만, 시간이 지날수록 마음 한편이 서서히 무거워졌다. 혹시 무슨 일이 생긴 건 아닐까? 여행을 간 걸까? 여행을 갔더라도 늘 그랬듯 주말에는 연락을 해왔는데, 이번엔 조용했다. 심지어 여행지에서도 사진 한 장, 메시지 한 줄은 보내주던 부부였기에, 이번 침묵이 더 낯설게 느껴졌.

전화를 걸어볼까 하는 생각이 몇 번이고 들었지만, 혹시 그것이 앞으로 연락에 대한 부담으로 이어지진 않을까 하는 마음이 발목을 잡았다. '그래, 기다려보자. 별일 없으면 연락 오겠지.' 그렇게 마음을 다잡으면서도, 자꾸만 휴대폰 화면을 확인하게 되는 건 어쩔 수 없었다.

그러다 문득 깨달았다. 매일 동영상을 찍어 보내는 일도 결코 쉬운 일은 아니라는 것을. 시부모에게 보내는 영상이니 대충 찍어 보낼 수도 없었을 터, 화면 구도나 손자의 표정, 옷차림까지 신경을 쓰다 보면 그것도 적잖은 노고였을 것이다. 나야 보는 관점에서 그저 귀엽고 사랑스러울 뿐이지만, 그들의 처지에서는 '매일'이라는 부담이 있었을지 모른다.

그 생각에 이르자, 그동안 내가 무심히 받아만 왔던 영상들이 달리 보였다. 그래서 앞으로는 동영상이 오지 않는 날이 있더라도 마음 쓰지 말자고 다짐했다. 댓글도 매번 달지 않고, 가끔만 남겨 그들의 부담을 덜어주기로 했다.

그러던 오늘, 드디어 아들에게서 전화가 왔다. 이번 주말에 나와 아내를 곤지암 화담숲에 초대하려 했는데, 혹시 괜찮은 곳인지 먼저 답사를 다녀오느라 연락을 못 했다고 했다. 안심되는 동시에, 지난 이틀 동안의 내 걱정이 조금은 민망하게 느껴졌다. 아들에게 "전화에 너무 부담 갖지 말라"고 말해 주었다.

전화를 끊고 나니, 주말에 못 본 손자 동영상도 함께 도착했다. 여느 때처럼 사랑스러운 웃음과 천진한 표정이 화면 가득 담겨 있었다. 이번엔 댓글을 달지 않았다. 그저 화면을 오래 바라보다가, 가만히 웃었다. 마음이 한결 가벼워졌다.

✨ 나이 들면 쇠약해진다. 인정하고 최대한 지연시키자

2023년 7월 13일(목)

요즘 들어 건강 상태가 몇 년 전과는 확연히 달라졌다는 사실을 절실히 느낀다. 젊었을 때는 아프다 해도 하루 이틀이면 금세 회복되었고, 다소 무리해도 몸이 따라주곤 했다.

그러나 이제는 작은 증상 하나에도 오래 회복하지 못하고, 몸이 쉽게 지치고 만다. 나이 들수록 건강이 나빠지는 것은 당연한 이치라지만, 최근 몇 년은 그 속도가 눈에 띄게 빨라진 것 같아 마음이 편치 않다. 예전에는 별것 아닌 듯 여겼던 몸의 변화가, 이제는 삶의 중요한 과제가 되어버린 것이다.

며칠 전 앞산 계곡을 찾았을 때도 그것을 실감했다. 예전 같으면 거센 물살을 가르며 바위 사이를 자유롭게 오르내리고, 미끄러운 돌 위에서도 균형을 잡으며 즐겁게 걸어 다녔다.

그러나 이번에는 달랐다. 물속에서 발을 떼는 것조차 힘들었고, 다리가 휘청거려 자칫 크게 넘어질 뻔한 순간이 여러 차례 있었다. 그럴 때마다 "내가 이렇게까지 늙은 것인가"라는 생각이 불현듯 밀려왔다. 몸은 여전히 예전처럼 움직이고 싶은데, 현실은 냉정하게 제 속도를 강요하는 듯했다.

사소한 일상에서도 변화를 자주 느낀다. 발톱을 깎다 쥐가 나서 손에 힘이 풀리기도 하고, 밥을 먹다가 자신도 모르게 입술이나 잇몸을 깨물 때가 많아졌다. 오늘은 멸치볶음을 먹다가 잘 씹지 못한 채 삼켜 식도에 걸린 듯한 찌릿한 통증이 느껴졌다.

별것 아닌 일 같아도 순간적으로 당황스럽고 겁이 난다. 침대 모서리에 무릎을 부딪치거나 방문에 어깨를 스칠 때도 많아졌다. 예전에는 몸이 자신을 자연스럽게 보호해 주었는데, 이제는 그 기능이 점점 약해지는 것 같다.

무엇이든 조금만 서두르거나 무리하면 바로 탈이 난다. 마음속에서는 여전히 젊을 때처럼 "할 수 있다"라는 생각이 앞서는데, 몸은 그것을 거부하듯 느리게 반응한다. 결국 '그럴 나이'에 이르렀음을 받아들이는 수밖에 없다는 사실이 서글프다.

이럴 때 문득 떠오르는 분이 어머니이시다. 생전에 식사하시며 밥알을 흘리시던 모습, 집안에서 거동하시다가 여기저기 부딪쳐 멍이 드시던 기억이 선명하다. 그때마다 한편으로는 안타까우면서도, 젊고 혈기 왕성했던 나는 이해하지 못한 채 괜히 짜증을 내기도 했다. 지금 돌아보니 얼마나 철없고 무심했던가 싶어 마음이 아프다. 내가 직접 그 나이에 들어 같은 불편함을 겪고 나서야 비로소 어머니의 고단한 심정을 조금은 이해하게 되었다.

'그때 왜 조금 더 따뜻하게 대해드리지 못했을까.' 이 후회가 마음 속에 오래 남는다. 언젠가 저세상에서 어머니를 다시 뵙게 된다면, 그 시절 내 짜증과 무심함에 대해 진심으로 용서를 빌고 싶다. 그리고 그때는 조금 더 다정하고 따뜻한 아들이 되고 싶다.

지금의 나는 그 회한을 안고, 남은 삶을 어떻게 살아야 할지를 곱씹는다. 건강이 점점 쇠퇴하는 것은 막을 수 없는 사실이지만, 그렇다고 손 놓고 있을 수만은 없다. 어머니의 마지막 모습이 내게 교훈이 되듯, 나도 자식들에게 불필요한 짐이 되지 않도록 지금부터라도 더 열심히 운동하고 생활을 관리해야겠다는 다짐이 생긴다. 단순히 오래 사는 것이 목표가 아니라, 조금이라도 건강하고 의연하게 남은 세월을 살아가는 것이 중요하다.

삶의 이 단계에 들어서니 몸의 불편함조차 또 하나의 배움이 된다. 몸이 예전처럼 따라주지 않음으로써 나는 겸손을 배우고, 부모님과 타인의 아픔을 더 깊이 이해하게 된다. 나약해지는 것이 단순한 쇠퇴가 아니라, 또 다른 성찰의 기회가 될 수 있다는 사실을 깨닫는다.

✨ 어른이 된다는 것은 순수함을 감추는 연습 과정이다

2023년 8월 25일(금)

내게는 두 손녀가 있다. 자매라는 이름 아래 늘 붙어 다니면서도, 또 그만큼 자주 티격태격 다투곤 한다. 특히 작은 다툼에서 지는 쪽은 대개 동생이다. 그럴 수밖에 없는 것이 체격에서 차이가 있고, 무엇보다 어른들조차 무심결에 언니 편을 들어 주는 경우가 많기 때문이다. 동생은 그럴 때마다 속으로 억울함을 삼키며 피해의식을 키워왔을 것이다.

얼마 전 동생이 집에 놀러 와서 내게 털어놓은 고백이 있다. 언니가 2주 일정으로 영국과 프랑스, 벨기에 등 유럽 여행을 떠났는데, 차라리 언니가 더 있다가 귀국했으면 좋겠다며 자기가 모아 놓은 돈을 보내줄까 생각한다는 것이다. 언니가 없는 지금이 너무 행복하고 편하다는 말에 나도 모르게 웃음이 터져 나왔.

사실 내가 봐도 언니 쪽이 성격이 까칠하고 먼저 시비를 거는 경우가 많았다. 체격은 작아도 동생이 강단이 있어 밀리지는 않았지만, 그래도 언니는 언니였다. 그래서 끝내는 늘 패배는 동생의 몫이 되고 만다. 그런 언니가 잠시 집을 비운 사이, 동생이 속마음을 드러내며 솔직하게 푸념하는 모습이 내겐 참으로 순수하고 귀여워 보였다.

어른들은 흔히 속마음을 있는 그대로 드러내지 않는다. 일상에서 자신이나 타인의 체면을 지키기 위해, 혹은 분위기를 맞추기 위해 '선의'라는 이름을 빌린 입에 발린 말을 자주 하곤 한다. 그러나 아이들은 다르다. 자기 마음을 포장하지 않고, 기쁨도 억울함도 고스란히 드러낸다. 그것이 때로는 철없어 보이기도 하지만, 사실은 우리가 잃어버린 가장 소중한 진실함이다.

나는 그날 손녀의 고백을 들으며 어른이 된다는 것은 어쩌면 순수함을 감추는 연습을 하는 과정인지도 모른다는 생각을 했다. 그러나 삶이 복잡해지고 계산이 많아질수록, 오히려 우리는 아이들에게 배워야 한다. 있는 그대로 느끼고, 또 그것을 두려움 없이 표현하는 그 솔직함 말이다. 어른들이 잊어버린 그 마음을 손녀가 내게 잠시 일깨워 준 것이다.

✨ 추석은 고마움과 사랑을 확인하는 시간이다

2023년 9월 27일(수)

내일부터 엿새 동안의 추석 황금연휴가 시작된다. 올해는 10월 2일 월요일이 임시공휴일로 지정되면서 개천절까지 이어지는 긴 연휴가 된 것이다. 달력 위의 숫자만 보아도 마음이 한결 가벼워지고, 도로와 기차역, 공항마다 북적이는 귀성객들의 발걸음이 벌써부터 그려진다.

명절이 되면 아들과 며느리, 딸과 사위, 그리고 손녀와 손자들이 한자리에 모인다. 함께 둘러앉아 차례를 지내고, 오랜만에 안부를 나누며 웃음꽃을 피운다. 집안 가득 풍성한 음식 냄새가 퍼지고, 아이들 웃음소리가 집안을 가득 메우는 그 순간은 그 어떤 보석보다 값지다.

하지만 전통적으로 명절은 여성들에게 더 무겁게 다가왔다. 손님맞이와 음식 준비, 설거지까지 이어지는 긴 노동이 늘 그들의 몫이었다. 자녀들은 부모와 더 많은 시간을 보내고 싶어 조금이라도 더 머물고자 하지만, 부모의 마음은 그보다 더 앞선다.

"하나라도 더 먹여야지, 조금이라도 더 챙겨야지" 하는 마음으로 부엌을 종종거리게 된다. 결국 그 수고와 희생 덕분에 가족의 온기가 이어지고, 자식들은 자라서 또다시 자신의 자녀들에게 그 사랑을 물려준다. 어머니의 손끝에서 시작된 정성과 헌신은 세대를 건너 흐르는 강물처럼 이어져 간다.

그럼에도 불구하고 가족이 함께한다는 사실 하나만으로 명절은 늘 설레고 행복하다. 얼굴을 맞대고 밥을 함께 나누는 순간, 우리는 피와 정으로 맺어진 관계의 의미를 새삼 확인한다.

한때 '명절증후군'이라는 말이 사회적으로 큰 화두가 된 적도 있었다. 명절이 끝나면 오히려 더 지치고 힘들다는 푸념이 곳곳에서 터져 나왔기 때문이다. 그러나 이제는 시대가 많이 달라졌다.

남녀가 함께 가사 노동을 분담하고, 서로의 수고를 인정해주는 분위기가 점차 자리 잡아 가고 있다. 물론 아직 갈 길이 남아있지만, 머지않아 '명절증후군'이라는 단어가 사라지는 날이 오기를 기대해 본다.

결국 명절은 단순히 음식을 장만하고 의례를 치르는 자리가 아니라, 서로에게 고마움과 사랑을 확인하는 시간이다. 바쁜 일상 속에서 잊고 살던 가족의 의미를 다시 꺼내어 가슴에 새기는 날, 그것이 바로 명절의 참된 의미일 것이다.

✨ 모든 구성원의 목소리가 존중되는 공간이 가정이어야 한다

2024년 3월 5일(화)

우리 시대의 남편들은 종종 이렇게 말한다. 집에서 아내의 잔소리는 그저 자장가처럼 듣고 넘기라고. 과거처럼 집안의 가장으로서 권위와 대접을 받던 시대는 이미 지나갔다. 특히 요즘은 집안일을 남편이 맡는 경우가 많아지면서, 그 변화는 더욱 뚜렷하다. 남편의 권위는 예전보다 희미해졌고, 가족 구성원 사이에서 중심축 역시 변화했다.

내가 어릴 적만 해도 아버지가 집에 부재중이어도 아버지의 자리는 늘 존중받았다. 가부장제 사회에서는 아버지의 존재감이 절대적이었다. 한마디 말에 집안이 조용해지고, 아버지의 판단과 권위가 곧 가족의 기준이 되었다.

그러나 세월이 흐르면서 아버지의 권위는 서서히 약화됐다. 오늘날 많은 가정에서 중심축은 아내가 되었다. 가사와 육아, 가족의 일정과 재정을 조율하는 역할을 아내가 담당하며, 가족의 운영 권한이 자연스럽게 이동한 것이다.

우스갯소리로, 요즘 반려동물을 키우는 집에서는 아버지의 지위가 강아지나 고양이보다도 낮다고 한다. 아버지가 권위를 내세우면 "꼰대"라는 비아냥이 돌아오고, 그 즉시 가족 내에서의 영향력은 줄어든다. 물론 아내들 나름대로 할 말이 있다. 살림을 도맡아 하고 가족의 안정을 위해 고민하는 시간과 노력은 결코 적지 않다. 현실적으로, 여성이 가정에서 주도권을 잡아야 집이 원활하게 돌아간다는 인식도 이해할 수 있다.

그러나 중요한 것은, 한쪽의 일방적인 권위나 주도만으로 가정을 운영하는 것은 옳지 않다는 점이다. 가정은 개인의 힘으로 끌고 가는 '개인전'이 아니라, 서로 사랑과 신뢰, 배려로 엮어 가는 '단체전'이어야 한다. 서로 의견을 조율하고, 때로는 양보하고, 때로는 이끌며, 가족 구성원 모두가 힘을 합쳐 나아가는 공간이 바로 가정이다.

진정한 가장은 권위를 내세우는 대장이 아니다. 남성이든 여성이든, 가족의 중심에 선 사람은 모든 구성원을 아우르고 연결하는 협력자여야 한다. 가정 안에서 대립이나 힘겨루기보다는 이해와 배려가 우선되어야 한다. 아버지와 어머니, 남편과 아내 모두가 서로의 역할과 가치를 인정하며 함께 걸어갈 때, 집은 비로소 안정과 평화, 행복을 유지할 수 있다.

오늘날 변화하는 가족의 모습은 혼란처럼 보일 수도 있다. 그러나 권위와 힘을 내세우던 과거 방식이 전부 옳았던 것은 아니다. 권위는 존중받되, 동시에 서로를 배려하고 협력하는 문화가 자리 잡을 때, 가정은 더욱 단단해질 수 있다. 남성이든 여성이든 가장은 명령하는 존재가 아니라, 서로를 이어주고 보듬어주는 '연결자'가 되어야 한다.

결국 가정의 건강과 행복은 권위나 힘이 아닌, 이해와 배려, 협력에서 나온다. 한쪽의 목소리가 아닌, 모든 구성원의 목소리가 존중되는 공간이 바로 오늘날 우리가 만들어야 할 가정의 모습이다. 권위와 협력, 존중과 배려가 함께 어우러질 때, 가족은 개인을 넘어 하나의 힘 있는 공동체로 설 수 있다.

✦ 세상은 변해도 추억은 그 자리에 머물러 있다

2024년 3월 10일(일)

아내와 딸내미 부부, 그리고 두 손녀를 데리고 오랜만에 추억의 여행을 떠났다. 목적지는 대명11동의 반 양옥집, 우리 가족이 오래전에 살았던 곳이었다. 자동차로 그 근처에 들어서자, 25년이라는 긴 세월이 흘렀음에도 불구하고 눈에 익은 풍경이 하나둘 눈에 들어왔다. 골목길의 굽이굽이, 작은 상점의 간판들, 담벼락에 남아있는 오래된 흔적들… 마치 시간이 멈춘 듯한 낯익음 속에서 나는 잠시 말을 잊었다.

집 앞에 다다르자 가슴이 두근거렸다. 세월의 풍파에도 집은 크게 변하지 않았다. 다만 옥상에 임시 건물이 세워져 이제는 3층 집이 되어 있었다. 그 모습이 어색하면서도, 한편으로는 시간이 흘러간 흔적을 보여주는 것 같아 묘한 기분이 들었다. 나는 그 자리에서 잠시 발걸음을 멈추고, 과거의 기억 속으로 깊이 빠져들었다.

그 옛날, 3층 옥상은 우리 가족의 작은 정원이었다. 흙을 퍼 올려 화단을 만들고, 상추나 방울토마토 같은 채소를 심어 먹었다. 계절이 바뀔 때마다 자라는 모양새를 살펴보며 아이들과 함께 즐거워하던 시간이 떠올랐다.

특히 청포도 덩굴은 여름이면 초록빛으로 무성하게 뻗어 올라 그늘을 드리웠고, 몇 해 동안이나 탐스럽게 열매를 맺었다. 가족 모두가 모여 청포도를 따 먹으며 웃고 떠들던 순간은 내게 아직도 가장 소중한 기억으로 남아있다. 당시의 상쾌한 바람과 포도의 달콤한 향기까지도 코끝에 맴도는 듯했다.

집을 돌아본 뒤, 자연스럽게 발길은 주위의 골목길로 이어졌다. 오래된 담벼락을 따라 걸으며 나는 아이들과 함께 뛰놀던 기억을 떠올렸다. 25년이라는 세월이 짧지 않은데도 골목길의 큰 모습은 예전과 다르지 않았다. 좁은 골목을 따라 늘어선 집들은 여전히 제자리를 지키고 있었고, 골목 끝에 서 있던 느티나무는 해마다 나이를 더해가며 더 큰 그늘을 드리우고 있었다.

그러나 세월의 변화가 전혀 없었던 것은 아니다. 아이들이 맨발로 흙을 밟으며 뛰놀던 놀이터는 이제 바닥에 우레탄이 깔려 안전한 현대식 놀이터로 변해 있었다. 또 집 앞길 건너편에는 예전의 허름한 집들이 모두 사라지고, 대신 대단위 아파트 단지가 들어서 있었다.

이 모습을 바라보며 나는 손녀들의 세대와 우리의 세대를 비교하게 되었다. 요즘 자라는 아이들은 대부분 아파트 단지에서 생활하기 때문에 골목길이 있는 옛 동네의 정취를 잘 모른다. 골목길에서 뛰어놀던 우리의 어린 시절은 이제 거의 사라져 가는 풍경이 되어버렸다.

그래서 나는 손녀들과 함께할 때 일부러 달비골이나 수목원, 혹은 구도심 같은 곳을 찾아간다. 그곳에서 아이들이 옛사람들의 생활 흔적과 정서를 조금이나마 느낄 수 있기를 바라는 마음 때문이다. 그들에게는 낯설지만, 동시에 꼭 한 번쯤 경험해 보아야 할 소중한 체험이라고 생각한다.

걷다 보니 오래전 공동으로 빨래하던 빨래터가 떠올라 그곳을 찾아가 보았다. 예전에는 이웃 아낙네들이 모여 빨래를 하며 정을 나누던 장소였다. 그때는 비록 물을 퍼 올리고 빨랫방망이를 두드리느라 힘들었지만, 웃음과 대화가 끊이지 않아 동네의 살아 있는 사랑방 같은 곳이었다. 그러나 지금 그 자리를 찾아가 보니 예전의 소박한 모습은 온데간데없고, 관광객을 위해 새로 단장한 시설만 남아 있었다. 말끔하게 꾸며놓은 모습이었지만 왠지 낯설고, 진짜 모습이 사라져버린 것 같아 아쉬움이 크게 밀려왔다.

대신 근처에는 새로 전망대와 구름다리가 설치되어 있었다. 가족들과 함께 그곳에 올라서니 멀리까지 시야가 트이고, 골목과 집들이 한눈에 들어왔다. 두 손녀는 신기하다며 환하게 웃었고, 아내는 지난 시절의 이야기를 하나하나 꺼내며 회상에 잠겼다. 딸내미 부부도 어릴 적 살던 집 이야기를 들으며 그 시절의 우리 가족을 상상하는 듯했다.

오늘 하루는 단순한 여행이 아니었다. 집과 골목, 빨래터와 전망대를 둘러보며 세월의 흐름을 온몸으로 느꼈고, 잊고 지냈던 가족의 추억을 다시금 소중히 꺼내 보는 기회가 되었다.

무엇보다 가족 모두가 같은 시간을 함께 걸으며 웃고 이야기 나눌 수 있었다는 점에서 큰 보람을 느꼈다. 집은 변했어도, 골목은 달라졌어도, 우리의 추억은 여전히 그 자리에 머물러 있었다. 그렇게 그 날의 여행은 내 마음속에 새로운 한 장의 기억으로 덧입혀졌다.

✦ 자녀교육에 대한 단상

2025년 3월 10일(월)

대부분 부모는 자녀를 바르게 키우는 데 어려워한다. '자녀는 부모의 거울'이라는 말이 있듯, 자녀는 부모의 모습을 보고 그 모습을 배우며 자란다고 했다. 그러므로 부모의 그릇을 키우고 좋은 성품을 보여줘야 자녀들이 바르게 자랄 수 있다.

자녀를 바르게 키우려면 몇 가지 명심해야 할 것들이 있다고 생각한다.

첫째, 부모의 관점에서만 자녀를 키우려 하지 말고, 자녀의 감정이나 생각을 받아들이고 자녀 나름의 문제 해결 방법이나 능력을 존중해야 한다.

둘째, 일정한 시간을 정해놓고 자녀와 대화하고 서로에게 관심 있는 행동으로 마음을 주고받아야 한다. 그래야 진정한 소통의 길이 열린다.

셋째, 밝고 긍정적인 인생관을 갖도록 교육해야 한다. 긍정적 마인드 강화는 긍정적인 행동을 촉진하고, 자존감을 키워주며 부모와 자녀의 긍정적인 관계를 형성할 것이다.

넷째, 자녀가 미래의 비전을 이야기할 때는 깊은 관심을 보여야 한다. 자녀는 부모의 소유물이 아니다. 자녀가 잘하는 분야에 몰입할 수 있도록 적극적으로 지원하자. 자녀를 잘 키우려고 아등바등하지 말고 자녀가 바르게 크도록 유도하자. 인생은 성적순이 아니다.

다섯째, 좋은 친구를 사귀도록 자문해 주고 건전한 이성 관계를 갖도록 도와주며 허심탄회하게 대화할 수 있도록 분위기를 만들어야 한다.

마지막 여섯째로 가족의 소중함을 일깨워 주고 올바른 생활 습관을 갖도록 어렸을 때부터 가르쳐야 한다. 자녀의 모든 불평을 그대로 들어주고, 자녀 앞에서 부부싸움을 하거나 타인을 욕하는 모습을 보일 때 자녀는 무의식적으로 그것을 그대로 배우게 된다.

결국 자녀를 성숙한 인격체로 키우는 일은 부모의 인내와 결단에서 비롯된다. 당장 편안함을 위해 자녀를 통제하기보다, 긴 안목으로 자녀의 성장을 지켜보고 기다려주는 것. 그것이야말로 부모가 자녀에게 줄 수 있는 가장 큰 선물일 것이다.

✦ 잔소리는 말의 양이 아니라 질이다

2025년 5월 15일(목)

쓸데없는 자질구레한 말을 늘어놓거나 필요 이상으로 듣기 싫은 꾸지람, 혹은 참견하는 말을 우리는 흔히 '잔소리'라고 부른다. 대체로 가정에서 잔소리꾼의 자리는 엄마의 몫으로 여겨지지만, 때에 따라서는 아버지가 그 자리를 차지하기도 한다. 가정마다 차이는 있지만, 살아가다 보면 어느 집안에서든 잔소리를 둘러싼 풍경이 늘 반복되곤 한다.

돌이켜보면 내가 어렸을 적에는 부모님의 말씀을 잔소리라고 느껴본 적이 거의 없었다. 당시에는 가부장적인 분위기가 지배적이었고, 어른의 말은 그저 따르는 것이 당연한 시대였다. 부모의 말씀을 토를 달거나 반박하는 것은 상상조차 하기 어려웠다.

그러나 세월은 흘렀고, 지금의 젊은 세대는 작은 지적이나 충고조차도 잔소리로 받아들이며 참아내기 어려워한다. "너를 위해 하는 말이야"라는 의도가 아무리 선하다 해도 당장 듣는 귀에는 부담스럽고 불필요하게 느껴지는 것이다. 시간이 흘러 자신이 직접 인생을 살아보고 나면 그 말들이 진심 어린 조언이었다는 사실을 깨닫게 되겠지만, 그 시점은 훨씬 뒤늦게 찾아오기 마련이다. 그전까지는 그저 간섭이고 억압으로만 느껴지기에 부모가 억울해할 만도 하다.

물론 부모에게도 잘못이 없다고는 할 수 없다. 누구나 자식을 잘 키우고 싶고, 남들보다 뒤처지지 않게 하려는 마음이 앞서기 마련이다. 그러나 그 마음이 지나치면 자녀를 독립된 인격체가 아닌 하나의 소유물처럼 대하게 된다. "내 자식이니 내 말만 들으면 된다"라는 식의 태도는 교육적 배려가 아니라 일방적 강요일 뿐이며, 때로는 폭력처럼 다가올 수도 있다. 진정한 조언은 강제에서 나오지 않는다. 인생을 먼저 살아본 선배로서 경험을 나누고, 선택의 길을 넓혀 주는 것이 바람직한 조언의 모습일 것이다.

부모의 말이 잔소리로 들리는 또 다른 이유는 언어의 습관 속에 숨어 있다. "나 때는 말이야"로 시작하는 말, "말대꾸하지 마라", "너도 나이 들어보면 알게 된다"라는 표현은 자녀의 반감을 키울 뿐이다. 세대가 다르고 시대의 배경이 다른데도 불구하고 과거의 기준만을 내세우면, 듣는 사람의 마음에는 오히려 벽만 생긴다. 언어는 단순히 전달의 도구가 아니라 마음의 온도를 조절하는 매개체이기도 하다. 따라서 같은 충고일지라도 상대방의 처지와 감정을 헤아린 부드러운 말투로 표현된다면 잔소리라는 낙인을 피할 수 있을 것이다.

그렇다고 해서 자녀에게만 모든 책임을 돌릴 수는 없다. 듣는 이도 마음의 여유를 가져야 한다. 부모가 건네는 말이 순간적으로는 불편하더라도, 그 속에는 자식을 향한 걱정과 사랑이 깔려 있음을 놓치지 않아야 한다. 반감을 곧바로 드러내기보다는 "충고 감사합니다.", "한번 고려해 보겠습니다.", "조금 더 시간을 주시면 좋겠습니다." 같은 말로 대처한다면 불필요한 갈등을 피할 수 있다. 부모는 자신의 마음이 존중받았다고 느낄 것이고, 자녀는 스스로 선택할 수 있는 시간을 확보하게 된다. 작은 말 한마디가 관계를 지켜주는 완충 장치가 될 수 있는 것이다.

결국 중요한 것은, 말의 양이 아니라 질이다. 필요 이상의 잔소리는 더는 하지 않아야 한다. 깊이 생각해 본 뒤에 건네는 한마디가 오히려 백 마디의 잔소리보다 더 큰 울림을 줄 수 있다.

부모와 자식, 세대와 세대를 잇는 대화의 핵심은 상호 존중에 있다. 서로를 하나의 인격체로 인정하고, 각자의 생각과 방식을 무시하지 않을 때 비로소 잔소리는 진심 어린 조언으로 거듭난다. 그렇게 될 때 가정의 대화는 더 따뜻해지고, 세대 간의 벽은 조금씩 허물어지게 된다.

✨ 사춘기는 누구나 거쳐야 하는 성장의 관문이다

2025년 6월 6일(금)

중학생이 된 손녀가 요즘 사춘기에 접어든 것 같다고 한다. 예전에는 명랑하게 웃고 떠들던 아이였는데, 요즘은 사소한 일에도 짜증을 내고, 대답도 퉁명스럽게 하며, 혼자 방에 들어가 있는 시간이 길어졌다고 딸이 걱정을 털어놓는다. 감정의 기복이 심해지고 신경이 예민해져 부모 말에 반항하는 모습까지 보이니, 부모 입장에서는 당황스럽고 속상한 마음이 드는 것도 당연하다. 그러나 이런 변화가 바로 사춘기의 자연스러운 과정이라는 사실을 생각하면, 부모의 시선도 조금은 너그러워질 필요가 있다.

우리 세대가 자라던 시절에도 사춘기가 없었던 것은 아니다. 다만 대부분이 먹고사는 문제로 허덕이며 성장했기에, 감정 표현이나 자기주장 같은 것은 사치에 불과했다. 부모에게 대꾸 한마디 못하고 묵묵히 공부하고 일손을 거드는 것이 당연했으니, 사춘기를 의식적으로 겪을 기회조차 없었던 셈이다.

그래서 지금의 아이들이 겪는 사춘기를 바라보면 낯설기도 하고, 한편으로는 부럽기도 하다. 마음속에 있는 감정과 생각을 자유롭게 표현할 수 있다는 것은 그만큼 여유 있는 시대에 살고 있다는 증거이기 때문이다.

사춘기는 인생에서 피할 수 없는 한 과정이다. 40대와 50대에 찾아오는 갱년기가 그렇듯, 아이들이 청소년기에 겪는 사춘기도 호르몬 변화에서 비롯된 자연스러운 현상이다. 보통 9세에서 14세 무렵에 시작되며, 성호르몬이 본격적으로 분비되면서 신체적, 정서적, 사회적 변화가 한꺼번에 찾아온다. 목소리가 변하고, 몸의 형태가 달라지고, 감정이 급격히 요동치는 것은 누구도 거부할 수 없는 성장의 신호다. 당사자인 아이는 당황스럽고 혼란스럽지만, 부모 또한 익숙지 않은 아이의 모습에 당혹스러울 수밖에 없다.

그렇다면 이 시기를 어떻게 지나야 할까. 무엇보다 중요한 것은 소통과 공감이다. 부모와 자식 사이에 대화가 끊어지면 아이는 점점 더 혼자만의 세계로 갇히게 된다. 반대로 부모가 열린 마음으로 다가가 이야기를 들어주면, 아이는 언젠가 다시 마음의 문을 열게 된다. 친구들과의 관계 또한 중요한 역할을 한다. 또래들과의 소통을 통해 자신이 느끼는 감정과 생각을 표현하고, 서로 비슷한 고민을 나누면서 안정을 찾아간다.

　아이 자신도 변화하고 있는 자신의 몸과 마음을 있는 그대로 인정할 필요가 있다. 불안해하거나 당황하기보다는, 이런 과정이 어른이 되어가는 길목임을 받아들여야 한다. 부모는 이 과정을 옆에서 지켜보며 지나친 간섭은 삼가되, 선을 넘는 행동이나 말은 부드럽게 제지할 수 있어야 한다. 중요한 것은 꾸짖는 것이 아니라 올바른 방향으로 이끌어 주는 것이다. 동시에 격려와 배려를 아끼지 않음으로써, 아이가 언제든지 기댈 수 있는 울타리가 되어 주어야 한다.

　사춘기의 말과 행동은 순간적인 감정에서 비롯된 경우가 많고, 진심과는 거리가 멀다. 그렇기에 부모가 매번 상처받을 필요는 없다. 오히려 잠시 한 발짝 물러나서 아이가 스스로 감정을 정리할 시간을 주는 것도 방법이다. 부모가 "네 마음을 이해한다, 네가 성장하는 과정이니 괜찮다"라는 태도를 보일 때, 아이는 마음속에 깊은 신뢰를 쌓게 된다.

　결국 사춘기는 누구나 거쳐야 하는 성장의 관문이다. 비바람이 지나간 뒤 나무가 더 단단해지듯, 이 시기를 잘 보내고 나면 아이는 훨씬 더 성숙해지고 강인해진다. 조부모 세대와 부모 세대가 조금 더 인내심을 가지고 지켜본다면, 사춘기는 두려움의 시기가 아니라 희망의 씨앗이 되는 시기가 될 것이다.

　손녀가 지금 보여주는 반항과 짜증 또한 결국은 한 아이가 자기만의 길을 찾아가는 과정일 것이다. 언젠가 훌쩍 자라 "그때 내가 많이 힘들었지" 하며 웃으며 돌아볼 날이 반드시 올 것이다.

2장 평생의 동반자, 아내

✦ 각방 : 당연하게 여겼던 일상은 절대 당연하지 않다

2022년 3월 15일(화)

아내가 코로나에 걸려 각방을 쓴 지 사흘째다. 결혼 생활 내내, 병원에 입원했을 때를 빼면 늘 한 침대를 쓰며 하루를 마무리해 왔다. 그런데 이번엔 어쩔 수 없는 상황이 우리를 떨어뜨려 놓았다.

아내는 나에게 옮길까 봐 전전긍긍하면서도, 온종일 문 닫힌 방 안에서 혼자 지내야 하는 현실이 마음을 더 무겁게 만드는 듯하다. 종종 전화로 안부를 묻지만, 문 하나를 사이에 두고도 얼굴을 보지 못하는 그 답답함이 목소리 속에 묻어난다.

나이가 들면 많은 부부가 코골이, 사소한 생활 습관의 차이, 혹은 말이 줄어든 관계 탓에 각방을 쓴다고 한다. 하지만 우리는 아직도 잠자리에 들면 자연스럽게 손을 잡고, 하루 동안 있었던 일들을 이야기하다가 잠이 든다.

어쩌다 말다툼하거나 힘든 일이 있어도, 이렇게 대화를 나누고 나면 마음이 한결 가벼워지고, 서로를 더 잘 이해하게 된다. 그래서일까. 부부 사이가 조금 서먹해질 때일수록, 우리는 대화에 더 많은 힘을 기울여 왔다.

이제는 각방 생활이 사흘뿐이지만, 체감은 삼 년은 된 것처럼 길다. 침대 한쪽이 비어 있는 밤, 그 빈자리가 내 마음속까지 파고드는 듯하다. 책을 읽어도, TV를 봐도, 결국 아내의 부재가 남긴 허전함이 더 크게 다가온다.

아내가 없는 침실은 온도가 내려간 것처럼 싸늘하고, 불을 끄면 어둠마저 더 깊게 느껴진다. 함께 숨소리를 들으며 잠들던 날들이 그리워진다. 사흘만 더 지나면 격리 해제가 되어 다시 함께 잘 수 있다. 그 순간이 벌써 기대된다.

이번 일을 겪으며 문득 깨닫는다. 우리가 당연하게 여겼던 일상은 절대 당연하지 않다는 것을. 아내의 온기와 목소리, 작은 손길이 내 하루의 중심이었음을 다시금 느낀다. 그래서 결심했다. 다시 한 침대에서 눈을 맞추고, 손을 잡고 잠드는 그 날이 오면, 예전보다 더 자주 웃게 해주고, 더 따뜻하게 품어주리라.

✦ 부부의 정

2022년 7월 28일(목)

많은 나이는 아니지만, 그래도 어느 정도 세월이 흐르고 나니 아내의 존재가 날이 갈수록 더 소중하게 느껴진다. 함께 살아온 시간 속에서, 그녀는 단순히 생활을 공유하는 배우자가 아니라, 내 삶의 의지가 되고, 누구보다 가깝게 마음을 나눌 수 있는 진정한 친구가 되었다. 힘들고 지칠 때, 무심한 듯 건네는 한마디 말과 따뜻한 눈빛이 나를 다시 일으켜 세운 순간이 얼마나 많았던가.

요즘은 부부의 80% 이상이 각방을 쓴다고 한다. 이유야 각자 다르겠지만, 나이가 들수록 서로에게 기대는 마음이 조금씩 옅어져서일지도 모른다. 그러나 나는 오히려 나이가 들수록 더 가까이, 더 많이 의지하고 싶다.

잠들기 전, 나란히 누워 서로의 손을 잡고 그날 있었던 소소한 이야기부터 오래 묵혀둔 속마음까지 나누며 잠드는 일. 그 속에는 부부만이 느낄 수 있는 애틋함이 있고, 마음의 온기를 나누는 대화는 건강에도 좋은 약이 될 것이다. 어쩌면 이것이야말로 '부부의 정'이라는 말의 진짜 의미일지 모른다.

앞으로는 집안에서의 크고 작은 일에 대한 결정권과 주도권을 아내에게 더 많이 넘기고 싶다. 평생을 나와 아이들을 위해 묵묵히 헌신하며, 자신의 시간을 내어준 사람. 아침마다 가족의 식탁을 차리고, 밤늦게까지 집안일을 돌보면서도 불평 한마디 하지 않던 모습이 여전히 눈에 선하다. 이제 남은 날들만큼은 내가 더 기꺼이 희생하고, 그녀의 삶을 편안하게 만들어주고 싶다.

생일이나 기념일처럼 특별한 날에도 마음가짐을 바꾸려 한다. 그저 돈 몇 푼 건네는 것으로는 절대 전해지지 않는 것이 있다. 직접 시간을 들여 선물을 고르고, 손편지 한 장이라도 정성껏 써서 존경과 사랑을 담아 전할 것이다. 그 작은 행동이 그녀에게는 긴 세월을 함께 걸어온 나의 진심을 확인시켜 줄 것이다.

앞으로 나는 믿음과 사랑, 그리고 신뢰라는 세 기둥을 더 높고 단단하게 쌓아 올리려 한다. 그것이 우리 부부가 더 오래 행복하게 걸어갈 수 있는 길이자, 우리가 서로에게 줄 수 있는 가장 값진 선물일 테니 말이다. 세월은 흘러도 변하지 않는 마음, 그것을 지키기 위해 나는 오늘도, 그리고 내일도 노력할 것이다.

✨ 부부는 무엇일까

2022년 9월 26일(월)

부부는 인생이라는 긴 여정에서 누구보다도 가장 가까운 친구이자 동반자다. 수많은 사람 중 유일하게 평생을 함께하며 기쁨과 슬픔을 나누는 존재이고, 가장 힘든 순간에도 등을 맡길 수 있는 안식처이기도 하다. 때로는 의견이 부딪혀 날카로운 순간이 찾아오기도 하지만, 그조차도 서로의 삶 속에서 빼놓을 수 없는 한 장면이 된다.

'부부란 무엇일까'라는 질문에 대한 답은 세월과 함께 달라진다. 젊은 날에는 사랑의 의미를 다 안다고 믿었지만, 돌아보면 그때의 사랑은 미래에 대한 기대와 감정의 폭발로 이루어진 것이었다. 서로를 향한 시선은 언제나 설렘으로 가득했고, 스킨십은 욕정과 열정의 분출이 많았다. 손끝이 스칠 때마다 전해지는 전류 같은 떨림, 부르는 목소리 하나에도 마음이 요동치던 순간들이 있었다.

그러나 세월이 흐르고, 함께 견뎌낸 시간과 사건들이 쌓이면서 사랑의 결은 달라졌다. 나이 든 지금의 스킨십은 단순한 욕망의 표현이 아니라, 진정한 사랑과 애정의 표출이 되었다. 힘든 하루를 마치고 돌아온 배우자의 어깨를 다독이는 손길, 차가운 겨울밤 이불 속에서 발끝을 맞대는 순간, 말없이 건네는 따뜻한 포옹 속에는 지난 세월의 이해와 용서, 그리고 감사가 고스란히 담겨 있다.

젊은 시절의 사랑이 찬란한 불꽃 같았다면, 지금의 사랑은 꺼지지 않는 난로 같다. 불꽃은 화려하지만 금세 사그라지고, 난로는 은근한 온기로 오랫동안 주변을 덥힌다. 나이가 들수록 부부의 사랑은 화려함보다는 안정과 신뢰, 그리고 함께 걸어온 길에 대한 묵묵한 자부심으로 빛난다.

부부의 사랑은 봄날의 벚꽃처럼 한때 화려하게 피었다가 지는 것이 아니라, 사계절을 거듭하며 더욱 깊어지는 나무와 같다. 비바람에도 뿌리를 내리고, 햇살 속에서 잎을 틔우며, 세월의 흔적을 고스란히 품은 채 서 있는 나무말이다. 그런 사랑은 말이 많지 않아도 통하고, 굳이 설명하지 않아도 서로의 마음을 알아차린다.

결국 부부란, 젊은 날의 설렘을 지나 인생의 황혼까지 나란히 걸어가며 서로의 삶을 지켜주는 사람이다. 그 길 위에서 주고받는 스킨십은 더는 젊음의 불꽃이 아니라, 인생의 무게를 함께 견뎌온 동반자에게 건네는 가장 따뜻한 위로다. 그리고 그것이야말로 시간이 줄 수 있는 최고의 선물일 것이다.

✨ 결혼기념일을 맞으면서 따뜻한 대화 한마디의 선물

2023년 1월 19일(목)

지난 16일은 우리의 결혼기념일이었다. 세월이 참 빠르다. 처음 만났을 때의 설렘과 결혼식 날의 벅찬 감정이 아직도 마음 한구석에 남아 있는데, 벌써 40년이 훌쩍 넘었다.

시간이 이렇게 흘렀다는 것이 믿기지 않지만, 한 해 한 해를 함께 걸어왔다는 사실이 마음 깊이 뿌듯하다. 결혼 초창기에는 기념일마다 꽃다발이나 작은 선물을 준비하곤 했다. 그러나 세월이 흐르면서 물질적인 선물보다 마음을 담은 말 한마디가 더 값지고 오래 남는다는 것을 알게 되었다.

그래서 이번 기념일에는 별도의 선물 대신, 말로 인사를 전했다. 결혼기념일을 잊지 않고 있다는 사실, 그리고 그 오랜 세월을 함께 살아준 것에 대한 고마움, 무엇보다 처음 우리를 만나게 해 준 인연에 대한 감사의 마음을 담아 진심으로 말했다. 말로는 다 표현할 수 없지만, 나의 진심이 전해지길 바랐다.

문득 예전에 읽었던 신문 기사의 한 대목이 떠올랐다. 설문조사 결과에 따르면, 남편은 아내에게서 "당신을 믿어요."라는 말을 들을 때, 아내는 남편에게서 "많이 힘들지?"라는 말을 들을 때 가장 큰 감동을 느낀다고 했다. 짧고 간단한 말이지만, 그 속에는 믿음과 이해, 배려가 모두 담겨 있다. 서로를 향한 신뢰와 따뜻한 시선이 느껴지는 말이기 때문이다. 나는 그 설문조사를 읽고 한참을 생각했다. 나 역시 그런 말을 들을 때 마음이 풀리고, 그동안의 피로와 서운함이 씻겨 내려가곤 했다.

돌아보면, 부부 사이의 불화는 대체로 인격적인 무시와 무관심에서 비롯된다. 작은 일이라도 상대방의 마음을 살피지 않거나, 자기 입장만 고집하는 순간 상호 신뢰는 금이 가기 시작한다. 그리고 그 금이 점점 깊어지면 언젠가 관계를 무너뜨리는 큰 균열이 된다. 부부 사이의 믿음이 깨진다면, 함께 사는 것 자체가 고통이 될 수밖에 없다.

그렇기에 부부간 신뢰를 지키는 방법 중 가장 중요한 것은 대화라고 생각한다. 대화는 단순히 정보를 주고받는 일이 아니라, 마음을 열고 서로의 속마음을 들여다보는 과정이다. 일상 속에서 사소한 일이라도 주제로 삼아 이야기하는 습관이 필요하다. 오늘 있었던 일, 느꼈던 감정, 앞으로의 계획과 고민까지 솔직하게 나누다 보면, 서로에 대한 이해가 깊어진다. 대화는 마치 작은 다리처럼, 마음과 마음을 이어준다.

나는 앞으로도 그 다리를 튼튼히 놓고 싶다. 서로의 생각을 존중하며 귀 기울이고, 때로는 아무 말 없이 곁을 지키는 것도 대화의 한 형태라고 믿는다. 그렇게 꾸준히 마음을 나누다 보면, 세월이 아무리 흘러도 부부 관계는 오히려 더 단단해질 것이다. 기념일마다 거창한 선물을 주고받지 않아도, 매일의 대화 속에서 우리는 서로에게 가장 소중한 '선물'을 건네고 있는 셈이다.

✨ 시어머니에 대한 아내의 헌신

2023년 2월 13일(월)

저녁 식사를 마치고 아내와 이런저런 이야기를 나누던 중, 문득 돌아가신 어머니 이야기가 나왔다. 한동안 잊고 있었던 듯했지만, 이야기가 시작되자 기억 속 장면들이 선명하게 되살아났다. 나는 직장 일과 사업을 핑계 삼아 집안일 대부분을 아내에게 맡겼고, 어머니를 모시는 일까지도 아내의 몫으로 돌렸다. 지금 생각하면, 시어머니를 모시는 일이 절대 쉽지 않았을 텐데, 그 모든 시간을 묵묵히 견뎌준 아내에게 고마움과 함께 미안함이 먼저 밀려온다.

어머니는 72세라는 적지 않은 나이에도 수영을 배우러 다니실 만큼 의욕적으로 사셨다. 연세보다 훨씬 젊게 보였고, 늘 바쁘게 움직이셨다. 그러나 76세 되던 해, 갑작스러운 뇌졸중이 찾아왔다.

경북대병원 응급실에서 3박 4일을 대기하던 그때를 잊을 수 없다. 환자들로 가득 찬 좁은 응급실, 쉴 틈 없이 울리는 모니터 경고음, 그리고 의자에서 꾸벅꾸벅 졸다 다시 깨기를 반복하는 아내의 모습. 단 한숨도 제대로 자지 못하면서도, 아내는 어머니 곁을 한순간도 떠나지 않았다. 힘들다는 말 한마디 없이, 어머니의 손을 꼭 잡고 수발을 들었다.

어머니가 어느 정도 회복되신 후에도 시련은 계속됐다. 목욕탕에 다녀오시다 넘어져 손목과 갈비뼈를 부러지게 되는 큰 부상을 당하신 것이다. 9개월이나 병원에 입원하신 뒤 집으로 돌아오셨지만, 거동이 불편해졌다.

그때부터 아내는 무려 10년간 하루도 빠짐없이 어머니를 간병했다. 그 시절 우리는 경제적으로 넉넉한 편이었기에 간병인을 쓸 수도 있었지만, 아내는 끝내 손을 빌리지 않았다. 대소변을 직접 받아내며, 힘든 냄새와 피로, 그리고 반복되는 일상을 묵묵히 견뎌냈다. 친정어머니도 아닌 시어머니를 위해 그렇게 헌신하는 사람이 오늘날 과연 얼마나 있을까. 아내의 선택은 당연한 것이 아니라, 존경받아 마땅한 일이었다. 그럼에도 나는 당시 모든 부담을 아내에게 지우고 말았다. 그 미안함은 세월이 흘러도 쉽게 지워지지 않는다.

돌이켜 보면, 아내는 결혼 후 35년 동안 시어머니를 곁에서 지켜드렸다. 그 긴 시간 동안 쌓아온 정성과 희생이 아내에게 지금의 복으로 돌아온 것 같아, 마음 한편이 조금은 위로 된다. 하지만 그보다 더 큰 것은 감사다. 그리고 여전히 남아 있는 미안함이다.

나는 아내에게 이 말을 꼭 전하고 싶다. "그 모든 세월, 정말 고생 많았고, 고맙고… 미안해."

✨ 부부의 삶도 기르는 꽃나무와 같다

2023년 10월 13일(금)

내가 기르는 꽃나무 하나는 항상 물기를 과하게 머금는 탓에 몇 달을 버티지 못하고 시들어 버리곤 했다. 정성껏 가꾸고 싶은 마음은 굴뚝같았지만, 내 서투른 손길이 늘 아쉬웠다.

그러던 어느 날 아내가 자주색 꽃이 활짝 핀 화분을 사 와서 내 꽃나무 옆에 함께 심자고 권했다. 시장에 다녀오며 아내는 "이번에는 뿌리 쪽에 얇은 비닐을 깔아 보자"라며 조심스레 방법까지 알려주었다.

그 순간 나는 괜히 가슴이 뭉클했다. 내가 키우는 꽃나무에 아내가 관심 가져주고, 더 잘 자라도록 방법을 고민해 주는 그 마음이 고맙고도 예뻐 보였다. 그날 이후 나는 꽃나무를 바라보는 시간이 더 길어졌다. 물을 주고 가지를 다듬으며 "이번에는 오래오래 잘 자라겠지" 하는 기대가 마음속에 피어났다. 아내도 수시로 꽃나무의 상태를 살피며 나에게 귀띔해 주었다. 언젠가부터 꽃나무 키우기는 우리 부부의 작은 공통 관심사가 되어 갔다.

식물은 살아 있는 존재다. 돌봄을 게을리하면 시름시름 앓다가 결국 생명을 잃어버린다. 그러나 애정 어린 손길을 주면, 마치 그 마음을 알아차린 듯 싱싱하게 뻗어 나간다. 꽃나무가 뿌리를 잘 내리고 잎을 넓히며 하루하루 변해가는 모습을 지켜보는 일은, 단순히 정원을 가꾸는 차원을 넘어 삶의 기쁨을 확인하는 순간이 된다.

요즘 우리는 꽃나무 앞에서 자주 웃는다. 아침 햇살에 반짝이며 싱그러움을 뽐내는 나무들을 볼 때, 나와 아내는 말없이 눈길을 주고받는다. 그것은 작은 행복이지만, 동시에 서로의 마음을 확인하는 은밀한 약속 같다. 꽃나무들은 받은 사랑만큼 더 환하게 피어나 우리에게 화답한다. 그럴 때마다 우리는 둘만의 소소한 정원 속에서 진한 행복감을 느낀다.

돌이켜 보면, 부부의 삶도 꽃나무와 다르지 않다. 무심하게 내버려 두면 금세 메말라 가지만, 작은 관심과 다정한 손길이 이어질 때 오래도록 푸른 빛을 간직한다. 꽃나무를 통해 다시금 깨닫는다. 우리가 서로에게 주는 사랑과 보살핌이야말로 가장 귀한 뿌리라는 사실을.

✨ 아내의 칠순 기념 북유럽 여행

2024년 4월 23일(화)

아내의 칠순 기념 여행을 떠나는 날이다. 세월이 흘러 어느덧 칠순이라는 나이에 이르렀다는 사실이 믿기지 않는데, 공교롭게도 오늘이 바로 아내의 70번째 생일이다. 여행 출발일이 생일과 맞물리니, 단순한 기념 여행이 아니라 인생의 한 장면을 특별하게 남기는 의미가 더해지는 듯하다. 목적지는 덴마크와 노르웨이를 비롯한 북유럽 4개국으로 무려 8박 10일간의 긴 여정이 기다리고 있다.

비행기를 타고 멀리 떠나는 여행길에 오르자니 예전에 읽었던 아더 왕 이야기가 문득 떠오른다. 이웃 나라의 왕이 아더 왕에게 물었다. "여자들이 진정으로 원하는 것이 무엇이냐?"

그 물음에 아더 왕은 잠시 생각하다 이렇게 대답했다. "여자들이 원하는 것은 자기 삶을 스스로 선택하는 것이다. 남의 간섭이나 지시가 아닌, 자신이 원하는 방향으로 결정을 내리고 살아가는 것이다."

그 이야기를 떠올리는 순간, 나 자신을 돌아보지 않을 수 없었다. 나는 과연 아내가 자기 삶을 마음껏 선택할 수 있도록 해 주었을까. 아이를 키우고 집안을 돌보는 일에 있어서, 아내는 늘 묵묵히 앞장서 왔다. 하지만 그 모든 과정이 진정 아내가 원하는 길이었을까. 혹시 내가 모르는 사이 '가정의 평안'이라는 이름으로 희생만을 강요했던 건 아닐까 하는 생각이 스친다. 그런 마음이 들자 이번 여행은 더욱 특별해졌다. 지금이라도 아내가 자신만의 길을, 자신만의 행복을 찾을 수 있는 계기를 마련해 주고 싶다는 다짐을 굳게 하게 되었다.

점심 무렵, 딸이 차를 몰아 시외버스터미널까지 태워다 주었다. 덕분에 우리는 여유롭게 12시 정각에 출발하는 우등버스를 탈 수 있었다. 딸이 환하게 웃으며 "잘 다녀오세요"라고 손을 흔드는 모습을 보니, 마음 한쪽이 뭉클해졌다. 부모의 나이도 칠순이 넘었으니 이제는 자식들이 부모를 챙기는 나이가 된 것이다.

버스 창밖으로 스쳐 지나가는 풍경을 바라보며 곧 다가올 여행을 상상했다. 북유럽의 푸른 숲과 맑은 호수, 바닷바람에 빛나는 피오르드를 눈앞에서 볼 수 있다니 벌써 가슴이 두근거렸다. 오후 5시 50분 무렵 인천국제공항 제1 여객터미널에 도착하니 여행 인솔자가 기다리고 있었다. 간단한 안내와 설명을 들은 뒤 출국 절차를 마쳤다. 언제나 그렇듯 공항 특유의 활기찬 분위기가 여행의 긴장과 설렘을 동시에 불러일으켰다.

면세점을 천천히 둘러보며 시간을 보내다가 밤 9시 40분, 드디어 핀란드 국영항공사 '핀에어'의 비즈니스석에 몸을 실었다. 의자에 앉아 안전띠를 매는 순간, 8박 10일간의 긴 여정이 본격적으로 시작된다는 사실이 실감 났다. 창밖 활주로 위로 하나둘 불빛이 켜지고,

비행기가 서서히 움직이자 아내는 창가에 얼굴을 기대고 어린아이처럼 들뜬 표정을 지었다. 그 모습을 보는 것만으로도 나 역시 이미 행복해졌다.

나는 속으로 빌었다. 부디 이 여행이 평생 나와 함께하며 묵묵히 내조해온 아내에게 또 하나의 소중한 추억이 되고, 앞으로의 삶을 더욱 행복하게 만드는 전환점이 되기를. 무엇보다 아내가 자기 선택과 자기 행복을 존중받으며 살아가기를 바라는 마음을 다시금 다짐해본다.

✨ 여자는 알다가도 모를 영역이 존재한다

2024년 6월 26일(수)

아내의 기분 상태가 좋아 보이지 않는다. 평소 같으면 아침부터 이것저것 이야기를 꺼내며 분위기를 밝게 만들었을 텐데, 오늘은 말을 아끼고 표정도 무겁다. 내가 알지 못하는 무슨 일이라도 생긴 걸까? 아니면 내게 화가 나거나 실망한 걸까? 혹시 내가 무심결에 말을 잘못했나? 아침 식탁에 앉아 밥을 먹으면서도 그런 생각이 꼬리에 꼬리를 물고 이어졌다. 아내의 표정 하나, 짧은 한숨 소리 하나에도 괜히 마음이 불편해졌다.

예전에 읽었던 신문 기사가 불현듯 떠올랐다. 여성에 대한 칭찬과 관련된 글이었는데, 그 내용이 지금의 내 상황과 묘하게 겹쳐졌다. 기사에 따르면, 여자는 알다가도 모를 불가사의한 존재라고 했다. 남자는 거울에 비친 자신의 모습을 있는 그대로 바라보지만, 여자는 자신만의 기준과 시선으로 스스로를 평가하기 때문에 남자들이 결코 다 이해할 수 없는 영역이 존재한다는 것이다. 그러니 남편이 아무리 좋은 의도로 말을 해도 아내가 전혀 다른 의미로 받아들이는 경우가 생길 수 있다는 말이었다.

가령 어설프게 여성에게 칭찬을 건네면 오히려 역효과가 나기도 한다. "건강해 보인다"라는 말을 들으면, 남자 입장에서는 좋은 뜻인데도 여자는 "살쪄 보인다"라는 뉘앙스로 받아들인다. "화장을 잘 했다"라는 칭찬은 "너무 진하다"라는 빈정거림으로 곡해될 수 있다. 특히 "옷이 몸에 딱 맞는다"라는 말이나 "엄마, 아빠를 똑 닮았다"라는 말은 여성들에게는 기분을 상하게 만드는 금기어라 했다. 그 기사를 읽을 당시에는 반쯤 농담처럼 느껴졌는데, 막상 결혼 생활을 오래 하다 보니 고개가 끄덕여졌다.

여성들이 가장 좋아하는 칭찬은 의외로 단순하다. "보통보다 날씬해 보인다"라거나 "멋진 미소를 가졌다"라는 말, "머릿결이 참 곱다"라든가 "눈이 예쁘다"라는 말이란다. 반대로 "살이 조금 붙은 것 같다." 같은 말은 사소해 보여도 깊은 상처가 된다고 했다. 나는 그 기사를 읽고 나서 한동안 조심한다고 했는데, 시간이 지나면서 다시 무심해진 게 아닌가 싶다.

아침으로 돌아와, 나는 오늘 아내에게 무슨 말을 했는지 곰곰이 되짚어 본다. 혹시 대수롭지 않게 건넨 한마디가 마음을 건드린 건 아닐까? 내가 기억하기로는 단지 "오늘 피곤해 보인다"라고 말했던 것 같다. 하지만 그 말이 혹시 "지쳐 보인다"가 아니라 "늙어 보인다"로 들리지는 않았을까? 말은 짧지만, 그 안에 담긴 뉘앙스와 상대방의 해석은 천차만별이니 말이다.

돌이켜 보면 나는 아내를 '가족'으로서 존중하는 일에는 익숙하지만, '여성'으로서 섬세하게 배려하는 일에는 부족했던 것 같다. 나름대로 열심히 살고 있다고 생각하면서도 정작 가장 가까이에 있는 사람의 마음을 세심히 살피는 데는 소홀했던 게 아닐까. 문득 부부란 단순히 오래 같이 산다고 해서 저절로 서로를 이해하게 되는 게 아니라, 작은 말 한마디, 사소한 표정 하나까지 놓치지 않으려는 꾸준한 노력이 필요하다는 사실을 다시 느꼈다.

오늘 하루는 그런 의미에서 나를 돌아보는 시간이 되었다. 아내의 기분이 왜 그랬는지 아직은 정확히 알 수 없지만, 적어도 내가 더 조심하고 더 세심한 마음으로 다가가야겠다는 다짐을 하게 된다. 사랑한다는 말만으로는 부족하다. 존중과 배려가 더해질 때 비로소 그 말이 진심으로 전해질 것이다.

✨ 졸혼을 결심하기 전에

2024년 8월 27일(화)

지인 중 한 사람이 최근 졸혼을 심각하게 고민하고 있다고 털어놓았다. 특별한 이유가 있는 것도 아닌데, 갈수록 남편이 싫어진다는 것이다. 함께 살아온 세월이 길어질수록 정이 깊어져야 할 것 같은데 왜 이런 마음이 생길까.

아마도 젊은 시절부터 쌓여온 아쉬움과 서운함, 작은 상처들이 차곡차곡 쌓이다가 나이가 들어 터져 나온 것이 아닐까 싶다. 젊었을 때는 자녀 양육이나 생계 문제로 바쁘게 살아내느라 감정을 깊이 돌아볼 겨를이 없었지만, 나이가 들수록 그동안 묻어두었던 불만이 얼굴을 드러내는 것이다.

　사실 나이가 들어도 부부가 함께할 때 느낄 수 있는 행복은 다른 어떤 관계와도 비교할 수 없다. 평생을 부대끼며 살아온 시간이 쌓여 만들어지는 것이 부부의 정이다. 자녀를 키울 때는 자녀가 부부를 이어주는 끈이 되어준다. 그러나 자녀가 성장해 제 가정을 꾸리고 나면 결국 집에는 두 사람만 남는다. 바로 이때부터가 부부 관계의 진짜 시험대가 된다. 함께 보낸 세월이 자산이 될 수도 있지만, 반대로 서로에게 남은 상처가 족쇄가 될 수도 있기 때문이다.

　노후의 삶을 아름답게 가꾸기 위해서는 서로의 부족한 부분을 채워주고 배려하며, 역할을 분명히 나누는 노력이 필요하다. 하지만 현실은 그리 간단하지 않다. 여전히 대다수 남편은 가부장적 사고에 머물러 집안일을 '여자의 몫'으로만 생각한다.

　손끝 하나 까딱하지 않는 모습에 쌓이는 아내의 피로와 서운함은 세월이 흐를수록 더욱 깊어진다. 이런 현실 속에서 황혼이혼은 이제 더는 낯선 일이 아니며, 이혼에 대한 사회적 시선도 한결 너그러워졌다. 그만큼 졸혼을 꿈꾸는 여성들이 늘고 있다는 사실은 어쩌면 자연스러운 흐름일지도 모른다.

　더구나 오늘날은 가정에 대한 기여도에 따라 재산분할이 가능해졌다. 아내 입장에서는 늙어서까지 남편에게 얽매일 이유가 없어진 셈이다. 반대로 남편들은 아내 없이 홀로 지내기가 힘든 경우가 많다. 밥 한 끼 챙겨 먹는 일조차 서툴러 생활이 엉망이 되기 쉽고, 정서적 고립감도 크다.

　그렇다고 자녀들과 함께 사는 것도 쉽지 않다. 요즘은 자녀 세대도 각자의 삶에 치여 부모와 동거하는 것을 부담스러워하기 때문이다. 더구나 재산을 모두 자녀에게 물려주고 들어갔다가 혹여 관계가 틀어지면, 다시 나올 수도 없는 난처한 상황에 놓일 수 있다. 몸이라도 아프면 천덕꾸러기 신세가 되는 경우도 적지 않다. 결국 가장 이상적인 노후는 부부가 함께 의지하며 살아가는 것이다.

시인 함민복은 부부를 '마주 보며 긴 상을 들고 가는 두 사람'에 비유했다. 상을 들고 걸어가는 두 사람 중 한 사람은 반드시 뒤로 걸어야 한다. 뒤로 걷는 사람은 앞서가는 사람을 믿고 걸음을 옮겨야 넘어지지 않는다. 허리를 굽히거나 펴는 순간에도 서로의 높이를 맞춰야 하고, 보폭과 속도도 일치시켜야 상이 기울지 않는다. 부부란 이렇듯 보이지 않는 신뢰와 호흡을 통해 균형을 맞추며 살아가는 존재다.

그렇기에 졸혼을 고민하는 지인에게 전하고 싶다. 지금의 불만이 쌓여 헤어짐을 선택하는 것도 하나의 길일 수 있다. 그러나 조금만 시선을 달리해 보면, 함께 살아온 세월이야말로 다시는 얻을 수 없는 귀한 자산이다. 서로의 차이를 인정하고, 작은 부분에서부터 배려하고 나누려는 노력이 있다면 노후의 삶은 훨씬 풍요롭고 따뜻해질 수 있다.

부부란 결국 인생의 마지막까지 서로의 짐을 나눠 들어주는 동반자가 아니겠는가. 부디 지인이 졸혼을 결심하기 전에, 다시 한 번 부부의 의미를 깊이 생각해 보기를 바란다.

✦ 노년의 사랑과 성(性)은 '마음을 나누는 일'이다

2024년 12월 12일(목)

자신이 먼저 죽고 없으면 궁상떨지 말고 좋은 사람 만나 즐겁게 살라고 가끔 집사람이 농담 삼아 말한다. 40년 이상을 함께 살아오면서 산전수전 다 겪으며 지금까지 살아왔는데 그런 말을 하니 조금 서운해진다.

속마음은 장난으로 내뱉는 말이겠지만, 그 말속에는 혹여 자신이 먼저 떠난 뒤 나 홀로 남겨질까 염려하는 마음도 담겨 있는 듯하다. 긴 세월을 함께 산 부부에게는 말투와 농담조차 단순한 농담이 아니라, 서로의 노후와 마지막을 함께 생각하게 하는 깊은 울림이 있다.

나이 70대 중반을 넘어선 노인네가 다른 여성을 사귀고 산들 무슨 절절한 사랑의 감정이 새롭게 피어날 수 있겠는가. 살아보니, 나이를 먹을수록 애틋한 감정보다도 오히려 정과 습관, 그리고 오래 쌓여온 신뢰가 부부의 끈을 지탱하는 가장 큰 힘이라는 걸 알게 된다.

아무리 나이가 든 여성이라 할지라도 뒤치다꺼리밖에 할 게 없는 70대 남성과 함께 살아줄 사람이 어디에 있겠는가 싶다. 결국 인생의 황혼기에는 새로운 만남보다는 함께해온 사람과의 삶이야말로 가장 값지고 따뜻한 동행이다.

최근 노년의 성(性)에 대해 전문가라는 사람들이 여러 가지 조언을 내놓고 있으나, 노년의 성은 반드시 육체적 관계만을 뜻하는 것은 아니라는 생각이 든다. 뜨거운 피가 샘솟던 젊은 시절에는 당연히 격정적인 성생활이 가능했겠지만, 세월이 흐르면 육체의 기능이 달라지듯 성생활의 개념 또한 달라져야 한다. 나이가 들면 성은 단순한 육체의 결합이 아니라 마음의 친밀함, 서로에 대한 배려, 따뜻한 손길 하나에서 오는 안도감이 더 큰 의미를 지닌다.

실제로 나와 집사람은 밤마다 특별한 대화가 없어도 같은 공간에 함께 누워있다는 사실만으로 위로를 느낀다. 잠들기 전 서로 손을 잡아보거나, 피곤할 때 가볍게 어깨를 주물러주는 것만으로도 마음이 편안해진다. 이런 소소한 스킨십이야말로 노년의 성이 줄 수 있는 가장 큰 행복일 것이다. 육체적 욕구가 줄어든 대신, 마음과 마음이 이어지는 감정의 친밀감은 오히려 더 깊어지는 듯하다.

무엇보다 중요한 것은 서로에 대한 신뢰와 감사의 마음이다. 평생을 함께해왔다는 사실, 긴 세월 동안 서로의 부족함을 감싸주며 살아왔다는 기억은 어떤 젊은 시절의 뜨거움보다 더 소중하다. 함께 살아온 날들이 쌓여서 이제는 말하지 않아도 통하는 마음이 생겼고, 그 마음이 있기에 남은 인생의 마지막 길도 담담히 걸어갈 수 있다.

노년의 사랑과 성은 결국 '마음을 나누는 일'이라 할 수 있다. 손을 맞잡고 산책을 하거나, 아침에 눈을 뜨며 '오늘도 함께 있구나'라는 안도감을 느끼는 것, 그것이야말로 황혼의 성적 교감이고 사랑의 또 다른 모습이다. 화려하지 않아도 좋다. 깊고 고요한 정이야말로 인생의 마지막을 가장 아름답게 채워주는 자산이 아닐까 싶다.

✨ 잠자리 이혼과 대안

2024년 3월 4일(화)

요즘 들어 각방을 쓰는 부부가 점점 많아지고 있다고 한다. 젊은 30대 부부는 물론, 50~60대 중년 부부 사이에서도 상당수가 서로 다른 침대나 방에서 잠을 잔다는 통계가 있다. 조사에 따르면 결혼 10년 이상 된 부부 중 약 35% 가까이가 이미 각방 생활을 오래 이어오고 있다고 한다. 이를 두고 사람들은 가볍게 '잠자리 이혼'이라는 우스갯소리를 하기도 한다. 겉으로는 웃을 일이지만, 그 속에는 부부가 겪는 현실적인 고민과 필요가 녹아 있다.

사실 각방 생활이 최근의 현상만은 아니다. 19세기 이전 상류층 사회에서는 부부가 따로 방을 쓰는 것이 흔했다. 이는 서로의 사생활을 존중하고, 각자의 편안한 수면 환경을 보장하기 위한 것이었다. 당시에는 부부가 한 침대에서 자는 문화가 보편적이지 않았던 것이다.

산업혁명이 진행되고 주거 공간이 아파트나 연립주택 등으로 집약되면서, 한 침대에서 함께 자는 부부 문화가 자연스럽게 자리 잡았고, 지금과 같은 '침대 공유' 관행이 생겨났다.

그러나 현실에서는 여러 문제가 발생한다. 코를 고는 습관, 자주 뒤척이는 습관, 수면 중 뒤틀림이나 온도 차이 등으로 인해 한 침대에서 잠을 자는 것이 불편해질 수 있다. 이러한 이유로 각방 생활이 하나의 대안으로 등장하는 것이다. 부부라고 해도 개인 공간과 수면의 질이 중요하며, 이를 통해 건강과 삶의 만족도가 높아질 수 있다는 장점이 있다. 실제로 각방을 쓰는 부부들은 밤마다 편안하게 잠들고, 아침에도 기분 좋게 하루를 시작할 수 있다고 한다.

하지만 한 가지 주의할 점이 있다. 흔히 '몸이 멀어지면 마음도 멀어진다'는 말이 있듯, 각방 생활이 정서적 거리감으로 이어질 수 있다는 점이다. 부부 관계는 단순히 같은 공간에 있는 것이 아니라, 서로의 마음을 확인하고 교류하는 시간에서 깊어진다. 따라서 각방을 쓰더라도, 취침 전 가벼운 스킨십을 나누거나, 함께 보내는 시간을 일부러 계획하는 것이 중요하다. 주말에는 같은 방에서 잠을 자거나, 서로의 취향을 존중하며 대화를 나누는 시간도 필요하다. 작은 노력 하나가 정서적 친밀감을 지키는 큰 힘이 된다.

결국 각방 생활은 부부가 서로를 존중하고, 건강한 삶과 편안한 수면을 위해 선택할 수 있는 합리적 방법이다. 다만 그것이 관계를 소홀히 하는 이유가 되지 않도록, 의식적인 친밀감 유지와 배려가 반드시 병행되어야 한다. 서로에게 적절한 공간과 시간을 허용하면서도 마음의 거리를 좁히는 노력. 이것이 바로 각방 생활을 하면서도 행복한 부부 관계를 이어가는 핵심 열쇠라고 할 수 있다.

✨ 아내의 화려한 외출

2025년 5월 27일(화)

아내가 예전같이 근무했던 동료 교사와 함께 1박 2일의 짧은 여행을 떠났다. 교직에 몸담고 있을 때 가르쳤던 제자가 이번에 부산 해운대로 아내와 동료 교사 세 명을 초대한 것이다. 결혼하고 나서 아내가 혼자 외박한 적은 거의 없었다. 여행이든 나들이든 언제나 나와 함께 움직였으니, 이번처럼 혼자 떠나는 경우는 드문 일이었다.

그래서인지 아내는 출발을 앞두고 은근히 마음이 복잡해 보였다.

남편을 집에 홀로 남겨두고 자신만 여행을 간다는 게 영 편치 않았던 모양이다. 밥은 어떻게 챙겨 먹을지, 갑자기 불편한 일이라도 생기면 어쩔지, 자잘한 집안일들은 또 어떻게 될지 걱정이 앞선 것이다. 하지만 나는 웃으며 말했다. "걱정하지 말고 다녀와. 혼자서도 얼마든지 잘 지낼 수 있어." 사실 서투르긴 해도, 밥을 차려 먹고 하루 이틀 생활하는 데 큰 문제는 없었다. 오히려 그동안 잊고 지내던 홀로의 시간이 생긴다는 게 조금은 색다른 기분이었다.

아내를 초대한 제자는 유난히 공부를 잘했던 학생이었다고 한다. 2학년 1학기 때는 전교 1등을 차지할 만큼 총명했는데, 곧 부산으로 전학을 갔단다. 세월이 흘러 벌써 45년 전의 일이 되어버렸다. 그는 훌륭한 성적으로 의과대학에 진학해 의사의 길을 걷는 듯했지만, 결국 부친의 사업을 이어받아 지금은 성공한 사업가로 자리 잡았다 한다. 흔히 성공하면 옛 스승이나 은사를 잊어버리는 경우도 많은데, 이렇게 스스로 초청해 정성껏 모시는 제자의 마음은 참으로 귀하다.

요즘 세상에 은사를 집으로 혹은 여행지로 초대해 대접한다는 것은 생각보다 쉽지 않은 일이다. 그저 한 끼 식사 자리를 마련하는 것만 해도 성의가 크다 하겠는데, 호텔 숙박까지 준비하고, 해운대 모래조각 전시회와 요트 체험 같은 볼거리까지 곁들였다니 그 마음 씀씀이가 참 따뜻하다.

아내에게 들으니, 제자는 이번 초대를 시작으로 해마다 은사들을 모시고 싶다고 약속했다고 한다. 한편으로는 자신이 이만큼 성공했다는 것을 보여주려는 마음도 있겠지만, 그보다 더 크고 진실한 마음은 오랜 세월 흘러도 잊지 않는 존경심일 것이다. 나는 그 부분이 가장 흐뭇하게 느껴졌다.

이틀 동안의 여행은 아내에게도 오랜만에 새로운 자극이 될 것이다. 늘 집안일과 나의 곁에만 얽매여 지내던 생활에서 벗어나, 바닷바람을 맞으며 웃고 떠드는 시간은 그 자체로 선물 같은 순간이다.

아내가 돌아오면 어떤 이야기를 풀어낼까 벌써부터 궁금하다. 해운대의 모래 조각은 어땠는지, 요트 위에서 본 바다는 얼마나 눈부셨는지, 또 제자가 보여준 배려와 정성은 얼마나 따뜻했는지. 그런 이야기를 들으며 나 역시 덩달아 기쁠 것 같다.

이제는 아내도 가정의 울타리에만 머물지 말고, 더 자유롭게 세상을 즐겼으면 한다. 친구들과 여행도 다니고, 오래 못 만난 사람들과 만나 웃음꽃도 피우고, 낯선 풍경 속에서 새로운 체험을 하는 일도 자주 있었으면 한다. 인생의 뒷길에서는 마음을 조금 더 가볍게 하고, 스스로 즐거움을 찾는 법을 배워야 하지 않을까.

이번 여행은 단순한 외출이 아니라, 아내에게 새로운 삶의 계기를 열어주는 작은 시작이 될지도 모른다. 나는 아내가 더 풍요롭게, 더 자유롭게 남은 인생을 누리기를 진심으로 바란다. 그리고 그 곁에서 여전히 함께 걸어갈 수 있음을, 나는 감사히 여긴다.

제5부

소중한 이웃과 내 공동체

1장 세상은 함께 할 때 행복해진다

✦ 잘 해주는 것과 좋아하는 것의 경계

2022년 4월 8일(금)

사회생활을 하다 보면 크고 작은 오해가 생기기 마련이다. 그중에서도 흔히 접하는 오해 중 하나는, 이성에게 보여준 배려를 '이성적인 관심'으로 받아들이는 경우다. 단순히 예의와 친절에서 나온 행동이 전혀 다른 의미로 해석될 때, 당사자 간에 불필요한 거리감이 생기거나 주변의 시선이 곱지 않게 변할 수 있다.

예를 들어, 효율적인 업무 진행을 위해 상대방의 마음을 편하게 해주려는 의도였는데, 그 행동이 잘못 전달되어 남들의 입에 오르내리는 경우가 있다. 더 나아가 상대방에게 잘못된 신호를 주어 '호감 표시'나 심하면 '치근덕거림'으로 비칠 위험도 있다.

특히 사람을 자주 만나고 관계를 유지해야 하는 영업직 종사자들이 이런 상황에 노출되기 쉽다. 영업의 본질이 상대방과의 신뢰를 쌓고 호의를 베푸는 것이기 때문에, 친절함과 호감 표현 사이의 경계가 모호해지는 순간이 생기는 것이다.

따라서 영업하는 이들은 상대방이 불필요하게 오해하지 않도록 말투와 태도, 심지어 시선 처리까지 세심히 조심할 필요가 있다. 아무리 호의를 베푸는 것이 직무의 일부라 하더라도, 처신이 모호하면 오히려 업무에 해가 될 수 있다.

그러나 이 문제는 비단 영업직만의 이야기가 아니다. 사회생활을 하는 모든 사람, 심지어 직장 밖의 인간관계에서도 발생할 수 있다. 부모와 자식, 친구들, 선후배, 이웃 간의 관계 등 공적·사적 영역을 가리지 않고, 우리는 종종 '잘해주는 것'을 '좋아하는 것'으로 오해하거나 반대로 오해받는다.

그 경계는 생각보다 예민하다. 누군가의 짐을 들어주거나, 작은 선물을 건네거나, 사소한 안부 전화를 하는 행동은 단순한 배려일 수 있다. 그러나 받는 사람의 상황, 감정 상태, 관계의 맥락에 따라 '호감의 표시'로 느껴질 수 있다. 문제는 이런 해석 차이가 때로 관계를 어색하게 만들거나 불필요한 갈등을 초래한다는 점이다.

결국 중요한 것은 의도의 명확성과 표현의 균형이다. 배려와 친절은 인간관계에서 꼭 필요한 덕목이지만, 그것이 오해로 변질하지 않도록 스스로 경계를 살피는 것이 지혜다. 잘해주는 것과 좋아하는 것은 엄연히 다르며, 그 차이를 인식하고 행동하는 것만으로도 많은 오해를 예방할 수 있다.

사회생활의 품격은 단지 친절한 말과 행동에서 나오는 것이 아니라, 그 친절이 어떻게 받아들여질지를 미리 헤아리는 데서 비롯된다고 생각한다.

✨ 반려동물을 키우는 '반려인'의 기본적인 예의

2022년 6월 6일(월)

아침에 엘리베이터에서 같은 동에 사는 주민의 반려견과 마주쳤다. 순간 개의 눈과 마주친 나는 잠시 얼어붙었다. 그 개는 이내 이빨을 드러내며 작게 으르렁거렸다. 그 장면은 평소에 자주 있는 일은 아니었지만, 경험할 때마다 내 마음 한편이 찜찜해지고 혹시라도 달려들지 않을까 하는 걱정도 스쳤다. 한편으로는, 유모차에 반려견을 태워 다니는 모습을 볼 때면 오히려 반가운 마음이 들기도 한다.

최근 통계에 따르면, 우리나라 국민 세 명 중 한 명꼴인 약 1,500만 명이 개나 고양이 등 반려동물을 키우는 '반려인'이라고 한다. 이처럼 반려동물과 함께하는 삶이 보편화된 것은 분명한 사실이지만, 그 이면에는 아직 해결해야 할 과제도 많다.

반려동물을 키우지 않는 다수의 시민이 반려동물로 인해 불쾌감을 느끼거나 불안해하지 않도록 배려하는 마음과 노력이 무엇보다 중요하다고 생각한다.

반려동물을 키우면서 얻는 즐거움과 위로는 크지만, 그 과정에서 타인에게 불편이나 위협을 끼친다면 이는 단순한 개인의 문제가 아니라 사회적 문제로 비화할 수 있다. 길을 걷다가 갑작스러운 개 짖음에 놀라거나, 산책 중 통제를 벗어난 반려견으로 인해 불안해하는 사람들이 적지 않다. 이처럼 반려인과 비반려인 간의 갈등은 점점 심화할 위험이 있다.

그래서 나는 반려인이 타인에 대한 예의를 중시하고, 그 자격을 갖춘 사람만이 반려동물을 키울 수 있도록 하는 사회적 장치가 시급하다고 본다. 이를 위해서 반려동물 소유자의 책임을 강화하고, 기본적인 반려 문화 교육을 의무화하는 방안 등이 필요하다. 또한 공공장소에서의 반려동물 출입 규칙을 엄격히 하고, 위반 시 실질적인 제재를 가해야 한다고 생각한다.

모두가 함께 어우러져 살아가는 공동체에서, 서로의 입장을 존중하고 배려하는 태도가 무엇보다 중요하다. 반려동물을 사랑하는 마음만큼이나, 그로 인해 타인이 불편을 겪지 않도록 마음을 쓰는 책임감 있는 태도가 필요하다. 그렇게 될 때, 우리 사회는 더욱 평화롭고 조화로운 반려 문화가 자리 잡을 수 있을 것이다.

✨ **공동생활에서의 타인에 대한 배려**

2022년 10월 9일(일)

엘리베이터를 탔더니 한쪽에 6층 내부공사를 한다는, A4 용지 크기의 안내문이 붙었다. 공사 기간이 한 달이 넘었고 소음이 발생하더라도 양해해 달라는 문구에 밑줄이 그어진 내용이었다.

엘리베이터에는 가림막이 처져 있었다. 아마도 공사 인원과 장비가 드나들기에 엘리베이터를 다치지 않게 하기 위한 목적인 것 같다. 그러나 좁은 엘리베이터가 더 답답하게 느껴졌다. 나와 같은 생각을 한 사람이 붙여놓은 건지 한쪽에는 "가림막을 하루빨리 치워주세요. 폐소공포증이 있어서요."라는 메모도 눈에 띄었다. 아닌 게 아니라 가림막도 엉성하게 부착해 좁은 공간이 더 숨 막히게 보였다.

보통 내부공사를 하면 사전에 동의서를 받고 양해를 구한 후 공사하는 게 원칙인데 공사 이틀 전 가림막을 설치하고 일정을 일방적으로 알리는 형식으로 내붙이는 것은 조금 이해가 가지 않는다.

아파트는 공동생활을 하는 곳으로, 엘리베이터를 비롯해 복도와 출입구 등은 함께 쓰는 공간이다. 다른 입주자를 위해 미리 양해를 구하고 불편을 최소화하는 방식으로 공사를 진행하는 것이 서로를 위한 배려일 것이다. 공동생활에서의 타인에 대한 배려에 대해 생각이 많은 날이었다.

✦ 공동생활의 상식적 문제

2022년 10월 12일(수)

며칠 전 아파트 내부공사로 인해 불편을 겪으며 많은 생각이 들었다. 그때 엘리베이터에 붙여진 안내문과 메모들 때문인지 입주자가 평소 불편을 겪었던 다섯 가지 문제들을 일목요연하게 적은 건의문이 게시되었다.

이를 살펴보면

첫째, 화장실과 베란다의 흡연 문제이다. 아파트는 공용건물이기에 자기 집에서 흡연하면 환풍구 등을 통해 담배 연기가 다른 집으로 흘러들어간다. 그러므로 아파트 실내에서는 당연히 금연해야 한다. 특히 우리 아파트는 금연 우수 아파트로 지정이 되어 있는데 아직도 집에서 흡연하는 이기적인 입주민이 있나 보다.

둘째, 어린이집 앞 무단 주차 문제이다. 오늘도 보니 어린이집 근처에 7~8대의 차가 무단 주차되어 있었다. 어린이집 근처에는 어린이집 전용차와 소방차가 우선 주차해야 함에도 버젓이 주차하는 얌체족이 아직도 있는 것이다.

셋째는 길고양이에게 밥을 주는 문제. 물론 생명체이기에 선한 마음으로 밥을 주는 것 같은데 길고양이로 인한 여러 문제가 발생해 밥을 주는 일은 자제하도록 해야 한다.

넷째는 약한 비가 올 때 외부 유리창 청소 금지 문제와 다섯째, 분리수거장의 분리수거 불량 문제 등이었다.

그 외에도 우리 아파트에서는 속옷 차림의 승강기 이용이나 층간소음 문제 등 여러 문제가 아직도 명쾌하게 해결되고 있지 않다. 사실 위의 것들 모두 상식선에서 생각하면 누구나 지킬 수 있는 문제들이다.

서로가 조금씩 신경을 쓰고 상호 배려한다면 전혀 문제가 될 것이 없다. 수준 높은 시민의식을 갖고 타인을 배려하며 공동생활을 이어갔으면 하고 바라본다.

✦ 친목이라는 이름 아래에서의 개인주의적 사고

2023년 7월 24일(월)

다섯 개의 친목회에 참석하고 있다. 오늘도 그중 한 모임의 날이다. 그런데 '친목'이라는 이름과는 달리 이 모임은 다른 모임보다 개인주의적 성향이 강한 회원들이 있어, 사실 마음이 내키지 않을 때도 있었다. 겉으로는 친목이라 하지만 속내는 저마다의 이해관계나 자기주장에 더 무게를 두는 분위기가 종종 감지된다. 그래서 모임에 가는 발걸음이 자연스럽게 가벼워지지 않는 것이다.

사람이 나이가 들어갈수록 인생의 마지막을 함께 걸어갈 벗, 즉 삶의 동반자를 찾는 것이 중요하다고들 한다. 나 역시 그 말에 공감한다. 그러나 막상 현실 속에서는 그런 도반(道伴)을 만나는 일이 참으로 어렵다. 한평생 많은 사람을 만나고 스쳐 지나왔지만, 끝까지 함께하고 싶은 친구, 마음 깊은 대화를 나눌 수 있는 벗을 얻기는 쉽지 않다.

오히려 겉으로는 가까워 보여도 마음의 거리는 여전히 멀게만 느껴질 때가 많다. 그래서일까, 사람은 결국 외로운 존재일 수밖에 없다는 생각이 스며들기도 한다.

더욱이 진정한 친구나 도반을 논하기는커녕, 정작 친목회 자리에 나가 보면 늘 목소리 큰 일부 회원들이 모임의 주도권을 쥐고 휘두르는 경우가 많다. 다수의 의견은 자연스럽게 묻히고, 분위기는 언제나 소수의 목소리에 따라 흘러간다. 소수의 의견도 존중받아야 하지만 이런 현상은 모임의 건강한 운영에 큰 걸림돌이 된다.

예컨대 회비 문제만 해도 그렇다. 지난 회의에서 분명히 올해 연회비를 한꺼번에 걷기로 다수의 동의로 결정했는데, 정작 그 자리에 참석하지 않았던 일부 회원이 뒤늦게 이의를 제기하면서 아직 회비가 걷히지 못하고 있다. 결국 모임은 이전에 쓰고 남은 이월금으로 경비를 충당하는 실정이다.

총무에게 이 문제를 이야기해 보니, 오늘 모임 이후에는 회비 문제를 다시 정리해 각 회원에게 통보하겠다고 한다. 그러나 과연 그 말대로 실천할 수 있을지는 미지수다. 나이 들어 가면 모임은 자연히 하나둘씩 없어진다. 너무 돈, 돈 이야기할 문제는 아닌 것 같다.

지금까지의 경험으로 미루어보면 강하게 주장하는 일부 회원들의 반대가 나오면 또다시 유야무야, 흐지부지될 가능성이 크기 때문이다.

물론 소수 회원의 의견을 무시할 수는 없다. 모임이라는 것은 각자의 목소리를 존중하는 데서 시작해야 한다. 그러나 이미 공식적인 회의를 통해 다수가 결정한 사안이라면, 그것을 실행에 옮기는 것이야말로 모임을 건강하게 운영하는 기본 원칙이다. 친목회의 역할은 바로 여기에 있다. 입김이 센 일부 회원의 눈치만 살피며 다수의 결정을 실천하지 못한다면, 과연 그 모임은 건전한 모임의 자격을 갖췄다고 할 수 있을까.

15명 남짓한 회원이 모여 만든 모임이 몇몇 사람의 고집과 반대로 인해 제자리를 맴돈다면, 그 모임은 결코 앞으로 나아갈 수 없다. 작은 문제를 단호하게 정리하지 못하는 분위기 속에서 결국 큰 문제도 해결하지 못하게 되는 것이다. 그렇게 되면 친목이라는 이름은 허울뿐이고, 남는 것은 불편한 감정과 피로감뿐이다. 진정한 친목은 대화와 배려, 그리고 원칙 있는 실행 속에서만 가능하다. 그렇지 않다면 '친목회'라는 이름은 오히려 아이러니일 수밖에 없다.

✨ 조직은 작은 사회의 축소판이다

2024년 3월 6일(수)

어느 모임에 가든 꼭 한두 명, 눈에 띄는 별난 사람이 있다. 축의금 액수를 놓고 마치 돈거래를 하듯 따지는 사람, 특별히 할 일도 없으면서 혼자 바쁜 척하는 사람, 식당에서 회비로 계산한다고 음식을 마구 시켜 결국 남기는 사람. 그런데 놀라운 점은, 이런 특성들이 일부 사람에게서 나타나는 현상이라는 사실이다.

다른 사람이 공깃밥을 주문할 때는 냉면을 시키고, 함께 식사하면서 게걸스레 먹기도 한다. 그 모습은 처음에는 웃음을 자아내지만, 곱씹어 보면 모임의 질서를 흐리는 심각한 문제이기도 하다.

모임에서 가는 야유회에 대해서도 일부는 불만을 늘어놓는다. "놀러 다니면 얼마나 다니겠냐"며 해외여행도 한 번씩 가자고 주장하면서도, 정작 특별회비를 내고 가자고 하면 한 발 뒤로 물러선다. 그의 행동을 지켜보면, 개인적인 편의와 욕심이 조직의 합의보다 우선되는 순간이 얼마나 불편하고 혼란을 초래하는지 분명히 느낄 수 있다.

이 사례는 단순히 한, 두 사람의 성격 문제를 넘어, 조직 생활과 단체 활동의 본질을 다시 생각하게 한다. 모임은 개인의 마음에만 맞춰 운영되는 공간이 아니다. 각 구성원이 서로의 의견을 존중하고, 전체 합의를 지킬 때만 건강하게 유지될 수 있다. 개인의 이익이나 감정만을 앞세운다면, 조직 안에서 그 사람의 존재는 점점 불필요해지고, 결국 주변 사람들에게 피로와 불편만 남기게 된다.

조직은 작은 사회의 축소판이다. 단체생활을 통해 우리는 협력과 배려, 절충과 양보를 배우게 된다. 모임에서 자기 의견만 주장하고,

전체 합의를 무시한다면 단체는 유지될 수 없다. 마음에 들지 않는 일도, 합의가 이미 이루어졌다면 따라야 한다. 그럴 때야 비로소 모임은 즐겁고 의미 있는 활동으로 자리 잡는다.

한 사람의 엉뚱한 행동에 웃고 혀를 차는 것만으로 끝난다면 그저 가벼운 에피소드일 뿐이다. 하지만 그 속에 담긴 교훈은 명확하다. 조직은 개인을 위해 존재하는 것이 아니라, 모두가 함께 만들어 가는 것이라는 사실이다. 구성원 모두가 합의를 존중하고 서로를 배려할 때, 모임은 단순한 모임을 넘어 삶의 작은 공동체로서 의미를 갖게 된다.

결국 모임을 건강하게 유지하는 힘은 권력이나 강요가 아니라, 서로의 의견을 존중하고, 합의의 원칙을 지키는 태도에서 나온다. 작은 단체 속에서 배우는 협력과 배려, 절제와 이해는 우리의 사회생활과 인생에서도 중요한 가르침이 된다. 모임이 즐겁고 원만하게 운영되는 비결은 바로 이런 공동체 의식에 있다.

✦ 이제는 과거의 그늘을 벗고 자신에게 최선을 다하자

2024년 6월 1일(토)

예전에 함께 영업하다가 특약점을 떠난 지 벌써 10년 가까이 된 카운슬러에게서 전화를 받았다. 오랜 세월이 흘렀음에도 불쑥 걸려온 전화는 뜻밖이었고, 목소리에는 그리움이 묻어 있었다.

그는 "그때 함께 일하던 시간이 내 인생에서 가장 보람 있고 행복했던 시절이었다"라고 했다. 또 "그때 늘 사장님을 존경하는 마음으로 최선을 다했지만, 돌이켜 생각해 보면 아쉬움도 많다. 그런데 지금도 여전히 사장님이 아버지처럼 느껴진다"라고 고백했다. 순간 가슴 한쪽이 뜨거워지고 콧날이 시큰해졌다.

그의 말을 들으며 나는 자연스레 지난날을 떠올렸다. 함께 일하던 시절, 그는 누구보다 성실하고 책임감 있는 동료였다. 어떤 영업 환경에서도 끝까지 해내려는 의지가 강했고, 주변 동료들과의 관계에서도 배려심이 깊었다. 하지만 개인적인 삶에서는 어려움이 많았다. 특히 남편과의 관계가 원만하지 못해 늘 마음의 상처를 안고 있었고, 그로 인해 방황하던 모습을 여러 번 지켜보았다. 사소한 일에도 눈물이 맺히곤 했고, 때로는 자신을 비난하며 "내가 잘못 살아온 것 같다"라고 자책하기도 했다.

그럴 때마다 나는 그에게 말했다. "남편을 원망하거나 스스로 비하한다고 해서 문제가 해결되지는 않아. 오히려 쓸데없는 에너지 낭비일 뿐이야. 중요한 건 갈등의 뿌리를 찾아내고, 그 원인을 정면으로 마주하는 거야." 어려운 문제 앞에서 회피하거나 억누르면 마음의 병은 더 깊어지고, 결국 스스로 더 옭아매게 된다. 그래서 나는 늘 그가 당당히 문제 해결에 나서기를 바랐다. "힘들더라도 모든 것을 쏟아부어야 해. 그래야 나중에 후회하지 않아." 그렇게 조언했던 순간들이 하나하나 떠올랐다.

나는 또 그에게 긍정적인 태도의 중요성을 여러 번 강조했다. "사람은 어떤 안경을 쓰느냐에 따라 세상을 다르게 보게 돼. 회색 렌즈를 끼고 보면 세상은 늘 어둡고 답답해 보이지만, 맑고 밝은 안경을 쓰면 같은 세상도 전혀 다르게 보여." 늘 부정적인 생각에 사로잡히면 삶은 더 팍팍해질 뿐이다. 하지만 긍정의 마음으로 세상을 바라보면 작은 기쁨에도 감사할 수 있고, 불행 속에서도 새로운 길을 찾을 수 있다. 나는 그가 그런 마음가짐으로 조금이나마 자신을 사랑하고 삶을 새롭게 바라볼 수 있기를 간절히 바랐다.

그와 함께 일하던 시절을 돌이켜 보면, 영업적 이해관계를 떠나 때로는 누군가의 멘토처럼, 또 어떤 순간에는 상담사처럼 의지하며 어려움을 극복하면서 보냈다. 그래서일까. 그가 지금도 나를 아버지처럼 여긴다고 말했을 때, 마음속 깊은 곳에서 묵직한 울림이 전해졌다. 세상살이 속에서 우리가 주고받은 말과 태도가, 누군가의 삶에 이렇게 오래 남아있다는 사실이 놀랍고도 고마웠다.

오랜만에 전화를 걸어와 예전의 이야기를 꺼내며 눈물을 보인 것은, 아마도 여전히 그때의 기억이 그의 마음속에 살아 있기 때문일 것이다. 우리는 살아가면서 종종 누군가의 한마디 위로와 격려에 기대어 다시 힘을 내기도 한다. 그에게 내가 그런 존재로 남아있었다는 것은 내게도 큰 위로가 되었다. 사실 인간관계에서 가장 소중한 것은 물질적 보상이 아니라, 이렇게 마음을 나누고 진심을 전하며 서로에게 힘이 되는 경험이 아닐까.

나는 전화를 끊고 난 뒤 한동안 그가 했던 말들을 곱씹었다. 세월이 흘러도 변하지 않는 마음, 힘들 때 떠올릴 수 있는 존재가 있다는 건 그에게도, 나에게도 큰 선물이다. 어쩌면 이것이야말로 우리가 살아가는 이유일지도 모른다. 한 사람의 말과 행동이 다른 사람의 삶 속에서 오래도록 빛을 발한다면, 그것이 곧 인생의 의미가 아닐까.

부디 그 카운셀러가 이제는 자기 안의 상처를 치유하고, 더는 과거의 그늘에 매이지 않기를 바란다. 긍정의 안경을 쓰고 세상을 바라보며 자기만의 행복을 찾아가기를 바란다. 그것이야말로 그가 나를 아버지 같다고 불러준 이유에 가장 어울리는 보답일 것이다. 그리고 언젠가 다시 만나게 된다면, 지난 세월을 웃으며 이야기할 수 있기를 소망한다.

✦ 공동주택의 삶은 늘 '함께'라는 상생의 정신으로

2024년 6월 15일(토)

아파트 실내 골프연습장 회원들 사이에서 거리측정기를 설치하자는 의견이 꾸준히 제기되어 왔다. 회원들이 연습할 때마다 자신이 친 공이 실제로 어느 정도 거리를 나갔는지 확인할 수 없다는 불편함이 있었기 때문이다.

골프라는 운동 특성상 비거리와 정확도가 실력 향상에 중요한 요소인데, 이를 직접 수치로 확인할 수 없다 보니 연습의 재미와 효율이 반감된다는 목소리가 많았다. 결국 투표를 진행하게 되었고, 그 결과 회원 중 75% 이상이 설치에 찬성하는 것으로 나타났다.

다행히도 당장은 회비 인상 없이 설치할 수 있다고 한다. 현재 회비 잔액이 약 4,000만 원 이상 남아있어, 2025년까지는 추가 부담이 없다는 것이다. 다만 2026년부터는 운영비와 관리비 등을 고려해 회비를 인상할 예정이라고 한다. 사실 월회비가 현재 1만 5,000원인데, 일부 회원 중에는 이조차도 비싸다며 인하를 주장하는 이들도 있다. 하지만 현실적으로 따져보면 필드에 나가 한 번 라운드를 돌 때 드는 비용에 비하면 턱없이 적은 금액이다. 그런데도 불평이 나오는 걸 보면, 공동시설을 이용하는 마음가짐과 가치관의 차이가 느껴진다.

그런데 문제는 다른 곳에서 발생했다. 바로 위층, 즉 1~2층에 거주하는 입주민들이 오래전부터 소음 문제를 꾸준히 제기해 왔다는 점이다. 골프연습장에서 발생하는 타구 소리가 천장을 타고 올라가면 위층 주민들에게 상당한 스트레스로 작용한다. 실제로 예전에는 소음을 견디지 못해 이사를 한 가구도 있었는데, 거리측정기를 설치하면 회원들이 더 강하게 스윙하게 되고 이는 곧 소음 증가로 이어질 수 있다. 따라서 입주자대표회의에서도 이 사안을 가볍게 넘기지 않고 최종 결정을 보류한 상태다.

특히 저층부에는 노년층이나 거동이 불편한 주민들과 아이를 키우는 주민이 살고 있어 소음 피해가 더 크게 다가올 수 있다. 건강과 휴식이 필요한 시기에 지속적인 소음을 겪는다면 생활의 질이 크게 떨어질 수밖에 없다. 그래서 거리측정기 설치를 반대하는 측에서는 방음 장치를 강화하여 소음 피해를 최소화할 것을 강하게 요구하고 있다. 단순히 편의시설을 위한 설비 확충이 아니라, 입주민 전체의 권익과 생활 환경을 두루 고려해야 한다는 주장이다.

나는 이들의 의견에 일정 부분 공감한다. 실내 골프연습장은 입주민을 위한 편의시설이지 일부 회원들만의 전용 공간은 아니기 때문이다. 공동주택에서의 삶은 늘 '함께'라는 전제가 깔려 있으며, 한쪽의 편의가 다른 쪽의 불편으로 이어진다면 반드시 조정과 보완이 필요하다. 지금도 소음 문제로 불편을 호소하는 주민들이 있다면 우선 그들의 목소리를 충분히 듣고 대책을 세우는 것이 순리일 것이다.

결국 가장 중요한 것은 균형 잡힌 결정이다. 회원들의 연습 효율과 즐거움도 존중되어야 하지만, 저층 입주민들의 생활권 또한 침해되어서는 안 된다. 방음 시설을 보강하고, 설치 후에도 소음 측정을 정기적으로 실시하여 문제가 발생하면 즉각 조치하는 체계가 필요하다. 또한 회원들 스스로도 무분별하게 강한 스윙을 하거나 타인을 배려하지 않는 태도를 삼가야 한다.

나는 입주자대표회의가 단순히 다수의 의견만을 따르지 말고, 모든 입주민의 권익을 고려하는 올바른 판단을 내려주기를 바란다. 더불어 회원들 역시 '나의 편리'보다 '우리의 조화'를 먼저 생각하며 골프연습장을 이용했으면 한다. 그렇게 할 때 비로소 거리측정기 설치 문제는 갈등이 아닌 상생의 방향으로 해결될 수 있을 것이다.

✦ 건강한 대인관계의 몇 가지 원칙

2024년 10월 9일(수)

세상살이에서 가장 근본적이지만 동시에 가장 중요한 문제가 바로 사람과 사람 사이에서 벌어지는 일들이다. 먹고 사는 문제, 직업의 안정성, 사회적 지위와 같은 요소들도 물론 삶에 큰 영향을 미치지만, 결국 일상의 행복과 불행을 가르는 가장 큰 요인은 대체로 대인관계 속에서 비롯된다.

인간은 태어나면서부터 부모, 형제, 친구, 스승, 동료, 이웃 등 수많은 사람과 관계를 맺고 살아간다. 그래서 "인간은 사회적 동물"이라고 아리스토텔레스가 강조한 것도 다 이유가 있다. 혼자만의 세계에 갇혀 살 수 없고, 관계 속에서 성장하고 성숙할 수 있는 것이 바로 인간의 본성인 것이다.

그런데 오늘날 대인관계에서 어려움을 겪는 이들이 너무나 많다.

사회가 복잡해지고 경쟁이 치열해지면서 사람들은 점점 더 예민해지고, 상대방을 바라보는 시선이 경직되기 일쑤다. 자존감이 낮아 사소한 말에도 상처를 받거나, 열등의식 때문에 타인을 부러움과 시기로 대하다 보면 관계가 원활히 유지되기 어렵다.

또 어떤 이는 관계 민감성이 커서 지나치게 눈치를 보다가 지쳐버리기도 하고, 반대로 자기중심적인 성향이 강해서 타인을 불편하게 만들기도 한다. 이처럼 서로 다른 성격과 태도가 부딪히다 보면 갈등이 생기고, 그 갈등이 깊어질 경우 인간관계는 금세 어긋나 버린다.

좋은 대인관계는 단순히 즐거운 대화를 나누는 차원을 넘어선다. 그것은 정서적·심리적 안정에 큰 영향을 주고 삶의 만족도를 높여 준다. 신뢰할 만한 사람이 곁에 있고, 함께 웃고 울 수 있는 친구나 동료가 있다는 사실은 인생의 가장 큰 자산 중 하나다. 반대로 갈등과 오해로 얼룩진 관계는 마음을 무겁게 하고, 스트레스를 쌓이게 하며, 나아가 정신 건강까지 위협한다. 실제로 심리학 연구에서도 사회적 지지가 탄탄한 사람일수록 스트레스 상황을 잘 극복하고, 우울증에 걸릴 확률도 낮다고 한다. 결국 건강한 인간관계는 행복한 삶의 핵심 토대라 할 수 있다.

그렇다면 어떻게 해야 좋은 대인관계를 유지할 수 있을까. 나름대로 오랜 세월 경험을 통해 얻은 교훈과 생각을 정리해 보면 몇 가지 원칙으로 요약할 수 있다.

첫째, 상대를 존중하고 경청하는 습관을 들여야 한다. 상대의 말에 귀 기울이고, 단순히 듣는 데 그치지 않고 적극적으로 반응하며 공감대를 형성하는 것이 중요하다. 사람은 누구나 자신의 이야기를 들어주고 이해해 주는 사람 앞에서 마음을 열기 마련이다. 진심 어린 경청은 상대방을 인정하고 존중한다는 가장 확실한 신호다.

둘째, 칭찬에는 인색하지 말고 험담은 피해야 한다. 칭찬은 사람의 마음을 따뜻하게 하고 용기를 북돋는다. 다만 형식적이고 가식적인 칭찬은 오히려 불신을 낳기 때문에, 반드시 마음에서 우러나와야 한다. 반대로 험담은 한순간 기분을 풀어주는 것처럼 보이지만 결국 자신에게 돌아오기 마련이다. "내가 남의 흉을 보면 남도 내 흉을 본다"라는 단순한 진리를 잊지 않아야 한다.

셋째, 수직적 관계보다는 수평적 관계를 지향해야 한다. 사회에는 어쩔 수 없이 위계가 존재하지만, 인간적인 교류에서만큼은 서로를 동등한 인격체로 대하는 것이 바람직하다. 권위로 상대를 누르려 들면 일시적으로는 통할지 몰라도 오래 가지 못한다. 진정한 존경은 강요가 아니라 자발적 인정에서 비롯되기 때문이다.

넷째, 상대방의 약점이나 민감한 문제는 건드리지 말아야 한다. 우리는 종종 농담이나 가벼운 말로 상대방의 자존심을 건드리곤 한다. 그러나 그 순간 웃음으로 넘어가는 듯 보여도, 마음속 깊은 상처로 남는 경우가 많다. 과거의 실수나 실패를 들추는 것도 관계를 해치는 가장 큰 원인이다.

다섯째, 역지사지(易地思之)의 태도가 필요하다. 늘 상대방의 관점에서 생각하며 열린 마음으로 바라보면 오해가 줄어든다. 내가 억울하고 힘들다고 느끼는 순간에도, 혹은 상대의 말이 불합리하게 들릴 때에도, 잠시 멈추어 "만약 내가 저 사람 입장이라면 어떨까?"를 생각해 보는 습관은 관계를 훨씬 더 건강하게 만들어준다.

나는 평생 좋은 대인관계를 위해 꾸준히 노력해왔다. 늘 한발 양보하는 마음으로 상대방을 대하려 애써왔다. 누군가와 다툼이 있을 때도 끝까지 고집을 세우기보다는 조금 물러서서 상황을 부드럽게 풀어가려 했다. 내 경험으로는 그 한발 양보가 결코 손해가 아니었다. 오히려 상대가 마음의 빚을 느끼며 두 발 앞서 다가오는 경우가 많았다. 그래서 나는 이렇게 믿는다. "한발 양보하는 마음으로 상대방을 대하면 두 발 앞서갈 수 있다." 이것이 내가 살아오면서 체득한 인간관계의 철칙이다.

결국 좋은 인간관계란 특별한 기술에서 비롯되는 것이 아니라, 작은 태도의 차이에서 결정된다. 상대를 존중하는 마음, 따뜻한 언어, 경청하는 자세, 그리고 양보할 줄 아는 여유가 어우러질 때 비로소 신뢰와 우정이 자라난다. 인생의 길고 짧은 여정 속에서 우리가 남기는 가장 값진 흔적도 바로 이런 관계일 것이다. 재산이나 명예는 세월이 흘러 사라지지만, 좋은 관계는 마음에 남아 평생을 따뜻하게 비춰주는 등불이 된다.

✨ 우정은 돈으로 살 수 없다

2025년 3월 30일(일)

점심 식사 자리에서 친구가 뜬금없는 제안을 했다. "우리 서로의 우정과 신뢰를 한 번 시험해 보는 게 어때?"

처음엔 무슨 농담인가 싶었다. 그런데 친구의 이야기를 듣고 보니, 그 제안은 농담만은 아니었다. 예전 돈을 잘 벌던 시절에는 주변에 사람들이 북적였는데, 요즘은 벌이가 신통치 않다 보니 가까웠던 친구들도 점점 멀어지고, 전화 한 통 오는 이도 없다는 것이다. 그래서 자기 신뢰도를 확인해 볼 겸 가까운 친구 몇 명에게 전화를 걸어 100만 원에서 200만 원 정도만 일주일 동안 빌려달라고 해 볼 참이란다. 과연 몇 명이나 선뜻 돈을 빌려줄까, 그것으로 진짜 친구와 아닌 친구가 구분될 것 같다는 그의 말이었다.

나는 곧바로 고개를 저었다. "그건 잘못된 방법이야."

우정을 돈으로 시험하는 건 온당치 않다고 말해주었다. 당장 가까운 친구라 할지라도 여유 자금이 없을 수 있고, 말하지 못할 개인적인 사정이 있을 수도 있다. 또 어떤 이는 돈 문제에 예민해 원치 않게 마음의 상처를 받을 수도 있다. 그렇기에 '돈을 빌려주는가, 안 빌려주는가'로 친구의 참모습을 판단하는 것은 섣부른 일이다.

아무리 돈이 많고 사회적으로 명성을 얻은 사람이라도 돈으로 살 수 없는 것이 우정이다. 우정이란 눈에 보이지 않는 마음의 다리와 같아서, 그 다리를 잇는 재료는 돈이 아니라 따뜻한 마음과 진심 어린 배려다. 진정한 친구는 전화가 오지 않아도 내가 먼저 안부를 묻고, 무슨 일이 있다면 함께 걱정해주며 위로하는 사이가 된다.

우정이란 늘 곁에 있는 듯하면서도 손에 잡히지 않는 바람 같다. 평소 연락이 뜸하다 해도, 그리 친하지 않다고 해도 서운해할 필요가 없다. 내가 먼저 좋은 친구가 되어 손을 내밀면 되는 법이다. 결국 중요한 것은 친구가 나에게 무엇을 해주는지가 아니라, 내가 친구에게 어떤 사람이 되느냐 하는 문제다.

나는 문득 지난 세월의 친구들을 떠올렸다. 어떤 이는 바쁜 삶 속에서 연락이 끊어졌고, 또 어떤 이는 삶의 굴곡 속에서 멀어졌다. 그러나 정말 소중한 몇몇 친구들은 긴 세월이 흘러도 여전히 내 마음속에 살아 있다. 그들과는 매일 보지 않아도, 자주 전화하지 않아도, 다시 만나면 어제 헤어진 듯 편안하다. 그게 바로 진짜 우정의 모습이 아닐까.

진정한 친구란 가식 없이 편안한 마음으로 다가올 수 있는 사람이다. 내 장점만이 아니라 단점까지도 포용해주며, 힘든 순간엔 묵묵히 곁에 서 있는 사람이다. 좋은 일이 있으면 함께 웃어 주고, 슬픈 일이 있으면 눈빛만으로도 내 마음을 읽어 주는 그런 친구야말로 인생의 보물이다. 살아가다 보면 험난한 길을 걸어야 할 때가 많다. 그때 내 손을 잡고 끝까지 동행해 주는 사람이야말로 가장 귀한 벗이다.

생각해 보면, 인생의 가장 가까운 자리에 늘 함께하는 존재가 있다. 바로 배우자다. 누구보다 나를 잘 알고, 나의 기쁨과 슬픔을 함께 나누며, 같은 방향을 바라보고 여정을 걸어가는 사람. 결국 배우자야말로 평생을 두고 함께할 수 있는 가장 든든한 친구일지 모른다. 때로는 투덕거리기도 하고, 의견이 다를 때도 많지만, 돌아보면 인생의 긴 길을 묵묵히 동행해 주는 사람은 배우자다.

그래서 나는 친구에게 이렇게 말했다. "돈으로 우정을 시험하지 마라. 이미 네 곁엔 너를 믿고 너와 길을 걷는 진짜 친구가 있을 테니."

2장 살며 사랑하며 배우다

✨ 거친 나무껍질처럼 골 잡힌 어르신의 손등

2022년 1월 27일(목)

　날씨가 부쩍 차가워졌다. 차가운 바람이 불 때마다 손끝이 얼어붙는 듯 아프고, 장갑을 껴도 금세 한기가 스며든다. 며칠 전, 인근 빌라에 사는 한 어르신이 손을 내보이며 "이거 좀 봐요, 다 갈라져서 아파 죽겠어" 하고 웃으며 말씀하셨다. 손등은 마치 거친 나무껍질처럼 갈라져 있었고, 하얀 각질이 갈피마다 일어나 있었다.
　날씨와 바람, 그리고 매일 손수레를 끌며 폐지를 묶는 작업이 만든 상처였다. 나는 순간, 서랍 속에 있던 크림 샘플이 떠올랐다. "이거라도 발라 보세요. 조금이라도 덜 아프실 거예요." 작은 정성이었지만, 그분의 손등에 금세 스며들기를 바라며 건넸다.
　사실 이 어르신은 폐지 수거 일을 하기 전까지는 집에 홀로 계시는 시간이 훨씬 많았다. 하루 대부분을 텔레비전 앞에서 보내거나, 술로 시간을 보내곤 했다. 마실 때는 연달아 며칠씩 마셨고, 그러다 술기운에 몸을 가누지 못해 동네를 비틀거리며 걷다 넘어지기도 했다. 어느 날은 팔이 부러져 깁스하고 계셨고, 또 다른 날에는 얼굴이 쓸려 깊은 상처가 남기도 했다. 표정은 늘 굳어 있었고, 웃음은 사라진 지 오래였다. 그렇게 하루가 하루를 밀어내며, 기운 없는 시간이 흘러가고 있었다.

그런데 어느 날부터인가, 동네에서 손수레를 끌고 폐지를 모으는 모습이 보이기 시작했다. 처음에는 낯설고 어색해 보였다. 묶는 끈은 자꾸만 풀리고, 무거운 짐을 싣는 요령도 익숙하지 않았다. 그런데도 어르신은 매일 같은 시간에 골목을 돌았다. 시간이 지나자 몸이 일을 기억하기 시작했고, 표정에도 변화가 나타났다. 발걸음이 빨라지고, 이웃과 인사를 나누는 빈도가 늘었으며, 예전보다 옷차림이 단정해졌다.

수입도 달라졌다. 처음에는 한 달 10~20만 원 정도였지만, 이제는 60~70만 원까지 벌어들인다. 농협, 가구점 등 단골 수거처도 생겨, 전화만 하면 폐지를 쌓아두고 기다려 준다고 한다. 하루에 모으는 양이 한 손수레를 훌쩍 넘기는 날이 많다. 여름에는 땀으로 옷이 흠뻑 젖고, 겨울에는 손끝이 얼어붙지만, 어르신은 오히려 웃으며 "일할 수 있는 게 얼마나 좋은지 몰라"라고 말씀하신다.

폐지 수거는 결코 쉬운 일이 아니다. 무거운 짐을 끌고 오르막길을 오르다 보면 숨이 목까지 차오른다. 종이와 박스, 고철을 한데 묶느라 허리를 굽히는 일이 수십 번 반복된다. 하지만 어르신은 그 과정이 힘들다고 하면서도, 그 힘듦 속에서 얻는 보람이 더 크다고 했다. 스스로의 힘으로 번 돈을 지갑에 넣는 순간, '나도 아직 쓸모 있는 사람'이라는 자존감이 피어난다고 한다.

70대 후반의 나이에도 허리는 곧고 걸음이 힘차다. 무엇보다 표정이 밝아졌다. 폐지 수거가 단순히 생활비를 보충하는 수단이 아니라, 하루를 살아가게 만드는 원동력이 된 것이다. 술에 기대던 과거와 달리, 지금은 일과를 끝내고 집으로 돌아올 때 느끼는 뿌듯함이 더 크다고 한다. 일과 규칙이 생기자 식사 시간도 규칙적으로 바뀌었고, 잠도 더 깊이 잘 수 있게 됐다.

나는 그분이 이 일을 가능한 오래, 건강하게 이어가시길 바란다. 물론 계절이 바뀔 때마다 손끝이 갈라지고, 허리에 통증이 오는 날도 있겠지만, 그 모든 과정이 어르신을 더 단단하게 만드는 것 같다. 그리고 매서운 겨울바람 속에서도 묵묵히 손수레를 끄는 그 뒷모습을 볼 때마다, 나도 모르게 마음속으로 응원하게 된다. '오늘도 무사히, 그리고 건강하게' 이것이 그분에게 바치는 나의 소망이다.

✦ 운동을 겸해서 청소한다는 직업정신

2022년 7월 19일(화)

새벽에 일어나 운동을 나가면 항상 아파트 안팎을 청소하는 경비원 한 분을 매번 만나게 된다. 갓 들어온 신입도 아니고 여러 명의 경비원 가운데 경력이 꽤 되는 분으로 알고 있는데 늘 열정적으로 청소하는 모습이 감동적이다. 어떨 때는 기분이 좋은지 콧노래를 부르고는 땀을 뻘뻘 흘리며 일하신다.

한 번은 "왜 그렇게 혼자서 열심히 청소하시냐?"라고 물었는데 돌아온 대답이 뜻밖이었다. 운동을 겸해서 청소하는 것이란다. 요즘같이 더운 날씨에는 땀이 비 오듯 해 하루 세 차례나 옷을 갈아입을 정도란다.

몇 군데 아파트 단지에서 경비원으로 일했다는 그는 우리 아파트 단지가 환경적으로 가장 좋아 일하기에 편하다고 너스레를 떨기도 했다. 보통 아파트 단지들은 오래된 단지가 아니더라도 비가 새거나 금이 간 건물은 물론 폐기물 처리 등에서 주민 갈등이 심한데 우리 단지는 그렇지 않다는 것이다.

내가 보기에 그분은 직업적 소명 의식이 투철하신 분 같다. 직업에 귀천은 없다지만 자신이 아파트 경비원임을 자랑거리를 내세우는 분들은 거의 없다. 퇴직하거나 다른 일을 하다 먹고 살기 위해 경비원 일을 하는 경우가 대부분일 테니 말이다. 그런 면에서 늘 밝게 웃고 즐겁게 일하시는 그분에게 존경의 마음과 함께 큰 박수를 보낸다.

✨ 배려하는 마음 자세

2022년 9월 20일(화)

일주일에 한두 차례씩 사무실을 방문하는 택배 기사를 기다린다. 한 카운셀러는 항상 오전 11시쯤 늦게 사무실에 나와 택배 보낼 박스 작업을 마치고 12시쯤 집으로 가면서 택배 기사에게 운송장을 보낸다. 그러면 택배 기사는 한 시간 후쯤이나 그날의 택배 배송을 다 마친 이후 저녁에 퇴근하면서 거둬 가곤 했다.

택배 일이 어렵고 힘들기에 택배 기사의 고충을 익히 알고 그래서 묵묵히 기다리지만, 가끔 택배 기사가 제시간에 오지 않으면 조급증이 나곤 한다. 평소 오후 세 시쯤 퇴근인데 열두 시경 운송장을 보내면 보통 네 시나 다섯 시쯤 오는 경우도 가끔씩 있다. 딴에는 일찍 온다고 애를 썼으나 내 퇴근 시간과 한두 시간 차이가 나니 나는 조급증이 나고 택배 기사는 기사대로 미안해하는 것이다.

사실 택배 기사의 업무량은 극한에 가깝다. 아마도 나중에는 제대로 골병에 걸릴 듯하다. 무거운 택배 상자들을 집집이 거둬 가거나 배달하면서 몸은 만신창이가 될 것이고 허리나 무릎에 엄청난 무리가 가기도 할 것이다.

그러니 퇴근 시간이 지나 택배 기사가 늦게 오더라도 나는 그저 묵묵히 기다려주는 것이 내가 생각하는 나름의 배려라고 생각한다. 내가 조금 불편하다면 힘들게 일하는 택배 기사의 마음을 편하게 해주는 것도 나쁘지 않을 테니 말이다.

✨ 선심성 식탐

2022년 11월 15일(화)

베트남 여행을 다녀왔다는 한 카운셀러가 선물로 사 올 만한 것이 마땅치 않아, 그냥 유명 빵집에서 빵과 커피를 사 와서 모두 함께 나눠 먹었다. 갓 구운 빵의 향이 사무실 안에 퍼지고, 김이 모락모락 나는 커피잔이 책상 위에 놓이니 잠시나마 여행지의 여유가 스며드는 듯했다.

그런데 카운셀러 중 유난히 식탐이 강한 이가 있었다. 그는 빵이 맛있다며 빵 접시를 자기 쪽으로 바싹 끌어당기더니, 다른 사람이 빵 한 조각을 들기 전 벌써 두 개를 해치웠다. 순간 나도 모르게 눈살이 찌푸려졌다. 더욱이 그는 평소 다른 사람을 위해 무언가를 사거나 대접하는 경우가 거의 없었다. 그런 그가, 다른 사람이 사온 빵과 커피를 눈치 없이 즐기는 모습은 적잖이 불편했다.

사무실에 비치해 둔 공용 커피도 마찬가지였다. 자기 돈으로 산 것이 아니니 마음껏 타서 마셨고, 심지어 타 놓고는 그대로 두어 버리는 일도 부지기수였다. 컵에 남아 식어 버린 커피가 하염없이 버려질 때마다, '저건 누군가의 돈이고 정성이었을 텐데…'하는 생각이 들었다.

모임을 해보면 이런 이기적인 성향은 두드러진다. 정기적으로 나가는 모임에서도 식탐이 강한 사람이 꼭 있다. 음식이 맛있다며 메뉴판의 이곳저곳을 가리키고 계속 주문한다. 그때마다 다른 사람들은 눈치를 보거나, 주문을 좀 줄이자며 은근히 제동을 건다.

또 다른 모임에서도 비슷한 일이 있었다. 한 회원은 회비로 계산한다는 이유로 음식을 과하게 시키곤 했다. 접시가 채 비워지기도 전에 새로운 요리가 테이블 위에 놓였다. 물론 개인 돈을 써야 했다면 과연 그렇게 했을까 하는 의문이 들었다.

먹는 문제로 이야기를 꺼내는 것은 언제나 조금 민망하고 어쩐지 낯뜨겁다. 그러나 '그냥 좋은 게 좋은 거'라며 못 본 척 지나가는 것이 꼭 옳다고 보진 않는다. 타인을 전혀 배려하지 않는 행동은 결국 함께하는 사람들의 마음을 상하게 하고, 모임의 분위기마저 흐려 놓는다. 배려 없는 식탐은 단순한 식습관을 넘어, 그 사람의 품격과 인격을 그대로 드러내는 거울이 된다.

✨ 일요시장에는 세상 사는 이야기가 있다

2022년 12월 18일(일)

일요시장에서 장사하는 상인들은 첫인상부터 순박하다. 겨우 상추 한 묶음을 사더라도, 허리를 숙이며 "감사합니다" 하고 인사하는 그 표정 속에는 진심이 담겨 있다. 마치 오래 알고 지낸 이웃에게 인사하듯, 따뜻하고 소박하다. 반면 일반 대형마트나 일부 상점의 상인들은 대체로 무뚝뚝하고, 때로는 눈길조차 주지 않은 채 계산만 마치기도 한다. 간혹 누가 고객이고, 누가 판매자인지 헷갈릴 정도로 냉담한 분위기를 풍기기도 한다.

그렇지만 일요시장 상인들은 날씨가 어떻든, 혹은 장사가 잘되든 안되든, 묵묵히 자리에서 고객을 맞는다. 한겨울 찬 바람이 불어도, 새벽같이 나와 상품을 정리하고 손님에게 싱싱한 채소와 과일을 건넨다. 그들의 손은 차갑게 얼어 있지만, 건네는 말과 표정은 따뜻하다. 그 모습이 참 좋다. 이윤만을 좇기보다, 자기 일에 최선을 다하는 태도에서 오히려 삶의 진정한 품격을 본다.

일요시장을 찾는 고객들 역시 특징이 있다. 조금이라도 더 싼 가격에, 조금이라도 더 신선한 먹거리를 얻기 위해 발걸음을 옮기는 알뜰한 사람들이다. 상인과 고객 모두가 서로의 사정을 이해하는 듯, 눈빛 속에 묘한 동질감이 스친다. 이곳에서는 값과 품질을 두고 흥정이 오가기도 하지만, 그 과정마저 일요시장의 생동감을 더해 준다.

오늘 나 역시 장바구니를 끌고 일요시장을 찾았다. 상추 한 봉지와 함께 쑥갓, 오이, 사과까지 챙겼다. 이것이면 한두 주 동안은 먹거리를 넉넉히 준비할 수 있다. 싱싱한 잎사귀의 색과 향, 손끝에 닿는 오이의 차가운 감촉, 사과에서 풍기는 은은한 단내가 마음까지 상쾌하게 한다.

일요시장은 물건을 사고파는 곳을 넘어, 사람과 사람이 만나 웃음과 온기를 나누는 공간이다. 오늘 내가 들고 온 장바구니 속 채소와 과일은 단순한 식재료가 아니라, 그 안에 상인들의 수고와 진심이 담겨 있는 듯하다. 시장을 나서며, 이 소박하고 정겨운 풍경이 오래도록 변치 않기를 바라는 마음이 들었다.

✨ 조수미 씨의 힐링 콘서트

2023년 1월 11일(수)

거의 20년 만에 오페라 하우스를 찾았다. 그동안 여러 번 마음을 먹었지만, 바쁘다는 핑계로, 혹은 일정이 맞지 않는다는 이유로 미루고 미루다 드디어 발걸음을 옮겼다. 이번 나들이의 목적은 소프라노 조수미 씨의 '힐링 콘서트' 관람이었다. 공연장 앞에 들어서자 특유의 웅장하고 세련된 건물 외관이 눈에 들어왔다. 오페라 하우스 특유의 묵직한 분위기와 공연 전의 설렘이 온몸을 감싸는 듯했다.

조수미 씨는 1962년생으로 서울대 음대를 졸업한 뒤, 세계 무대에서 활약하며 대한민국을 대표하는 소프라노 성악가로 자리매김했다. 카프리 할리우드 국제영화제 음악 부문 평생공로상, 프랑스 문화예술공로훈장 코망되르 등 화려한 수상 경력을 자랑하며, 그야말로 '살아 있는 전설'이라 부를 만하다. 그러나 그녀의 경력만큼이나 놀라운 것은, 지금까지도 변함없는 열정과 목소리의 힘이었다.

이날 무대는 프라임 필하모닉 오케스트라의 협연으로 더욱 빛났다.

테너 장주훈 씨와 해금 연주자 나리 씨가 함께하며, 서양과 동양의 음악이 절묘하게 어우러졌다. 특히 해금의 애잔한 울림과 조수미 씨의 맑고 고운 목소리가 겹쳐질 때, 객석 곳곳에서 감탄이 흘러나왔다.

무대 위의 그녀는 여전히 '천상의 목소리'를 가진 소프라노였다. 음 하나하나가 공기 속에서 맑게 번져 나가며, 마치 눈 부신 햇살이 청명한 하늘을 가로지르는 듯한 기분을 안겨주었다.

관객들은 숨죽여 음악에 빠져들다가, 한 곡이 끝날 때마다 아낌없는 박수와 환호를 보냈다. 어떤 이는 눈가를 훔쳤고, 어떤 이는 자리에서 일어나 기립박수를 보냈다. 그 순간, 음악이 사람의 마음을 치유하고, 위로하며, 또 하나로 묶는 힘을 가졌다는 사실을 새삼 느꼈다.

조수미 씨는 한 매체와의 인터뷰에서, 40년간 자신이 걸어온 길은 결코 혼자의 힘으로 걸어온 길이 아니며, 단 한 번도 자신의 뿌리를 잊은 적이 없다고 말했다. 그리고 한국인으로 태어난 사실을 자랑스럽게 생각한다고 고백했다. 단순히 세계적인 실력을 갖춘 성악가라는 점을 넘어, 자신의 뿌리와 정체성을 진심으로 소중히 여기는 그녀의 모습이 참으로 인상 깊었다.

공연이 끝나고 자리에서 일어서는 순간, 마음속에서 오래된 울림이 일었다. 단순히 한 사람의 무대를 본 것이 아니라, 그 사람의 인생과 철학, 그리고 음악을 통해 전해지는 진심을 온전히 느끼고 돌아온 밤이었다. 오페라 하우스를 나서며, 20년 만의 나들이가 이렇게 값지고 벅찬 선물이 될 줄은 미처 몰랐다.

✨ 소소한 양보는 득이다

2023년 7월 4일(화)

이발할 때가 되어 단골 이발소를 찾았다. 그곳은 늘 이른 아침부터 문을 열기에 나 역시 습관처럼 새벽을 열고 간다. 이발할 때는 평소와 다르게 4시 50분에 일어나 가볍게 운동을 하고, 시계를 보며 7시 정각에 맞춰 이발소에 도착했다. 이른 시간임에도 특유의 바른 습관과 약속 지킴이 몸에 밴 것이다.

그런데 막 의자에 앉으려는 순간, 1분 늦게 들어선 한 사람이 잠시 머뭇거렸다. 출장 준비로 바쁜 듯 연신 시계를 확인하던 그는 '먼저 해줄 수 없겠느냐'는 듯한 표정을 지었으나, 이내 체념한 듯 발걸음을 돌리려 했다. 순간 나도 잠시 망설였다. 정시에 맞춰온 내 순서를 양보해야 할까? 그러나 오래 생각하지 않았다. "저분 먼저 해드리시지요." 이발사에게 한 마디 건네자, 이발사는 곧장 그 사람을 불러 세웠다.

그는 연신 머리를 조아리며 고마움을 표현했다. 짧은 인사였지만, 진심이 담긴 눈빛이 전해졌다. 내 차례가 다시 돌아와 의자에 앉자 이번엔 또 다른 이가 헐레벌떡 들어왔다. 전날 머리를 다듬었던 손님이었는데, 머리 한쪽이 고르지 않다며 몇 분만 손봐 달라고 했다. 다시 나는 자리에서 물러나 양보했다.

그 사람 역시 나를 향해 거듭 인사했다. 불과 몇 분의 기다림일 뿐인데, 두 번의 양보로 사람들의 마음이 따뜻해진 것을 보는 순간 나도 모르게 미소가 번졌다. 이발사까지 "오늘 손님 덕분에 가게 분위기가 좋습니다"라고 거들어 주니, 나로서는 손해 본 것이 아니라 오히려 작은 기쁨을 얻은 셈이었다.

결국 나는 약 30분 늦게 이발을 마쳤지만, 시간의 손해보다 더 값진 보상을 받은 듯 마음이 뿌듯했다. 상대방의 절박함을 헤아려 잠시 양보하는 일, 그것은 절대 어렵지 않았다. 하지만 그 사소한 배려가 세 사람의 표정을 환하게 바꾸었고, 가게 안 공기마저 한결 따뜻하게 만들었다.

아침을 그렇게 시작했으니, 그날 하루가 나쁠 리 없었다. 삶은 때로 큰 결단이 아니라, 이렇게 소소한 양보 하나에서 밝아지기도 한다. 나의 작은 선택이 여러 사람의 마음을 기쁘게 한 것처럼, 누군가의 하루도 나로 인해 조금은 더 빛날 수 있기를 바란다.

✦ 새벽을 지켜내며 하루를 열어주는 신문배달원의 노고

2023년 8월 15일(화)

가끔 내가 구독하지 않는 신문이 내가 보는 신문과 같이 현관에 있을 때가 자주 있다. 처음에는 무심코 받아들였지만, 곧 구독할 마음이 없기에 부담스러워졌다. 그래서 몇 번이고 넣지 말아 달라고 전했으나, 여전히 그 신문은 꾸준히 들어왔다. 나는 마음이 불편하면서도, 새벽마다 신문을 나눠 주는 그 손길 자체는 고마웠다. 신문은 단순히 종이가 아니라 누군가의 수고와 시간이 깃든 결과물이라는 사실을 알기 때문이다.

가끔 새벽녘에 집을 나서다 신문을 배달하는 중년 여성을 엘리베이터에서 마주칠 때가 있었다. 그는 늘 무표정에 가까운 얼굴로 서둘러 신문을 나르고 있었지만, 내가 인사를 건네면 잠시 웃음으로 답해주곤 했다. 짧은 순간이었지만, 그 미소는 무심히 스쳐 지나가는 새벽 공기 속에서 묘한 따스함을 남겼다.

얼마 전에는 그분께 감사의 마음을 조금이나마 전하고 싶어 작은 선물을 준비했다. 새벽 다섯 시, 혹시나 마주칠 수 있을까 싶어 현관 앞에서 기다렸는데, 이미 신문은 배달되어 있었고 아주머니의 모습은 보이지 않았다.

의아한 마음에 나중에서야 알게 되었는데, 기사 마감과 분류작업이 빨라진 탓에 배달 시간도 더 이른 시각으로 앞당겨졌다는 것. 사람들은 대부분 잠들어 있는 시간, 아무도 주목하지 않는 그 시간에 이미 하루의 일이 끝나가고 있었던 것이다.

며칠 뒤 어렵사리 아주머니를 다시 마주쳐 준비한 선물을 전했다. 순간, 주름이 깊이 팬 얼굴 위로 환한 웃음이 번졌다. 그리고는 연신 고맙다며 고개를 숙였다. 그 순간 나는 낯선 울림을 느꼈다. 단순히 선물을 건넸을 뿐인데, 마치 세상에 오래 감추어져 있던 수고가 잠시 빛을 받는 듯한 장면이었다.

그의 얼굴에 새겨진 주름은 단순한 세월의 흔적이 아니었다. 그것은 수많은 새벽을 깨우고, 비와 눈을 맞으며, 무거운 삶의 무게를 견뎌온 기록처럼 보였다. 그 얼굴 속에 담긴 고단함과 인내가 내 마음을 울렸다. 흔히 우리는 신문을 펼칠 때 그 안의 기사와 정보만 보지만, 사실은 그 글자를 전달하기 위해 애쓴 한 사람 한 사람의 노고가 배어 있는 것이다.

그날 이후 나는 신문을 볼 때마다 아주머니의 미소와 굽은 어깨가 떠오른다. 어쩌면 그분의 삶은 내가 알 수 없는 간난신고(艱難辛苦)의 연속일 것이다. 그러나 그 모든 어려움 속에서도 새벽을 지켜내며 남의 하루를 열어 주는 그의 모습은, 말없이도 존경심을 불러일으킨다. 삶의 고단함 속에서도 미소를 잃지 않는 그 얼굴을 떠올리면, 나 또한 내 하루를 더 성실히 살아야겠다는 다짐이 절로 생긴다.

✨ 주차요원의 책임 한계

2023년 11월 28일(화)

어제 정비를 맡긴 자동차를 찾으러 가는 날이다. 자동차를 찾아 집으로 오다 점심을 먹으러 식당에 들렀다. 식사하고 나와 차를 뺐는데 앞쪽 범퍼에서 '드르륵'하는 소리가 났다. 차에서 내려 범퍼 쪽을 살펴보니 범퍼 밑쪽이 주차 턱에 걸려 접촉 부분이 약간 찢겨 나가고 벌어져 있었다. 원래 차 앞 범퍼가 낮아 주차할 때는 늘 조심스럽게 하는 편인데 식당에 도착해 주차할 때는 주차요원의 지시에 따라 앞쪽으로 주차했는데 아무런 이상이 없었다. 식사 후 차를 뺄 때도 주차요원의 지시에 따랐는데 그 당시 주차요원이 주의를 환기했더라면 하는 아쉬움이 있어 책임을 물을까 하다 쌀쌀한 날씨에 외부에서 일하는 모습이 안쓰러워 책임을 물을 수가 없었다. 아마도 그 자신 역시 내 차 범퍼가 낮을 줄은 알지 못했고 그래서 범퍼가 긁힐 줄은 꿈에도 몰랐을 것이다.

다시 서비스센터에 가서 견적을 내보니 앞 범퍼 교체만 200만 원이 나왔다. 정비사에게 자초지종을 얘기했다. 주차할 때는 걸리지 않았던 게 출차 시 걸리는 문제를 문의하니 주차 중 타이어 공기압이 낮아질 수 있기에 발생할 수 있는 문제라고 한다. 처음 듣는 얘기였으나 나름대로 일리가 있다고 생각했다. 외관상 큰 문제가 없어 그대로 타기로 했다.

어쨌든 범퍼 파손은 내 실수였기에 남 탓을 할 이유가 없었다. 그래도 주차요원이 더 세심하게 자기 일을 해줬으면 어땠을까 하는 아쉬움은 남는 하루였다.

✨ 일요시장은 순수한 삶의 현장

2023년 12월 18일(월)

아침 기온이 영하 7도까지 떨어졌다. 창문을 열어보니 뿌연 입김이 허공에 피어올랐고, 어제보다 더 매서운 추위가 온몸을 감싸는 듯했다. 이 정도 추위라면 내가 자주 가는 일요시장이 제대로 열릴까 하는 궁금증이 먼저 들었다. 그래도 간고등어, 콩나물, 시금치 같은 찬거리를 비롯해 사과와 감 같은 과일도 사야 했기에 따뜻한 집 안에 머물고 싶은 유혹을 뿌리치고 차가운 바람이 부는 바깥으로 나서기로 했다. 현관을 나설 때부터 시린 공기가 뺨을 스치고 들어왔다.

시장으로 가는 길은 평소보다 한산했다. 아침 일찍 나선 탓도 있지만, 아마도 날씨 탓이 클 것이다. 이따금 마주치는 행인들 역시 목도리를 깊게 두르고 발걸음을 재촉했다. 바람이 세차게 불지는 않았지만, 살을 에는 듯한 칼바람이 간헐적으로 불어 체감온도는 실제 기온보다 훨씬 더 낮게 느껴졌다. 손끝이 시려 장갑 속에서 저릿했고, 발걸음마다 눈발이 스치는 듯한 서늘함이 느껴졌다.

시장의 입구에 다다르자 비로소 안도감이 밀려왔다. 대부분의 노점이 어김없이 장사를 하고 있었다. 갓 튀겨낸 튀김의 향, 삶은 옥수수와 군고구마에서 피어오르는 김이 시장 입구부터 손님들을 맞았다.

평소보다는 인파가 적었지만, 그래도 제법 많은 이들이 장바구니를 들고 시장을 오가며 물건을 고르고 있었다. 그러나 몇몇 노점은 영업을 안 해서 비어 있었는데, 그런 풍경이 내 눈에는 다소 아쉽게 비쳤다. 추위 때문에 장사를 쉬는 모습은 장사꾼의 근성이 부족해 보였기 때문이다. 물론 그들의 사정이 있겠지만, 상인으로서의 의지가 부족한 듯한 인상을 주는 것도 사실이었다.

채소를 파는 노점들은 상추, 시금치, 부추 같은 잎채소가 얼어붙지 않도록 비닐로 덮어놓았다. 일부는 포장 박스 안에 신문지를 덧씌워 보온을 했다. 두꺼운 외투를 껴입고 털모자를 눌러쓴 상인들은 연신 발을 동동거리며 추위를 달래거나 손을 비비며 호호 불어댔다. 가끔 서로의 안부를 묻거나 짧은 농담을 주고받으며 잠시 웃음을 터뜨리기도 했지만, 다시금 매서운 바람이 몰아치면 표정은 금세 굳어졌다. 삶이란 것이 참 녹록지 않구나, 하는 생각이 절로 들었다.

집 안에서 따뜻하게 앉아 주문 배송을 시키거나, 가까운 대형마트에서 손쉽게 먹거리를 구매하는 이들은 아마 이런 풍경을 잘 알지 못할 것이다. 스마트폰 하나로 편리하게 장을 본다는 것은 소비자의 입장에서는 큰 장점이겠지만, 이렇게 추위를 견디며 생계를 이어가는 상인들의 치열함은 체험할 수 없다.

아이러니한 것은, 그렇게 편리하게 소비하던 이들이 막상 물가가 오르면 가장 먼저 볼멘소리를 터뜨린다는 점이다. 정작 시장에서 흥정도 하고, 상인들의 땀을 직접 마주하며 물건을 사본 경험이 드물기에 진짜 '값어치'가 무엇인지 체감하지 못하는 것이다.

일요시장에서 파는 농작물은 대형마트나 슈퍼보다 훨씬 저렴하다. 어떤 것은 절반 값에 살 수 있고, 무엇보다 싱싱하다. 상인들이 전날 밤이나 새벽에 직접 농장에서 가져온 것들이 많으니 신선도가 다를 수밖에 없다.

콩나물이나 상추처럼 집에서 다듬거나 씻어야 하는 품목도 있지만, 그 정도의 수고는 오히려 즐겁게 감당할 만하다. 퇴근 후나 주말에 가족이 함께 둘러앉아 나물을 다듬는 것은 작은 여유가 될 수도 있고, 자라나는 아이들에게는 도시에서 경험하기 힘든 생활 체험이 될 수도 있다. 요즘 교육이 체험학습을 중시한다지만, 정작 이렇게 손으로 만지고 냄새 맡으며 느끼는 진짜 체험은 가정에서부터 시작되는 것 아닐까.

시장에서는 물건을 사는 것 이상의 의미가 있다. 상인들과 짧게라도 주고받는 대화 속에서 정(情)이 오가고, 흥정 속에서 미소가 피어난다. "오늘은 좀 덜 추우시죠?" 하고 묻는 말에 상인이 "그래도 손님 와주셔서 덜 춥네요." 하고 답할 때, 그 따뜻한 눈빛은 마트 계산대에서는 결코 느낄 수 없는 온기다. 시장을 다녀오면 단순히 싼 값으로 장을 본 만족감뿐만 아니라, 사람과 사람 사이의 소박한 온정을 함께 얻을 수 있다.

일요시장을 다녀오면 한 주간 먹을 반찬거리를 넉넉히 장만할 수 있고, 상인들 역시 자신의 손으로 키운 농작물을 팔아 생계를 이어갈 수 있으니 서로에게 이로운 일이다. 소비자에게는 '절약'이고, 상인에게는 '생계'이며, 그 사이에는 따뜻한 '공존'이 있다. 바로 이것이 '일석이조'요, '상부상조'의 진정한 모습이 아닐까.

✦ 대한민국의 신조어

2024년 2월 18일(일)

MZ세대는 밀레니얼세대(M세대)와 Z세대를 묶어 부르는 표현으로, 2020년대 초 언론을 통해 유행하게 된 대한민국의 신조어이다. 개성과 주관이 뚜렷한 세대로 개인주의가 강하고 '워라밸' 즉, 일과 삶의 균형을 추구하는 세대로 잘 알려져 있다.

더불어 그들 사이에 통용되는 신조어를 만들어 사용하면서 그들끼리의 유대감을 크게 하는데 우리 세대로서는 이해하기가 참 힘들다. 내가 들었던, 재미있는 MZ세대의 신조어들을 모아봤다.

모에 모에 쿵 : 음식을 맛있어 지게 하는 주문
빠태 : 빠른 태세 전환
완내스 : 완전 내 스타일
무물보 : 무엇이든 물어보세요.
스불재 : 스스로 불러온 재앙
당모치 : 당연히 모든 치킨은 옳다.
너또다 : 너 또라이라 다행이다.
상사병 : 상사 때문에 얻는 화병
희연사 : 희귀 연예인 사진
제곧내 : 제목이 곧 내용
어라, 랍스타 : 놀라움을 나타내는 감탄사
어쩔티비 : 어쩌라는 거냐?
저쩔티비 : 어쩔티비를 받아치기 위한 신조어

그잡채 : 그 자체

저메추 : 저녁 메뉴 추천

남아공 : 남아서 공부나 해

알잘딱깔센 : 알아서 잘 딱 깔끔하게, 센스 있게

쉽살재빙 : 쉽게만 살아가면 재미없어 빙고

삼귀다 : 사귀다의 전 단계인 썸 타는 관계

갓생 : 갓(God)과 인생(生)의 합성어

꾸안꾸 : 꾸민 듯 안 꾸민, 수수하게 예쁘다는 의미

안물안궁 : 안 물어봤고 안 궁금하다.

억텐 : '억지 텐션'의 줄임말로 재미있는 척을 격하게 보여주는 반응

추구미 : 내가 추구하거나 원하는 이미지

✦ 쇼핑센터 안 남자들을 위한 작은 쉼터가 아쉽다

2024년 4월 4일(목)

부부가 함께 쇼핑센터에 갔다. 아내가 바지가 필요하다며 같이 가자고 했고, 나도 새 옷이 필요하다는 생각이 들어 구경도 할 겸 나선 것이다. 평일 낮이었음에도 쇼핑센터는 사람들로 북적였다. 마치 봄을 맞이하려는 듯, 가족 단위 나들이객이며 친구, 연인들이 삼삼오오 모여 쇼핑을 즐기고 있었다. 아마도 따뜻한 봄이 가까이 다가오니 새 옷을 마련해 나들이를 계획하려는 사람들이 많아진 것 같았다.

아내와 나는 바지 두 벌씩 구매하기로 마음을 모았다. 첫 번째 매장에서 나는 비교적 쉽게 마음에 드는 바지를 하나 고를 수 있었다.

아내 역시 한 벌을 구입했다. 여기까지만 해도 순조로웠다. 그런데 두 번째로 들른 매장에서 나는 또 다른 바지를 한 벌 더 샀으나, 아내는 이렇다 할 마음에 드는 바지를 찾지 못했다. "좀 더 돌아보자."라는 말이 아내의 입에서 나왔다. 나는 속으로 '대충 마음에 드는 게 있으면 사면 되지 굳이 이렇게 오래 걸리나…' 하고 구시렁거렸지만, 아내를 사랑하는 마음에 내색하지 않고 묵묵히 따라다녔다.

세 번째, 네 번째 매장까지는 그래도 괜찮았다. 그 정도는 남편으로서 감내할 만했다. 하지만 그 이후부터는 점점 힘에 부쳤다. 발은 점점 무거워지고, 얼굴에는 피곤한 기색이 역력해졌다. 아내의 말은 이랬다. 옷이라는 게 조금이라도 마음에 걸리면 결국 손이 잘 가지 않으니, '마음에 쏙 드는 옷'을 찾아야 한다는 것이다. 듣고 보니 일리가 있었지만, 남자인 나는 여전히 이해하기가 쉽지 않았다.

몇 군데 매장을 더 돌다 보니 이런 생각이 불현듯 떠올랐다. '남자들을 위해 쇼핑센터 안에 작은 쉼터라도 만들어 두면 얼마나 좋을까?' 푹신한 의자 몇 개 놓아두고 신문이나 커피라도 곁들일 수 있다면 얼마나 좋을까 싶었다. 옷 고르는 아내 옆에서 억지로 서성이는 남편들의 표정은 하나같이 피곤과 지루함이 뒤섞여 있었다. 아마 그 순간 내 얼굴도 크게 다르지 않았으리라.

내가 시큰둥한 표정을 짓자 아내는 "다음부터는 따라오지 말라."고 핀잔을 주었다. 그래도 나는 내색하지 않고 애써 태연한 척하며 계속 발걸음을 옮겼다. 그러다 아내가 한 매장에서 바지를 입어 보고 나에게 물었다. "어떠냐?" 순간 나는 빨리 집에 가고 싶은 마음에 무심코 "괜찮네."라고 답했다. 그러자 아내는 금세 눈치를 챘다. "성의 없이 대답한다."며 타박을 하는 것이다. 사실 '빨리 사서 집으로 가면 좋겠다.'는 생각이 머릿속을 떠나지 않았기에 그런 대답이 나왔음을 스스로도 알았다.

결국 아내는 그날 원하는 바지를 더 사지 못했다. 쇼핑센터를 빠져나오는 길에 나는 속으로 두 가지 감정이 교차하는 걸 느꼈다. 하나는, 내가 성급해 한 탓에 아내가 더 보고 싶어도 참은 것은 아닐까 하는 미안함이었다. 다른 하나는, 드디어 사람들로 붐비는 매장을 빠져나왔다는 해방감이었다. 시원한 바깥 공기를 마시며 묘한 안도감이 밀려들었다.

요즘 젊은 남자들은 오히려 쇼핑을 즐기는 경우가 많다고 한다. 매장마다 거울 앞에서 옷을 갈아입어 보고, 꼼꼼히 비교하며 즐기는 남자들을 보면 나와는 전혀 다른 세대처럼 느껴진다. 앞으로는 나도 그런 습관을 조금은 배워야 하지 않을까 하는 생각이 들었다. 무엇보다 아내가 쇼핑을 하는데, 남편이 함께 즐길 수 있어야 진정한 배려가 될 터이다.

사랑이라는 것이 결국 상대방의 눈높이에 맞춰주는 것이 아니겠는가. 그날의 소동은 힘들었지만, 아내와 함께 보낸 하루라는 사실만으로도 따뜻한 추억으로 남았다.

✦ 진정한 친구란 삶의 무게를 나누는 친구다

2024년 8월 9일(금)

아침 일찍 아내와 함께 파크 골프를 치고 돌아오니, 햇살이 이미 집 안을 가득 채우고 있었다. 모처럼 집에서 빈둥거리며 여유로운 시간을 보냈다. 평소 같으면 하루를 바쁘게 보내며 계획을 세우기 마련이지만, 오늘만큼은 아무것도 하지 않고 느긋하게 시간을 보내는 것이 얼마나 소중한지 새삼 깨달았다. 문득 친구를 불러 점심이나 함께할까 하는 생각이 스쳤지만, 날씨도 무덥고, 또 마음 놓고 부를 만한 친구가 선뜻 떠오르지 않았다.

회사에 다닐 때는 직원들이나 거래처 사장 등 여러 모임에서 사람들을 만났지만, 막상 내 곁에 진정한 친구가 몇이나 되는지는 의문이었다. 사회생활을 하면서 자연스럽게 만나는 사람들은 많지만, 인생에서 진정으로 내 편이 되어 줄 친구는 드물다는 것을, 나이가 들면서 더 실감하게 된다. "진실한 친구 한 명은 만 명의 지인보다 낫다"라는 말처럼, 진정한 사랑도 드물지만, 진정한 우정은 그보다 더 귀하다.

어려움이나 곤란한 일이 닥쳤을 때, 모든 일을 제쳐 두고 달려와 함께해 줄 친구란 쉽게 찾기 어렵다. 인간은 상대적 존재이면서 근본적으로는 이기적인 동물이라는 사실이 여실히 드러난다. 하지만 완벽한 인간이어야만 진정한 친구를 가질 수 있는 것은 아니다.

서로의 부족한 점을 보듬고, 고민을 들어주며, 기꺼이 빈자리를 채워주는 사람이 바로 진정한 친구다. 오랫동안 함께 있어도 말이 없어도 어색하지 않고, 필요할 때는 새벽이라도 전화할 수 있으며, 늦은 밤에도 스스럼없이 만나 웃고 이야기할 수 있는 친구가 있다면, 그것만으로도 큰 위안이 된다.

　나는 문득, 평소 즐겁게 지내는 절친들을 떠올려 보았다. 함께 술잔을 기울이고, 취미 생활을 나누며, 때로는 고민을 털어놓는 사람들이 많지만, 막상 내 삶이 어려움에 부딪쳤을 때 그들이 과연 달려와 도와줄 수 있을까 하는 의문이 들었다. 인간관계는 상대적이라지만, 오랜 세월 지나며 쌓인 신뢰와 친밀함이 없으면 진정한 친구는 쉽게 만들어지지 않는다.

　그런 생각을 하다가 문득 깨달았다. 어쩌면 인생에서 가장 진정한 친구는, 평생을 함께하며 살을 맞대고 살아온 아내일지도 모른다는 것이다. 아내는 내가 힘들 때 함께 고민해주고, 내가 실수했을 때도 보듬어 주며, 내 기쁨과 슬픔을 누구보다 가까이에서 공유해주었다. 때로는 말하지 않아도 내 마음을 읽고, 필요할 때는 침묵 속에서도 위로를 건넨다. 이런 면에서 아내는 그 어떤 친구보다도 오래, 깊게 내 곁을 지켜주는 진정한 벗이다.

　오늘 같은 여유로운 아침을 보내며, 나는 삶에서 친구란 존재의 의미를 다시 생각하게 된다. 친구란 꼭 자주 만나거나, 화려한 추억을 만드는 사람만이 아니다. 서로의 부족함을 채워주고, 삶의 무게를 나누며, 필요할 때면 망설임 없이 달려올 수 있는 존재가 친구다. 그리고 그런 친구가 바로 내 삶의 중심에 있어 준다는 사실이 얼마나 큰 축복인지, 오늘처럼 여유로운 시간 속에서 새삼 느끼게 된다.

✨ 주차 예절은 안 지키면서 적반하장 자세

2024년 10월 4일(금)

새벽녘, 아직 햇살이 본격적으로 퍼지기 전, 나는 처음으로 방문하는 파크 골프장을 찾았다. 처음 가보는 곳이라 마음 한편에는 설렘도 있었지만, 미리 들었던 이야기가 떠올라 조금은 걱정도 됐다. 이곳은 주차공간이 넉넉지 않아 차를 대기가 힘들다고 했다.

혹시나 해서 조금 일찍 도착했는데, 예상은 빗나가지 않았다. 이미 주차장은 차들로 가득 메워져 있었고, 빈자리를 찾기란 쉽지 않았다. 몇 바퀴나 주차장을 빙빙 돌며 자리를 찾았고, 십여 분 만에야 겨우 한 자리를 발견해 안도의 한숨을 내쉴 수 있었다.

두 시간 남짓 파크 골프를 치고 나서 다시 주차장으로 향했다. 상쾌해진 기분으로 차에 타려던 순간, 내 눈 앞에 펼쳐진 광경은 그야말로 당혹스러웠다. 통로까지 차들이 빼곡히 이중 주차되어 있었고, 내 차는 앞쪽에 버티고 선 다른 차량 때문에 꼼짝할 수가 없었다. 혹시 뒤로 빠질 수 있을까 싶어 뒷공간을 살펴봤지만, 하필이면 내 차가 있는 자리에는 큰 나무가 서 있어 후진은 애초에 불가능했다.

결국 방법은 하나뿐이었다. 앞쪽 차량 주인이 와서 차를 빼주어야만 내 차가 빠져나갈 수 있는 상황이었다. 나는 급히 차량 앞 유리창 쪽을 확인했다. 혹시나 연락처라도 남겨두었을까 싶었지만, 허사였다. 메모 한 장 보이지 않았다. 순간 답답함과 화가 동시에 치밀어 올랐다. 아무리 급히 주차를 했더라도, 다른 차를 막아두었으면 최소한 연락처는 남겨야 하는 게 기본적인 예의 아닌가. 그런데 이런 기본조차 지키지 않은 것이다.

관리 사무실을 찾으려 했지만, 이른 시간이어서 직원조차 출근 전이었다. 방송으로 차량 주인을 호출할 수도 없는 노릇이라 결국 기다리는 수밖에 없었다. 차 안에 앉아 답답한 시간을 보내다 보니 화는 점점 더 커졌다. 나뿐 아니라 주변에도 길이 막혀 빠져나가지 못하는 차량이 늘어났다. 통로에 차를 세워둔다는 것은 단순히 불편을 주는 문제가 아니다. 정상적으로 주차된 차량이 빠져나오려다 좁은 공간에서 다른 차를 긁을 수도 있고, 작은 접촉사고로 이어질 가능성도 충분히 있다.

나는 어쩔 수 없이 몇 차례나 차를 앞뒤로 움직여 공간을 만들고, 혹시 차주가 오면 바로 나갈 수 있도록 준비해 두었다. 하지만 기다림은 길게만 느껴졌다. 마침내 골프장 직원이 출근했는지, 확성기로 차량 호출 방송이 울려 퍼졌다. 그리고 잠시 후, 내 차를 막아두었던 차주가 나타났다. 다가오는 순간, 솔직히 '이제야 해결되겠구나' 싶어 안도했지만, 곧 이어진 상황은 전혀 예상치 못한 방향으로 흘러갔다.

차주가 다가와 차를 빼주기는커녕, 내 질문에 불쾌한 기색을 드러냈다. "왜 전화번호도 남기지 않고 이렇게 주차를 해두셨냐?"라고 내가 정중히 물었는데, 돌아온 반응은 황당하기 짝이 없었다. 오히려 내게 화를 내며, "예전에도 이렇게 주차했는데 무슨 문제냐?"라는 투였다. 심지어 "그럼 통로에 세워둔 차들 전부 다 불러야 하느냐?"라며 적반하장으로 나왔다. 순간 어이가 없어 말문이 막혔다.

그때 주변에 있던 다른 차량 운전자들도 불편을 겪고 있었던 터라, 다들 더 이상 따질 겨를이 없었다. 모두 바쁜지, "시비 가리지 말고 그냥 빨리 차나 빼달라"는 분위기였다. 하지만 마음속 깊은 곳에서 나는 씁쓸함을 지울 수 없었다. 분명 잘못은 그 사람에게 있었다. 다른 차량을 가로막아 주차해 놓고도 연락처조차 남기지 않은 것은 명백한 비매너였다. 그럼에도 불구하고, 사과 한마디 없이 오히려 큰소리를 치는 태도는 도저히 이해할 수 없었다.

나는 그 순간, '운전면허증만 있다고 해서 운전 자격이 주어지는 것은 아니구나' 하는 생각이 들었다. 도로 위에서는 서로의 안전과 편의를 배려하는 작은 예의와 상식이 얼마나 중요한데, 그것을 지키지 못하는 사람은 사실상 운전할 자격이 없는 것이다. 특히 공공장소에서의 주차는 개인의 편의가 아니라 모두의 질서를 고려해야 한다. 이런 원칙조차 무시한다면, 사회는 끝없는 혼란 속에 빠질 수밖에 없다.

이번 경험을 통해 다시금 깨달았다. 사회가 조금 더 성숙해지려면, 거창한 규칙이나 제도보다도 작은 배려와 기본적인 상식이 지켜져야 한다는 것을. 주차라는 사소한 행동 하나에도 타인을 배려하는 마음이 스며 있어야 한다. 그래야 서로 불필요한 갈등을 피할 수 있고, 더 안전한 환경을 만들 수 있다. 나는 간절히 바란다.

제발 원칙이 지켜지고, 작은 예의가 존중되는 사회가 되었으면 좋겠다. 그것이 결국 모두가 편안하고 행복하게 살아가는 길이라는 것을, 이번 일을 통해 절실히 느꼈다.

✦ 30여 년 전 옛 향수를 찾아

2025년 5월 9일(금)

30여 년 전, 우리 가족이 살았던 포항을 아내와 함께 다시 찾았다. 한창 열정을 불태우며 회사 생활을 하던 시절, 포항지점으로 발령을 받아 영일만 근처 두호동 아파트에서 3년간 살았다. 그 당시를 생각하면 늘 바쁘고 정신없이 흘러가던 날들이었다. 아침마다 바닷바람을 맞으며 출근했지만 정작 나는 그 바다를 온전히 바라본 기억이 거의 없다. 늘 업무에 쫓겨 살았기 때문이다.

아내와 함께 옛 거리를 걸으며 이런저런 이야기를 나누었다. 어린 아이들이 맨발로 뛰놀던 영일대해수욕장, 감기에 걸려 열로 힘들어하던 아이를 돌보느라 지쳐 있던 아내의 고단한 모습, 그리고 그 모든 기억이 주마등처럼 스쳐 갔다. 그러나 막상 그 시절 우리가 살던 아파트를 찾아가 보니 이미 흔적조차 남아있지 않았다. 동네 전체가 재개발되어, 옛 정취는 온데간데없이 사라지고 낯선 건물들만 들어서 있었다. 세월이 그렇게도 무정한가 싶어 마음이 허전했다.

그 시절 바닷가 근처에 살았으면서도 아이들과 함께 바닷물에 발 한번 제대로 담가보지 못했다는 사실이 새삼 부끄럽게 다가왔다. 늘 바쁘다는 핑계로 주말에도 집에 함께하지 못했고, 아이들과는 기껏해야 잠깐 놀아주는 수준에 그쳤다.

지금 와서 돌이켜보니 왜 그렇게 각박하게 살았는지 이해할 수 없다. 물론 나름의 이유와 책임이 있었겠지만, 아이들의 어린 시절에 아빠와의 추억이 별로 없다는 사실은 내 마음을 무겁게 짓누른다. 다시 그때로 돌아갈 수만 있다면 원 없이 놀아주고, 바닷가 모래사장에서 함께 웃고 떠들며 기억을 남겨주고 싶다.

아내 역시 힘든 시절을 홀로 버텨야 했다. 성격이 예민하던 아내는, 매일같이 업무상이라는 핑계로 술 마시고 놀다 늦게 들어오는 남편을 기다리며 지쳐갔다. 그러다 화병까지 얻으며 고통의 시간을 견뎌야 했다.

지금 돌이켜보면, 그때 나는 왜 조금 더 아내의 마음을 들여다보지 못했을까. 왜 조금 더 배려하지 못했을까. 후회와 죄책감만이 남아있다. 아내의 지난 고생이 모두 나 때문이라는 생각에 마음이 시리다. 이제라도 내가 할 수 있는 것은 단 하나, 남은 세월 동안 아내를 더 따뜻하게 보듬고 잘해주는 것뿐이다.

세월은 흘러 많은 것이 변했지만, 변하지 않은 것도 있다. 영일만의 검푸른 바다는 여전히 잔잔하게 파도를 일으키며 그 자리에 서 있었다. 그리고 그 바다를 바라보며 나는 깨달았다. 그때도, 지금도, 변함없는 것은 내 아내에 대한 사랑이라는 사실이다.

젊었을 때 잘해주지 못한 빚을 짊어지고 남은 생을 살아가겠지만, 그것이 후회만은 아닐 것이다. 그 빚을 갚아가며 사는 일이 곧 내 삶의 의미이자 다짐이 될 테니 말이다. 바다 앞에서 나는 아내를 향해 속으로 다시 다짐했다.

"여보, 사랑합니다. 그리고 평생 나와 함께해 줘서 고마워요."

제6부

다시 출발선에 서서

1장 일기를 쓰기 시작하며 얻은 것들

✦ 내가 보낸 오늘 하루

2021년 7월 30일(금)

　은퇴 후 일기를 쓰기 시작한 지 1년하고도 두 달째, 권수로는 네 권째가 되었다. 짧지 않은 기간이었지만 하루도 빠지지 않고 썼다. 일기란 날마다 겪었던 일이나 생각, 느낌 등을 사실대로 적은 기록인데, 퇴직 후 일상이 거의 엇비슷해 하루도 빠지지 않고 매일 쓴다는 것이 생각보다 쉬운 일은 아니었다.
　잠시라도 아무 생각 없이 보내거나 손을 놓으면 하루 이틀이 그냥 지나간다. 반드시 매일의 기록을 남겨야 한다고 생각하니 일기 쓰기가 꼭 숙제처럼 느껴지기도 한다. 그래서 쓰는 일에 얽매이지 말자고, 그저 편안하게 하루에 내가 겪고 느낀 일을 담담히 기록하자고 스스로 최면을 걸어도 전혀 쉽지 않다.
　그러나 일기 쓰는 일은 생각보다 장점이 꽤 많다. 하루를 정신없이 보내고 잠자리에 들었을 때 문득 "오늘 나는 뭐 했지?" 싶은 날이 있다. 바쁘게 보냈지만 기억에 남는 것은 별로 없고 그래서 마음이 가라앉는 느낌이 드는 날, 그런 날에 일기를 쓰고 찬찬히 시간을 되짚으면 하루의 흐름이 정돈되고 내 안에 흘러온 생각들을 단어와 문장으로 붙잡아두며 하루를 마무리할 수 있다.

그렇게 일기 쓰기를 통해 생각의 폭을 넓히고 스스로 삶을 성찰하는 능력과 시간을 버틸 수 있는 인내심을 기를 수 있다. 내 주위의 사물들을 세심히 보는 눈을 키우는 동시에 시야를 넓히는 힘을 키워주는 장점이 있다.

매일의 일상이 엇비슷하게 보일지 모르나 사실 모든 날은 조금씩이라도 확연히 다르다. 같은 시간에 같은 행위를 한다고 해도 어제의 나와 오늘의 나는, 시간을 대하는 자세와 생각 등에서 분명히 다른 존재일 것이다. 그렇기에 매일의 내 생각과 느낌, 단상은 다르다.

그래서 매일 일기를 쓸 예정이다. 이제 하루만 지나면 여름의 한복판인 8월이다. 전 세계적으로 대유행인 코로나도 조만간 멈추길 바라며 예전처럼 자유롭게 호흡하고 활동할 수 있는 그 날이 하루 빨리 오길 기대해 본다.

✨ 일기는 나를 돌아보게 하는 거울이자 미래다

2022년 1월 24일(월)

새벽 공기는 언제나 묘한 힘을 준다. 아직 해가 뜨기 전, 어둠과 빛이 뒤섞인 거리를 걸으며 운동 삼아 발걸음을 옮긴다. 발걸음은 가볍지만, 머릿속은 수없이 많은 생각들로 분주하다. 그중 하나가 불쑥 고개를 든다. '조금만 더 일찍 제2의 인생을 계획하고 실행했더라면 어땠을까.' 지금도 나름 바쁘게 살고 있지만, 예전 눈코 뜰 새 없이 바쁘게 일하던 시절과 비교하면 한결 여유롭다. 여유라는 것이 때로는 선물처럼 느껴지지만, 때로는 무언가 부족한 듯 허전하게 다가올 때도 있다.

A사 특약점을 그만둔 날, 나는 스스로와 약속을 하나 했다. 그날부터 일기를 쓰겠다는 것이었다. 그 선택은 내 제2의 인생 여정에서 가장 의미 있는 시도 중 하나로 자리 잡았다. 처음엔 습관이 안 되어 하루하루를 글로 옮기는 일이 낯설었다. 하지만 시간이 지날수록 일기는 단순한 기록을 넘어 나를 돌아보게 하는 거울이 되었다. 사소한 일도 글로 옮기면 그날의 온기나 냄새, 감정이 다시 살아났다. 덕분에 하루가 결코 같을 수 없음을 깨닫게 되었고, '내일은 어떤 하루가 펼쳐질까' 하는 작은 기대를 품게 되었다.

솔직히 말하면 은퇴 이후의 일상은 단조롭다. 업무 회의나 거래처 전화, 직원들의 보고가 끊이지 않던 시절과 달리, 지금은 하루의 리듬이 느리고 단순하다. 하지만 이 단조로움 속에서 나는 또 다른 배움을 얻는다. 느리게 걷다 보면 보이지 않던 풍경이 보이고, 사소한 변화에도 마음이 움직인다. 예전 같으면 스쳐 지나갔을 이웃의 인사, 골목에 핀 꽃, 공원 벤치에 앉아 햇볕을 쬐는 노인의 모습이 새삼 깊이 각인된다.

다행스럽게도 나는 젊었을 때부터 노후를 준비해 왔다. 그 덕에 경제적인 여유가 있어 자녀들에게 손을 벌릴 일은 없다. 이 점은 은퇴 후의 가장 큰 안도이자 감사한 부분이다. 다만, 한 가지 아쉬운 점이 있다면 평생 일을 중심으로 살아오다 보니 '잘 노는 법'을 배우지 못했다는 것이다. 누군가는 취미로 그림을 그리고, 누군가는 악기를 배우며, 또 다른 누군가는 동호회 활동으로 활력을 얻는다지만, 나는 그저 일을 쉬는 법밖에 몰랐다.

앞으로는 이 부분을 채워가고 싶다. 책을 더 많이 읽고, 여행을 떠나 미지의 풍경과 사람들을 만나고, 때로는 새로운 취미에도 도전할 것이다. 그렇게 노는 법을 배우는 것이야말로 제2의 인생을 더 알차게 만드는 길이 아닐까. 이제는 시간에 쫓기지 않는 만큼, 하루를 어떻게 채울지는 오롯이 나의 선택이다.

새벽의 거리를 걸으며 나는 마음속으로 다짐한다. 남은 날들을 그저 소비하지 않겠다고. 오늘의 일기는 내일을 더 기대하게 하고, 내일의 기대는 모레의 삶을 더 풍요롭게 할 것이다. 그리고 언젠가 지금의 내가 이 시절을 돌아보며, '그때 참 잘 살았다'라고 웃을 수 있기를 바란다.

✨ 기록한다는 것은 일상에 작은 변화를 불러온다

2022년 11월 19일(토)

단 하루도 거르지 않고 일기를 써 온 지 벌써 903일째다. 달력 위의 날짜가 바뀔 때마다, 펜 끝은 한 장 한 장 새로운 기록을 남겼다. 그동안 채운 노트만 벌써 8권. 두 손으로 쌓아 올리면 제법 묵직하고, 책장 한 칸을 차지할 만큼의 분량이다. 절대 적지 않은 양이다.

처음엔 '이렇게까지 오래 쓸 수 있을까?' 하는 의구심이 있었다. 하루하루가 그저 반복되는 것처럼 느껴져, 기록할 거리가 없다고 생각할 때도 많았다. 그러나 막상 펜을 들고 하루를 돌아보면, 똑같아 보이는 날들 속에도 미묘한 차이가 있다는 걸 깨닫게 되었다. 해가 뜨는 모양이 조금 다르고, 스치는 바람의 냄새가 다르고, 만난 사람과 나눈 대화 속 감정이 다르다. 그 작은 차이가 쌓여 나만의 삶을 만든다.

일기 쓰기는 내 일상에 작은 변화를 불러왔다. 하루를 무심히 흘려보내는 대신, 저녁 무렵이면 '오늘 무엇을 남길까?' 하고 되짚게 된다. 덕분에 사소한 장면도 눈에 들어오기 시작했다. 길가의 들꽃, 우연히 마주친 사람의 웃음, 책 속 한 문장이 준 울림…. 그것들이 종이에 옮겨질 때, 하루는 비로소 나만의 이야기가 된다.

물론 매일 다른 소재와 느낌으로 글을 쓰는 건 쉽지 않았다. 대동소이한 일상 속에서 억지로라도 새로운 것을 찾아내려 애썼다. 때로는 문장이 잘 풀리지 않아 한참을 멍하니 펜만 굴릴 때도 있었다. 그리고 깨달았다. 단순히 있었던 일을 나열하는 것보다, 그때의 내 마음을 솔직하게 묘사하는 것이 훨씬 어렵다는 사실을.

앞으로는 그날 있었던 일과 생각, 감흥, 느낀 점에서 더 나아가, 내가 지금까지 살아오며 기준으로 삼아 온 인생관과 가치관, 세계관이 자연스럽게 드러나도록 써보고 싶다. 그래야 시간이 지난 뒤 이 기록을 다시 펼쳤을 때, 단순한 사건의 기록이 아니라 내 성장의 궤적을 읽을 수 있을 테니까.

그런 글을 남기려면, 더 많이 보고 듣고, 더 깊이 생각하고, 더 자주 써야 한다. 독서로 사고의 폭을 넓히고, 글쓰기로 마음을 단련하며, 사소한 순간에도 의미를 발견하는 눈을 길러야 한다. 언젠가 이 노트들이 모여, 나라는 사람의 발자취와 마음의 풍경을 고스란히 담아내길 바란다. 하루 한 줄이 쌓여 평생의 기록이 되는 그날까지, 나는 펜을 놓지 않을 것이다.

✨ 스트레스는 인생의 동반자

2024년 9월 27일(금)

늘 자신이 불행하며 나쁜 일이 자신에게만 생긴다고 불평하는 사람이 주위에는 꼭 한두 명쯤 있다. 그들의 말에 귀 기울이다 보면 세상은 마치 자신을 괴롭히기 위해 존재하는 것처럼 보이기도 한다. 하지만 곰곰이 생각해 보면, 사실 이 세상에 더 행복한 사람도, 덜 행복한 사람도 없다.

또한 특별히 더 불행한 사람도 따로 있는 것이 아니다. 행복과 불행은 외부에서 주어지는 것이 아니라 결국 스스로 만들어가는 것이라고 나는 믿는다.

나는 오래전부터 '스트레스는 인생의 동반자'라고 생각하며 살아왔다. 인생을 살아가는 한 스트레스를 완전히 없앨 수는 없다. 왜냐하면 스트레스의 원인은 끝없이 생겨나며, 그중 많은 것은 우리가 어찌할 수 없는 것들이기 때문이다.

아무리 고민하고 애써도 해결되지 않는 문제가 있는 법이다. 그렇다고 해서 그 고민이 해결책을 가져다주는 것도 아니다. 없는 돈 때문에 한숨 쉬고, 하지 않아도 될 걱정으로 밤을 지새우며 스트레스를 받지만, 사실 그런다고 주머니에 돈이 생기는 것도 아니고, 걱정거리가 순식간에 사라지는 것도 아니다. 오히려 그런 생각에 몰두할수록 마음은 더 지치고 무거워질 뿐이다.

따라서 중요한 것은 스트레스 자체가 아니라, 그것을 어떻게 받아들이고 해석하느냐에 달려 있다. 같은 상황에서도 어떤 사람은 스트레스에 무너져 좌절하지만, 또 다른 사람은 그것을 성장의 계기로 삼아 더 단단해진다.

예컨대 직장에서의 실패나 인간관계에서의 오해 같은 일도 어떤 이는 인생을 원망하며 불행의 증거로 여기지만, 또 다른 이는 자기 자신을 돌아보며 더 좋은 길로 나아가기 위한 배움으로 받아들인다. 결국 스트레스는 우리를 괴롭히는 독이 될 수도 있고, 삶을 더욱 단단하게 만드는 양분이 될 수도 있는 것이다.

사실 스트레스는 반드시 부정적인 것만은 아니다. 오히려 살아가는 데 필요한 일종의 활력소가 되기도 한다. 우리 몸은 스트레스에 대응하는 과정을 통해 면역력을 키우고, 변화하는 환경에 적응하는 법을 배운다. 작은 긴장과 부담이 반복되어야 큰 위기 상황에서도 흔들리지 않고 중심을 잡을 수 있다. 마치 운동선수가 땀 흘리며 훈련을 거듭해야 경기에서 좋은 성과를 내듯이, 인생에서도 스트레스라는 훈련 과정을 통해 더 강해지고 유연해질 수 있는 것이다.

물론 스트레스의 크기와 상황에 따라 차이는 존재한다. 때로는 감당하기 어려운 큰 고통으로 다가오기도 하고, 때로는 가볍게 웃어 넘길 만한 문제로 그칠 때도 있다. 그러나 흥미로운 점은 심지어 경사스러운 순간에도 스트레스는 찾아온다는 사실이다.

예를 들어 자녀들의 결혼식을 준비하는 과정은 기쁘고 축복할 만한 일이지만, 그 과정에는 피곤과 긴장, 예기치 못한 걱정이 함께 뒤따른다. 그러나 이러한 스트레스는 삶을 소진시키는 나쁜 스트레스가 아니라, 새로운 출발을 맞이하며 몸과 마음을 활력 있게 '리프레시'할 수 있는 좋은 스트레스가 되기도 한다.

결국 스트레스는 우리의 삶을 따라다니는 그림자와도 같다. 그것을 두려워하고 원망하면 그림자는 더욱 짙어지지만, 담담히 받아들이고 삶의 일부로 인정하면 오히려 그 안에서 빛을 찾을 수 있다. 스트레스를 무조건 없애려 하기보다는, 그것을 어떻게 다루고 활용하느냐에 따라 우리의 삶은 한층 더 풍요로워지고 성숙해질 수 있다. 그리고 그 과정에서 우리는 조금씩 더 지혜로워지고, 삶의 의미와 균형을 찾아가는 것이다.

✦ 간절히 기도하는 마음

2024년 11월 24일(일)

내게 일기 쓰기는 지난 삶을 되돌아보는 좋은 계기인 동시에 앞으로 남은 날들을 더 의미 있고 보람차게 살기를 기대하는 '기원(祈願)'과도 같다고 생각한다.

산길을 가다 보면 등산객들이 쌓아 놓은 돌탑을 흔히 볼 수 있다. 소원이 이뤄지게 해달라는 심정으로 우리는 탑 위에 돌을 얹는다. 사찰이나 교회, 성당에 가서도 겸허한 마음으로 부처님께 혹은 하느님과 성모 마리아께 이루고 싶은 바를 간절하게 빈다.

사람은 무엇을 빌고, 누구를 위해 기원하는 것일까. 신이나 절대적 존재에게 바라는 바가 이뤄지기를 비는 것이 기도 혹은 기원이다. 우리 말에는 기원을 희구하는 말들이 많다. 농사가 잘되기를 기원하는 '기곡(祈穀)하다' 라든가, 참된 마음으로 빈다는 의미의 '암축(暗祝)하다', 마음속으로 기원함을 뜻하는 '염주(念呪)하다', 극락에 갈 수 있도록 빈다는 '천령(薦靈)하다' 등이 그렇다.

젊은 세대들도 기원에 대한 나름의 신조어를 쓰는데 대표적으로 '올클기원'이라는 말이 그것이다. 대학이나 학원에서 수강 신청 시 원하는 과목 신청이 모두 성공하기를 기원하거나 게임에서 승리하기를 빌 때 주로 쓴다고 한다.

그러나 무엇이든 빈다고 다 이뤄지는 것은 아니고 우리 인생사에는 도저히 이뤄질 수도 없는 것도 분명 존재한다. 빌기보다 더 노력해 이룰 수 있는 것도 있다.

하지만 빈다는 행위는 그 자체가 인간의 간절함을 보여주는 하나의 태도로서 사람이 추구하는 마음의 길이기도 하다. 간곡하게 빌다 보면 성취가 되든 안 되든, 걱정과 마음의 불안, 고통이 사라지고 희망과 용기를 얻을 수도 있다.

현실의 삶이 무겁고 힘겨울수록 자신을 더 믿고 의지하게 할 수 있게 돕는 것이 바로 그런 기원이다. 간절히 기도하는 마음으로 삶을 살아간다면 '하늘은 스스로 돕는 자를 돕는다'라는 경구처럼 바라던 일들이 술술 풀릴지도 모르겠다.

✨ 달력에 얽힌 이야기

2024년 12월 22일(일)

금년도 이제 열흘 남짓 남겨두고 있다. 새로운 달력으로 바꿔야 할 시기이다. 일기를 쓰다 보니 세월의 흐름을 더 실감 나게 느낄 수 있었다. 일기를 쓰지 않을 때는 하루하루가 넘어가는 걸 피부로 느끼진 못했다. 하지만 일기 쓰기로 매일 하루를 되돌아보는 순간을 맞게 되면서 하루의 가치와 소중함을 더 절실하게 알게 되는 것 같다.

요즘은 달력을 구하기도 쉽지 않다. 예전에는 기업체나 은행, 정부 기관 등에서 달력을 다량 찍어 배포했는데 경비 절감 차원에서 부수를 줄이거나 실용성 때문에 벽걸이용에서 탁상용으로 크기를 줄이고 있는 실정이다.

보통 사람들이 선호하는 달력은 은행에서 나온 달력인데 재운을 가져다준다는 속설 때문이다. 돈이 모이는 곳에서 만든 물품이기에 그 달력을 얻으면 돈이 굴러들어온다는 것이다.

과거에는 은행, 증권사 등에서 상품 판촉을 위해 달력을 발행했는데 제작 수량이 적어진 요즘은 달력 배포하는 날이면 아침부터 '오픈 런' 하기 일쑤이다. '달력 거지'라는 자조의 목소리도 나오지만, 달력을 확보하면 천만금을 얻은 것 같은 뿌듯함을 갖기도 한다.

은행들은 일정 금액 이상 예치한 우수고객 혹은 모바일앱 이벤트에 응모한 고객에게만 달력 신청 자격을 주고 추첨을 통해 배포하기도 한다. 사정이 이렇다 보니 은행 달력은 중고거래 장터에서 1만 원이 넘는 가격에 거래된단다. 심지어 유명 가수를 모델로 제작된 탁상 달력은 웃돈이 얹혀 팔리기도 한다.

재미있는 것은, 요식업체나 유명 식당이 제작한 달력을 걸어 두면 먹을 복이 생기고 백화점이나 유명 외국 명품 브랜드의 달력은 부와 높은 신분을 상징하며 기독교, 불교 등 종교단체의 달력은 복을 비는 신도들에게 인기란다.

또 병원이나 약국 달력은 호불호가 갈리는데 특정 병원과 약국의 달력을 걸어 두면 아플 일이 생길 수도 있다고 말하는 무속인도 있다. 제약사 달력은 건강에 좋고 주류회사 달력을 걸어 두면 술 마실 일이 많이 생겨 건강도, 돈도 잃는다는 속설이 있기도 하다.

요즘 스마트폰으로 인해 굳이 달력을 보고 날짜를 확인하지 않아도 된다. 그런 이유로 달력 제작이 많이 준 것 같다. 내가 어렸을 때 달력의 활용도는 꽤 높았다. 날짜를 확인하고 앞날의 계획을 미리 기재하는 등의 원래 목적에서 나아가 교과서를 싸거나 종이비행기를 접는 등 쓰임새가 적지 않았다. 달력을 보며 어릴 적 추억에 다시 잠겨본다.

✨ 일기는 단순한 기록이 아닌 '자기암시'다

2025년 4월 29일(화)

일기를 쓰는 사람들은 하나같이 말한다. 일기 쓰기의 장점 중 하나는 하루의 기억을 차분히 정리함으로써, 앞으로 어떻게 살아야 할지에 대한 방향을 세울 수 있다는 것이다. 그날의 기쁨과 아쉬움, 잘한 점과 못한 점을 기록하다 보면 자연스레 반성과 다짐이 따라온다. 그렇게 보면 일기는 단순한 기록이 아니라 오늘의 삶을 통해 내일의 삶을 구상하는, 일종의 '자기 암시'라고 할 수 있다.

나도 오늘 하루를 아침의 '자기 암시'로 시작했다. 눈을 뜨자마자 마음속으로 이렇게 중얼거렸다. "반드시 행복한 하루가 될 것이다. 조금이라도 나 자신보다는 타인을 위해 사는 하루가 될 것이다."

짧은 문장이었지만, 그 암시만으로도 하루의 기운이 달라졌다. 인생은 결국 자신이 마음속에 품은 생각대로 살아간다는 말이 있다. 그렇기에 아침에 어떤 생각을 품느냐, 자신에게 어떤 말을 건네느냐가 매우 중요하다.

사전에서 '자기 암시'를 찾아보면 '일정한 관념을 반복함으로써 자기 자신에게 암시를 주는 일'이라고 정의되어 있다. 본래는 심리적, 신체적 문제를 개선하는 데 쓰이는 개념이지만, 사실은 누구나 일상에서 무의식적으로 활용하고 있다. 우리는 의식적이든 무의식적이든, 스스로에게 또는 외부로부터 끊임없이 암시를 받으며 살아간다. 어떤 말을 듣느냐, 어떤 생각을 하느냐, 어떤 장면을 보느냐가 모두 잠재의식에 저장되어 우리의 태도와 성격을 형성한다.

암시는 크게 긍정적 암시와 부정적 암시로 나뉜다. 긍정적 암시가 강하면 우리는 밝고 건강한 삶을 살아가게 되지만, 부정적 암시에 사로잡히면 삶 자체가 불행해진다. 같은 상황에서도 '나는 할 수 있다'라고 생각하는 사람은 새로운 길을 찾지만, '나는 안 된다'라고 스스로에게 말하는 사람은 스스로 발목을 잡고 만다. 그렇기에 자기 암시는 우리 삶을 바꾸는 매우 중요한 도구다.

자기 암시는 단순한 주문이 아니다. 반복적인 말이나 생각이 마음속에서 구체적인 이미지로 변하고, 그것이 잠재의식에 깊이 새겨질 때 놀라운 힘을 발휘한다. 예를 들어, 환자가 매일 "나는 점점 좋아지고 있다"라고 되뇌면 실제로 치유의 확신이 생기고, 몸이 회복되는 경우가 많다고 한다. 결국 우리 몸과 마음은 서로 연결되어 있고, 그 연결을 튼튼하게 만들어 주는 것이 바로 자기 암시다.

그렇다면 자기 암시는 어떻게 활용할 수 있을까?

먼저 자신이 바라는 바를 짧고 구체적으로 적어야 한다. "나는 2030년까지 2억 원을 모아 스포츠카를 사겠다"라든가 "나는 올해 반드시 10kg을 감량하겠다." 같은 식이다. 막연한 다짐보다 뚜렷한 목표가 잠재의식을 자극한다.

둘째, 아침에 눈을 뜰 때와 저녁에 잠들기 전에 그 목표를 소리 내어 반복하는 것이다. 글로 적은 종이를 꺼내 스무 번씩 큰 소리로 읽고, 그 결과가 이미 이루어진 듯 상상하며 마음으로 느껴 본다. 상상은 단순한 공상이 아니라 잠재의식을 움직이는 힘이 된다.

셋째, 암시문을 그림으로 표현하거나, 종이를 지갑에 넣어 항상 가까이 두고 수시로 바라보는 것도 좋다. 그렇게 할 때 우리의 무의식은 더 강하게 자극받고, 목표는 현실에 한 걸음 더 가까워진다.

이 과정을 꾸준히 실천하면 자신감이 생기고, 그 목표를 반드시 이뤄야겠다는 강한 열망이 자리 잡는다. 그 열망은 행동을 낳고, 행동은 결국 결과로 이어진다. 물론 자기 암시만으로는 모든 것이 이뤄지지 않는다. 원하는 것을 성취하기 위해서는 부단한 노력과 땀방울이 필요하다. 그러나 자기 암시는 그 노력을 지탱하는 연료와 같다. 연료가 있어야 엔진이 돌아가듯, 암시가 있어야 행동이 지속된다.

나는 오늘도 하루를 마치며 다시 일기를 쓴다. 오늘 어떤 순간에 웃었는지, 어떤 장면에서 마음이 무거웠는지, 무엇을 잘했고 무엇을 반성해야 하는지를 적는다. 그리고 내일의 나에게 전한다.

"내일은 더 밝고 더 나은 하루가 될 것이다."

이 짧은 문장이 내 삶의 나침반이 되고, 나를 다시 일으켜 세운다. 결국 일기와 자기 암시는 서로 다른 이름을 가진 같은 도구일지 모른다. 오늘의 나를 통해 내일의 나를 그려가는 길, 그것이야말로 인생을 조금 더 충실히 살아가는 지혜일 것이다.

✦ 성공한 인생이란 후회 없는 삶을 향한 발걸음이다

2025년 6월 3일(화)

무엇이 성공한 인생일까. 요즘 들어 이 문제에 대해 곰곰이 생각할 때가 많아졌다. 사람들은 흔히 성공을 눈에 보이는 결과에서 찾는다. 남들보다 높은 자리에 올랐는가, 더 많은 재산을 쌓았는가, 혹은 사회적으로 큰 명예를 얻었는가 하는 것들 말이다. 하지만 그것이 과연 진짜 성공일까.

현재 부와 명예, 그리고 타인들에게 부러움을 받는 위치에 있다는 사실이 성공의 기준이 될 수 있을까. 나는 그건 아니라 생각한다. 넓은 평수의 아파트에 살고, 외제차를 타고 다니며, 고급 식당에서 식사하는 삶이 성공의 표상이라면, 우리 인생은 너무도 초라하고 서글퍼질 것이다. 눈에 보이는 외형만이 성공의 기준이 된다면, 마음의 깊이와 내면의 성실함은 어디에 자리할 수 있겠는가.

물론 부를 이루고 다른 이들에게 존경과 부러움의 눈길을 받는 삶이 결코 나쁘다고는 할 수 없다. 그것은 분명 하나의 성취이고 삶의 보람일 수도 있다. 그러나 진정한 성공은 눈에 보이는 외적 조건이 아니라 자신에게 부끄럽지 않고 당당한 삶을 이어온 사람에게 어울리는 훈장이 아닐까. 좋은 집, 좋은 차가 그 사람의 가치를 결정하는 것이 아니다. 어떻게 자신을 가꾸고, 어떻게 자신을 가치 있는 인간으로 만들기 위해 노력해 왔느냐, 그 과정이야말로 성공의 참된 기준이 되어야 한다.

그래서 나는 자주 내 삶을 돌아본다. 매일매일의 삶을 스스로 성찰하고, 더 나은 내일을 위해 적은 노력이라도 이어가는 것. 그것이 진정으로 성공한 인생을 만들어가는 지름길이라 믿는다.

  때로는 조급해질 때도 있고, 다른 이들의 화려한 삶을 보며 부러운 마음이 일기도 한다. 그러나 그럴수록 마음을 다잡으며 나만의 걸음을 이어가려 한다. 오늘의 나보다 내일의 내가 조금 더 깊어지고 넉넉해진다면, 그것으로 충분하지 않을까.

  하루하루 일기를 쓰는 이유도 그 때문이다. 짧은 기록일지라도 그 속에는 나의 반성과 다짐, 그리고 작지만 분명한 희망이 담긴다. 일기를 쓰며 나는 묻는다. 나는 지금 올바른 길 위에 서 있는가. 남에게는 몰라도 자신에게 당당할 수 있는가. 그것이 나를 성찰하게 하고, 다시 새로운 하루를 살아가게 한다.

  아마도 나는 죽는 날까지 일기를 쓸 것이다. 그것은 단순한 기록이 아니라 나 자신과의 대화이며, 후회 없는 삶을 향한 발걸음이다. 한 점 부끄러움 없는 삶, 크지 않더라도 소중한 가치를 이어가는 인생. 그것이 내가 꿈꾸는 진정한 성공이며, 남은 날들 동안 지켜가고 싶은 삶의 태도이기 때문이다.

2장 생각의 지평을 넓히다

✦ '오징어 게임'을 통해 인간 군상의 여러 모습을 발견하다

2021년 10월 14일(목)

　전 세계적으로 시청률 고공행진을 올리며 큰 흥행을 보인 넷플릭스 스릴러 드라마「오징어 게임」을 봤다.
　이 드라마는 국내는 물론 전 세계 안방극장에서 대히트한 작품으로, 매우 잔인한 장면들이 많으나 어렸을 적 추억의 게임 등이 소개되어 한편으로 친근하고 익숙한 드라마이기도 하다. 456억 원이라는 거액의 상금이 걸린 서바이벌 게임에 참가한 이들이 여섯 개의 게임을 통과해 최후의 승자를 뽑는다는 내용이 드라마의 큰 줄기이다.
　'오징어 게임'은 투자 실패자, 이혼 실직자, 건달, 채무자, 외국인 노동자, 탈북자, 노숙자 노인 등 이른바 '루저'들이 벌이는 이전투구와 피비린내 나는 목숨 경쟁을 통해 우리 사회의 어두운 그늘을 섬뜩하게 묘사했다는 평을 듣고 있다.
　그러나 이런 사회적 문제는 비단 우리나라만의 문제는 아니다. 즉, 전 세계 자본주의 국가와 사회에서 보편적으로 발견되는 문제이기도 했던 것. 그렇기에 지구촌 모든 이들의 열광을 끌어낼 수 있었다고 생각한다.

여기에 우리 민족의 고유한 정서와 소재를 빌린 스토리텔링과 함께 딱지치기, 구슬치기, 달고나 게임, 줄다리기, '무궁화꽃이 피었습니다' 등 우리나라의 전통적 어린이 게임을 소개하며 지구촌 시청자들에게 이국적 흥미를 불러일으켰고 한국문화에 관한 높은 관심을 끌어내면서 공전의 히트를 쳤던 것이다.

내가 살기 위해 남을 짓눌러야 하는 극한 상황 속에서도 타인에 대한 연민의 정과 서로 힘을 합쳐 문제를 풀어나가는 협동심, 미션을 수행해가며 드러나는 다양한 인간성의 발현 등 많은 생각할 거리를 던져 준 문제작이기도 하다.

모든 영화와 드라마가 마찬가지겠지만 '오징어 게임'을 통해서도 우리 인간 군상의 여러 모습을 발견하게 된다. 특히 선택의 상황에서 개인으로서 인간은 어떤 선택을 하게 되는지, 자신에게 어떤 영향을 주든 그 선택을 당당히 받아들이게 되는 건지 곰곰이 생각할 수 있게 해준 수작이었다.

✨ 노동자와 자본가의 차이

2023년 2월 12일(일)

요즘은 돈만 많이 주면 직장을 옮기는 사람들이 부쩍 늘어났다. 일명 '일자리 유목민'이다. 더 좋은 조건을 찾아 이동하는 모습은 겉으로는 영리하고 합리적인 선택처럼 보인다. 그러나 시간이 흐른 뒤 돌아보면, 한 직장에서 묵묵히 일하며 경험과 신뢰를 쌓아온 사람이 결국 더 앞서가는 경우가 많다. 물론 적성이 맞지 않거나, 조직구조 변화로 불가피하게 이직해야 하는 상황도 있다. 하지만 뚜렷한 이유 없이 잦은 이직을 반복하는 것은 여러 면에서 마이너스가 된다. 경력의 일관성이 흐려지고, 신뢰도 역시 흔들리기 쉽다.

『성공을 꿈꾸는 한국인이 사는 법』(LG경제연구원 지음, 청림출판)에서는 자본가와 노동자의 차이를 이렇게 설명한다. "아파서 누워있으면 돈을 벌 수 없는 사람"이 노동자이고, "아파서 누워있어도 돈을 벌 수 있는 사람"이 자본가라는 것이다.

이 간단한 문장은 직장인의 현실을 직격한다. 회사에서 월급을 받는 우리는 기본적으로 노동자이며, 회사의 주인이 아니라 고용인이다. 회사가 평생 밥을 먹여주는 시대는 이미 끝났다.

그렇기에 직장인에게 가장 필요한 것은 무한한 자기 계발이다. 경쟁이 치열한 사회에서 살아남기 위해서는 업무 스킬뿐 아니라, 변화에 적응하는 힘, 새로운 영역에 도전하는 용기, 그리고 자기 브랜드를 만드는 능력이 요구된다. 같은 자리에서 같은 일만 반복한다면, 기술의 발전과 산업의 변화 속에서 도태되기 쉽다.

책은 또 'OR형'과 'AND형' 인간을 비교하며 메시지를 전한다. 한

가지 분야만 잘하는 OR형보다, 여러 분야에서 균형 잡힌 실력을 발휘하는 AND형이 유리하다는 것이다. 단순한 직장인이 아니라, 자신만의 전문성을 가진 직업인이 되라는 뜻이다.

예를 들어, 마케팅만 아는 사람이 아니라, 마케팅과 데이터 분석, 그리고 고객 관리까지 아우를 수 있는 사람. 그 폭넓은 능력이 불확실한 시대에 생존을 보장해 준다.

인맥에 대해서도 흥미로운 조언을 한다. 무조건 많은 인맥을 쌓는 '다다익선' 방식은 깊이가 얕아 오래 가지 못한다. 차라리 숫자는 적더라도 서로 신뢰하고 의지할 수 있는 끈끈한 인맥을 만드는 것이 낫다. 위기 상황에서 도움을 주고받을 수 있는 관계야말로 진짜 자산이다.

몸의 시계는 거꾸로 돌릴 수 없지만, 마음의 시계는 언제든 새롭게 맞출 수 있다. 새로운 기술을 배우고, 시야를 넓히고, 변화를 즐기는 태도는 나이를 불문한다. 내가 잠시 쉬고 있을 때도 돈이 스스로 불어나게 하는 시스템을 만들 수 있다면, 누구라도 노동자의 위치에서 벗어나 자본가의 대열에 합류할 수 있을 것이다. 그 길은 하루아침에 열리지 않는다. 하지만 지금 이 자리에서 자기 계발을 시작하는 순간, 우리는 이미 한 발 앞으로 나아가게 된다.

✦ 우리 사회의 현주소

2023년 6월 8일(목)

얼마 전 신문에서 흥미로운 기사를 접했다. 세계 15개국 주요 도시 거주자 1만 500명을 대상으로 진행된 '가족과 행복'에 관한 설문 조사 결과였다. 응답 항목은 자녀 양육, 경제적 만족도, 사회 공정성, 전반적인 삶의 만족 등 다양한 영역을 포함하고 있었다. 그 가운데 내 시선을 사로잡은 질문은 "자녀는 기쁨보다는 부담이 된다"라는 항목이었다. 놀랍게도 이 질문에서 가장 부정적인 응답을 보인 도시는 서울과 도쿄였다.

서울은 자녀가 기쁨이라는 응답이 68%에 불과했고, 부담이라고 응답한 비율은 무려 81%에 달했다. 도쿄 역시 기쁨 60%, 부담 65%로 조사되었다. 세계 최저 수준의 출산율을 기록하고 있는 두 나라의 현실을 그대로 반영하는 결과라 할 수 있다. 다른 도시들과 비교해 보면 이 수치는 더욱 실감 난다. 서울은 자녀가 부담된다는 응답이 기쁨을 느낀다는 응답보다 13%나 높았다. 반면 베이징은 정반대 양상을 보였다. 자녀가 기쁨이라는 비율이 부담이라는 비율보다 무려 47%나 더 높았던 것이다. 이 차이는 단순한 문화적 인식의 문제가 아니라, 사회 구조적 요인과도 긴밀히 맞닿아 있다.

삶의 만족도 지표를 비교해도 서울의 상황은 열악하다. 서울 시민 중 자신의 삶에 만족한다고 답한 비율은 42%에 그쳤다. 반면 베이징은 85%, 뉴욕은 74%, 도쿄조차 53%로 서울보다 훨씬 높은 수치를 기록했다.

자녀 양육과 관련된 항목에서도 비슷한 결과가 나타났다. "자라는 아이를 보는 것은 인생의 가장 큰 기쁨이다"라는 질문에서 가장 긍정적인 응답을 보인 도시는 인도네시아 자카르타였다. 무려 95.4%가 "그렇다"라고 답했다. 이에 비해 서울은 68.1%로 전체 13위에 머물렀다. 다시 말해, 서울 시민 세 명 중 한 명 이상은 자녀 성장에서 기쁨을 충분히 느끼지 못하고 있다는 의미다.

경제적 만족도 조사에서도 서울은 낮은 성적표를 받았다. "현재의 경제생활에 만족한다"라는 질문에 88.3%가 긍정한 베이징은 당당히 1위를 차지했으나, 서울은 45.6%로 전체 15위였다. 전반적인 삶 만족도 역시 서울은 42.3%에 불과해 꼴찌를 기록했다.

이 조사에서 드러난 또 다른 문제는 사회 인식의 차이다. "우리 사회는 공정한 사회인가?"라는 질문에 서울은 39.1%만이 긍정했지만, 베이징은 89.4%가 공정하다고 응답했다. 같은 아시아권 도시임에도 불구하고 두 도시의 인식 격차가 극명하게 드러난 것이다.

이 수치들은 우리 사회의 현주소를 분명히 보여준다. 경제적 여유가 부족하고, 사회가 공정하지 않다는 불신이 팽배한 상황에서, 젊은 세대가 결혼과 출산을 선뜻 선택하기란 어려운 일이다. 자녀 양육은 기쁨이라기보다 경제적·정신적 부담으로 다가온다. 아이 한 명을 키우는 데 들어가는 교육비와 주거비, 미래에 대한 불안은 부모의 행복을 갉아먹는다. 결국 저출산으로 이어지고, 이 현상은 다시 국가경쟁력의 약화로 직결된다.

특히 이번 조사에서 인상적인 것은, 베이징이나 자카르타 같은 도시가 자녀와 가족에서 큰 만족을 느낀다는 점이다. 단순히 경제적 여유 때문만은 아닐 것이다. 공동체 의식, 미래에 대한 기대, 사회적 신뢰가 어느 정도 뒷받침되고 있으므로 가능한 결과일 것이다. 반면 서울은 공동체보다는 경쟁과 불평등이 강하게 작동하는 사회 구조 속에서 부모의 책임이 지나치게 개인에게 집중된다. 이 차이가 '자녀=부담'이라는 인식으로 이어지는 것이다.

따라서 저출산 문제는 단순히 출산 장려금 몇 푼으로 해결될 사안이 아니다. 사회 전체의 신뢰 회복, 교육·주거 문제의 근본적 해결, 양성 평등한 육아 환경 조성이 뒷받침되지 않는다면 출산율 반등은 기대하기 어렵다.

이제 우리 사회는 눈앞의 통계에 일희일비할 것이 아니라, 장기적 안목으로 문제의 근원을 직시해야 한다. 자녀를 기쁨으로 받아들일 수 있는 사회, 육아가 부모 개인의 희생이 아니라 모두가 함께 책임지는 문화가 정착될 때 비로소 변화가 가능할 것이다. 저출산 문제 해결은 단순한 인구 증가의 문제가 아니라, 우리 사회가 앞으로 어떤 방향으로 나아갈 것인가를 가늠하는 중요한 시험대다.

✨ 노후를 위한 네 가지 중요 요소

2023년 11월 13일(월)

한 언론 매체에 따르면, 현 시세로 노후 자금은 최소 10억 원 정도가 필요하다고 한다. 부부 기준으로 매달 277만 원, 개인으로는 월 177만 원 정도가 있어야 기본적인 품위를 지키며 노후 생활을 이어갈 수 있다는 것이다. 단순히 의식주를 해결하는 차원을 넘어, 병원 진료비나 사회적 교류, 여가와 문화생활까지 고려한다면 그 금액은 더 늘어날 수밖에 없다.

나의 경우만 해도 그렇다. 매달 빠져나가는 건강보험료, 아파트 관리비와 각종 세금, 자동차 유지비 등 고정지출만 계산해도 월평균 거의 180만 원 이상이다. 여기에 생활비, 자녀와 손주들을 위한 지출, 가끔 있는 모임과 여행비 등을 합치면 한 달 전체 생활비는 500만 원 이상이 필요하다.

이렇게 따져보면 '노후에는 돈이 많이 들지 않겠지'라는 막연한 생각은 착각에 불과하다. 살아가는 데 필요한 기본 비용은 생각보다 훨씬 크고, 또 예상치 못한 변수들이 언제든 추가되기 때문이다.

100세 시대에 접어든 지금, 노후 자금은 젊어서부터 미리미리 준비해야 한다. 은퇴 직전에 서둘러 마련할 수 있는 성질의 것이 아니기 때문이다. 기사에서는 노후 준비를 위해 네 가지 중요한 요소를 제시하고 있었는데, 곱씹어보니 모두 마음에 새겨둘 만한 조언이다.

첫째, 철저한 건강관리다. 돈이 아무리 많아도 건강을 잃으면 무용지물이다. 나이가 들수록 암이나 뇌졸중 같은 중증 질환의 위험이 커지는데, 이런 병은 치료비도 막대하지만 삶의 질을 송두리째 무너뜨린다. 젊을 때부터 꾸준히 운동하고 식습관을 관리하며 정기검진을 게을리하지 않아야 한다. 질병에 드는 비용은 사전에 예방하는 것이 최선의 절약이다. 결국 건강이야말로 가장 값진 자산이다.

둘째, 중년 시기의 지출 관리다. 보통 30년 가까운 중장년의 시기는 가장 활발하게 돈을 벌 수 있는 시기이지만 동시에 지출도 가장 많은 시기이기도 하다. 자녀들의 교육비, 결혼 자금, 주택 마련 등 큰돈이 오가는 때라 허리띠를 졸라매지 않으면 노후 준비는커녕 빚만 남기기 십상이다. 그래서 이 시기를 어떻게 관리하느냐가 노후의 풍요와 빈곤을 좌우한다. 미래를 위해 한 끼 식사, 한 번의 여행을 줄이는 선택이 결국은 노후의 안정으로 돌아오는 법이다.

셋째, 평생 현역의 마음가짐이다. 은퇴했다고 해서 삶이 멈추는 것이 아니다. 일을 하는 이유가 꼭 돈만은 아니다. 사회와 연결되어 활동하는 것 자체가 건강을 지키는 비결이 된다. 작은 일거리라도 계속하며 몸과 마음을 움직이면 병을 예방할 수 있고, 삶의 활력도 유지된다. 취미를 살려 봉사활동을 하거나, 동네 작은 모임에서 역할을 맡는 것도 좋다. 생계 때문이 아니라 '살아 있음의 기쁨'을 느끼기 위해 움직이는 것이다.

넷째, 장기적이고 안정적인 투자다. 단기간에 큰돈을 벌려는 욕심은 오히려 화를 부를 수 있다. 오랜 시간 조금씩 자산을 늘려가는 지혜가 필요하다. 예금, 연금, 주식이나 부동산 등 다양한 수단을 적절히 활용하되, 무리하지 않는 선에서 안전하게 관리하는 것이 바람직하다. '천천히 그러나 꾸준히'라는 원칙이야말로 노후 재정의 핵심이다.

결국 노후를 대비하는 삶은 누구도 대신 만들어주지 않는다. 나라가 보장해 주기를 기대할 수도 없고, 자녀에게만 의지할 수도 없다. 젊을 때부터 스스로 계획을 세우고 준비해야 한다. 건강을 관리하고, 지출을 조절하며, 평생 현역으로 살아가고, 안전하게 자산을 늘려가는 과정이 모여 비로소 안정된 노후를 보장한다. 그것이 곧 나 자신과 가족을 지키는 길이다.

✨ 누구든 정상에 있을 때 안주하면 안 된다

2024년 5월 25일(토)

최근 장안에 화제가 되며 인기를 끌고 있는 '불닭볶음면'을 점심 메뉴로 끓여 먹었다. 약간 단맛이 가미됐으나 감당하기 어려울 만큼 자극적이고 매웠다. 한 젓가락 먹을 때마다 땀이 나고 눈물이 날 정도였지만, 신기하게도 또 한 젓가락을 들게 만드는 묘한 매력이 있었다. 시대가 자극적인 것을 요구해서인지 '불닭볶음면'은 라면 시장을 평정하며 그간 독보적 1위를 지켜온 '신라면'을 넘어섰다고 한다.

불닭볶음면을 출시한 회사는 1961년 문을 열었지만, 1965년 창립한 경쟁사에 줄곧 밀리며 늘 '만년 2위'라는 꼬리표를 달고 있었다. 그러나 한 제품의 대성공으로 마침내 선두 자리를 되찾은 것이다. 시장은 언제나 변화무쌍하며, 끊임없이 새로움을 요구한다는 점을 보여주는 사례다.

한국 라면은 이제 단순한 국민 간식이 아니다. 지난해 말 기준 143개국에 수출되는 '효자 상품'이 되었고, 특히 불닭볶음면의 폭발적인 인기는 이른바 '불닭 신드롬'을 만들어내며 수출 호조의 견인차 구실을 했다. 사상 처음으로 월간 라면 수출액이 1억 달러를 돌파하기도 했다. 불닭볶음면의 대박은 해당사의 매출뿐 아니라 주가에도 반영되어 기업 가치를 끌어올리고 있다.

자극적인 맛은 더 자극적인 맛을 낳는다. 소비자들은 한번 새로운 맛을 경험하면 그보다 더 강렬하고 독특한 무언가를 찾기 마련이다. 이를 간파한 회사는 다양한 파생 제품을 내놓았다.

크림소스를 가미한 '까르보 불닭'은 SNS를 통해 빠르게 확산되며 특히 미국에서 폭발적인 인기를 끌었다. 품귀 현상까지 빚어졌고, 미국의 한 소녀가 생일 선물로 까르보 불닭을 받고 감격의 눈물을 흘리는 영상은 세계적으로 화제가 되었다. 음식 하나가 국경을 넘어 문화 현상이 되는 순간이었다.

이런 열풍은 단순히 라면 시장에만 그치지 않는다. 불닭볶음면을 활용한 각종 외식 메뉴가 개발되고, 네티즌들은 자신만의 조리법을 고안해 공유한다. 치즈, 떡, 만두, 심지어 고급 재료와 접목된 '퓨전 불닭 레시피'까지 등장하며 시장의 확장성을 더욱 키우고 있다. 이처럼 하나의 제품이 새로운 생태계를 만들며 문화 콘텐츠로 자리 잡아가는 과정은 흥미롭다.

결국 불닭볶음면은 단순한 히트 상품을 넘어, 만년 2위 기업이 일으킨 파격적 반란이자 한국 라면 시장의 활황을 이끈 '사건'이라 할 수 있다. 여기서 얻을 수 있는 교훈은 명확하다. 누구든 정상에 있을 때 안주하면 안 된다.

치열하게 고민하고, 새로운 시도를 두려워하지 않으며, 변하는 소비자의 입맛을 끊임없이 연구해야 한다. 그래야만 정상을 지킬 수 있고, 또 새로운 정상에 오를 수 있다. 불닭볶음면의 성공은 그 사실을 극명하게 보여주는 살아 있는 사례다.

✨ 삶의 본질적인 지혜

2024년 8월 13일(화)

종종 부부 모임에 나가 보면, 자기 자랑을 늘어놓으며 뽐내는 친구들을 볼 수 있다. 건강이 좋다는 자랑, 자녀가 훌륭하다는 이야기, 손주가 공부를 잘한다는 이야기 등 내용은 대개 비슷하다. 사람들은 남에게 보이기 위해 이런 이야기들을 즐겨 하지만, 정작 삶의 본질적인 지혜와는 거리가 있다.

여기서 떠오르는 고사성어가 있다. '염일방일(拈一放一)'이라는 말이다. '하나를 얻으려면 하나를 놓아야 한다'라는 뜻으로, 중국 송나라 시절 사마광의 고사에서 유래했다.

어릴 적 사마광은 친구들과 함께 놀고 있었다. 그런데 한 아이가 커다란 독에 빠져 허우적대기 시작했다. 주변 어른들은 사다리를 가져오라, 밧줄을 가져오라며 우왕좌왕하며 허둥댔다. 독에 빠진 아이는 숨이 넘어갈 지경이었다.

그때 꼬마 사마광은 곁에 있던 큰 돌을 집어 들고 단숨에 독을 깨뜨렸다. 와장창, 하고 장독이 깨지는 순간, 아이는 간신히 목숨을 구할 수 있었다. 어른들은 혀를 차며 "독이 얼마나 비싼데?", "물은 얼마나 귀한데?"라며 아까워했지만, 현명한 사마광은 그 무엇보다 생명이 우선이라는 사실을 깨닫고, 망설임 없이 독을 깬 것이었다.

인생을 살아가면서도 마찬가지다. 돈을 많이 벌고, 좋은 직장에 취직하며, 학업 성취를 이루는 것도 중요하지만, 무엇보다 지혜롭게 판단하고 선택할 줄 아는 능력이 필요하다.

소중한 순간에 무엇을 놓고 무엇을 선택할지 아는 사람이야말로 진정으로 성숙한 삶을 사는 사람이다. 목숨이 경각에 달린 상황에서 독과 물이 소중하다고만 생각하고, 정작 생명을 구할 행동을 망설이는 사람은 미련한 것이다.

우리의 삶도 때때로 사마광의 상황과 비슷하다. 중요한 것은 눈앞의 가치와 편의를 고집하기보다는, 무엇이 진정 중요한지 깨닫고 과감하게 행동할 줄 아는 지혜다. 그렇게 선택한 삶이야말로 남들에게 자랑할 만한 진짜 가치가 될 것이다.

✦ 사회갈등과 해결 방안

2024년 8월 15일(목)

요즘 지인과 정치 얘기를 되도록 하지 않으려 노력한다. 자칫하면 싸움으로 번질 수가 있기 때문이다. 옛말에 가까운 사이일수록 정치와 종교는 입 밖으로 꺼내지 말라는 말도 있다.

지난해 6월부터 8월까지 2개월간 19세 이상 성인 3,950명을 대상으로 보건사회연구원에서 실시한 정치의식에 관한 면접조사에서 국민 58%가 정치 성향이 다르면 결혼은 물론 연애도 하기 어렵다고 답한 것으로 나타났다. 특히 남성(53.9%)보다 여성(60.9%)이 더 높았다. 또 전체 응답자 세 명 중 한 명꼴로 정치 성향이 다르면 시민단체나 사회단체 활동을 함께할 수 없다고 답했다.

사회갈등도(4점 만점)는 2.93점으로 5년 전 조사 대비 0.05점 올랐다. 그만큼 사회갈등이 더 심각해졌다는 뜻이다. 진보와 보수의 갈등이 더 심각해졌다는 비율은 92.3%로 2018년(87%)보다 5.3%

높아졌다니 갈등의 정도는 점점 더 심각해져 가고 있다.

정치의식의 갈등뿐만 아니다. 정규직과 비정규직 간 갈등(82%), 노사 간 갈등(79.1%), 빈부 갈등(78%), 대기업과 중소기업 간 갈등(71.8%), 지역갈등(71.5%) 순으로 우리 사회 곳곳에 갈등이 편만하고 있다. 주택 관련 갈등으로 집을 소유한 이와 집이 없는 이와의 갈등도 60.9%로 2018년 49.6%보다 큰 폭으로 올랐다.

연구진은 사회갈등의 상당수가 불공정에 대한 인식에서 오는 것으로 분석했다. 특히 노년이나 중장년보다 청년층에서 갈등 인식이 컸다.

현재 우리나라에서 발생하는 사회갈등을 해결하기 위해서는 공정하고 균형 잡힌 정책과 적극적인 사회적 대화가 필요하다. 정부는 물론 기업과 시민사회가 함께 문제를 해결할 수 있도록 협력해야 하며, 각 갈등의 근본적인 원인을 파악하고 이를 해소하기 위한 노력이 요구된다.

갈등을 해결하는 과정에서 무엇보다 중요한 것은 서로의 입장을 존중하고, 포용하는 사회적 분위기를 조성하는 것이라고 할 수 있다. 대립보다는 협력을 통해 문제 해결을 시도하는 것만이 유일한 방법이라는 얘기다.

✨ 꽃이 제때 피어나듯이 아이들도 저마다의 때가 있다

2024년 10월 28일(월)

부부 모임에 나갔는데, 오늘따라 부인들의 얘깃거리는 손주 자랑이었다. 식탁 위에 음식이 차려지고 대화가 무르익자, 어느새 대화의 주제는 손주에서 아들, 딸 자랑으로까지 이어졌다. 그런데 정작 며느리를 칭찬하는 시어머니는 아무도 없었다. 생각해 보면 손주들이 그렇게 자랑스럽게 자라는 데에는 며느리들의 보이지 않는 수고와 희생이 크지 않겠는가. 하지만 며느리의 노력은 가려지고, 빛나는 성과만을 손주와 자식에게 돌리는 모습이 안타깝기도 했다.

우리집 아이들은 자랑거리가 없어 그저 듣고만 있었다. 그런데 어떤 여사님은 손주가 다니는 영어유치원을 설명했는데, 내 생각은 그곳은 유치원이라기보다 오히려 학원에 가까웠다. 교사가 모두 원어민이고 수업은 영어로만 진행된다고 했다. 게다가 입학이 4세부터 가능하다고 하니, 아이들이 겨우 말을 배우기 시작한 시기에 외국어 교육을 강제로 받는 셈이다. 손주가 벌써 영어를 유창하게 한다며 대견스럽게 이야기한다. 부모나 조부모 입장에서 보면 신기하면서 자랑스러울 것이다.

하지만 나는 그 이야기를 들으면서 걱정이 앞섰다. 하루의 대부분 시간을 영어유치원에서 보낸다면 아이의 모국어 습득은 어떨까? 언어학자들에 따르면, 한 언어를 제대로 배우고 나서야 다른 언어를 습득하는 것이 바람직하다고 한다. 모국어가 튼튼히 자리 잡기도 전에 영어부터 주입받으면 언어의 뿌리가 흔들릴 수 있다. 어른들의 욕심으로 아이들의 자연스러운 발달 과정을 방해하는 것은 아닐까.

더 큰 문제는 영어 조기 교육이 사회적 불평등을 심화시킨다는 점이다. 서울은 물론 지방에서도 이름난 영어유치원이나 영어학원은 한 달 원비가 100만 원을 훌쩍 넘는다. 여기에 교재비, 원복, 가방 등 부수적인 비용까지 합치면 결코 적은 돈이 아니다.

아무리 연봉이 높은 학부모라 하더라도 매달 들어가는 비용을 감당하기가 쉽지 않다. 경제적 여건이 안 되는 가정은 아예 시작조차 할 수 없으니, 아이들이 어려서부터 교육 환경의 격차를 체감하게 되는 것이다. 교육의 본질이 아이들을 위한 것이 아니라 부모의 과시욕을 위한 수단으로 변질되는 것 같아 씁쓸하다.

그렇게 막대한 돈과 시간을 영어에 쏟아붓는다고 해서 과연 기대만큼의 효과가 있을까. 몇 년을 투자한 끝에 기본 회화조차 원활히 하지 못하는 경우도 많다. 원서를 읽고 해독할 정도의 실력을 얻을 수 있을지도 의문이다. 오히려 아이가 어려서부터 영어에 질려버리고, 공부에 대한 흥미 자체를 잃어버리는 역효과가 생길 수도 있다.

내가 생각하기에 아이는 아이답게 자라야 한다. 어린 시절에는 책상 앞에 앉아 억지로 단어를 외우기보다는 대자연 속에서 마음껏 뛰어놀고, 친구들과 부딪히며 사회성을 배우고, 호기심 가득한 눈으로 세상을 탐구해야 한다.

그것이야말로 진정한 배움의 시작이다. 공부란 평생 끝이 없는 여정인데, 굳이 어린 나이에 교실에 가둬두고 '조기 교육'이라는 이름으로 앞당길 필요가 있을까. 꽃이 제때 피어나듯, 아이들도 저마다의 때가 있다. 그때를 기다려주는 것이 진정한 교육이 아닐까 싶다.

✦ 인생의 주기를 10년 기간으로 구분해 보면

2024년 11월 19일(화)

인생의 주기를 10살 기간의 나이대별로 구분해 보면 10대에서 20대까지는 이후의 삶을 살아가는 데 필요한 배움의 단계로 볼 수 있다. 자신의 꿈을 향해 미래를 준비하는 과정으로 부모가 지원해 주는 성장기인 셈이다.

30대부터는 부모에게서 벗어나 진짜 자신의 인생을 꾸려가는 시기로 어떻게 삶을 만들어나가느냐에 따라 미래가 바뀔 것이다. 노후 설계도 이 시기부터 시작해야 한다.

40대는 자아실현의 시기로 일과 여가활동이 조화를 이뤄야 한다. 일에만 빠져 살다 보면 마음의 공허함이 찾아와 자칫 슬럼프에 빠질 수 있기 때문이다. 더불어 인생의 열매를 조금씩 맺어가는 시기가 40대이다.

50대는 삶에서 가장 황금기라고 할 수 있는 시기로 인생의 원숙함을 드러내는 때이다. 공자가 『논어』의 '위정편'에서 말했던 '지천명(知天命)', 즉 '하늘의 뜻을 아는' 나이가 바로 50세이다.

한국인의 평균 나이가 80대 중반 정도라고 보면 30년 정도 삶을 더 이어가야 하기에 50대부터는 인생의 마지막 시기를 어떻게 잘 준비하느냐를 고민하는 시기라고 할 수 있다.

이때부터는 자신은 물론 타인에 대한 배려를 체화하고 매 순간 성찰할 수 있는 겸손과 관용도 필요하다. 정체가 아니라 새로운 것에 도전할 수 있는 기개도 필요한 나이이다. 더불어 모든 속박에서부터 자유로운 삶을 추구해야 한다.

이미 나는 70대로 그렇게 생의 마지막을 준비해야 할 나이로부터 20년이나 지나왔다. 속된 말로 '인생은 칠십부터'라고 하지만, 70대의 나이는 지난날을 돌아보며 인생을 잘 정리하는 시기라고 할 수 있다. 그렇다고 가만히 지낼 수는 없다. 이 나이에도 끊임없이 도전하고 활력있는 삶을 추구해야 한다. 오늘도 나는 그렇게 살고 있다.

✦ 정치는 곧 국민의 삶이다

2024년 12월 24일(화)

나라가 지금 누란지위(累卵之危)에 놓여 있다. 위태롭게 포개진 알처럼, 조금만 흔들려도 산산이 깨어질 수 있는 위험 앞에서 우리는 서 있다. 정치권은 마치 서로를 꺾어야만 존재할 수 있는 원수라도 되는 듯, 상대를 협력과 타협의 대상으로 보지 않고 오직 제거해야 할 적으로만 대한다. 타협과 상생은 정치의 미덕이건만, 오늘날 정치권에서는 찾아보기 힘들다. 내 편이 아니면 곧바로 배척하고, 상대 진영은 반드시 무너뜨려야 한다는 적대적 구도가 국정을 지배하고 있다. 그 결과 정치는 본래 지녀야 할 품격과 기품을 잃고, 거친 아귀다툼과 정략만이 남아버렸다.

예로부터 우리 민족을 '한(恨)의 민족'이라 불렀다. 오랜 역사 속에서 외세의 침략, 전쟁과 분단, 가난과 차별을 겪으며 생긴 마음의 깊은 그늘을 두고 한(恨)이라고 이름 붙였다. 그런데 오늘날의 정치판을 들여다보면, 그 한보다 더 강렬한 것이 자리 잡은 듯하다. 그것은 다름 아닌 '원(怨)의 정치'다. 그러나 두 감정은 같지 않다. 한과 원을 구분하지 못한다면 지금 정치가 안고 있는 문제의 뿌리도 제대로 보지 못할 것이다.

'한'은 피할 수 없는 운명의 벽 앞에서 생긴다. 하늘이 내린 재앙이나 개인이 도저히 힘으로 거스를 수 없는 불가항력적 상황에서 비롯되는 것이 한이다. 그래서 한은 체념과 슬픔을 바탕으로 하며, 노래와 예술, 신앙과 공동체적 의례를 통해 승화된다. 인간은 어쩔 수 없는 한을 품되, 그것을 미학적·정신적 차원에서 길러내며 살아왔다. 한이 깊을수록 오히려 예술적 혼과 민족적 정신을 낳은 것도 이 때문이다.

반면 '원'은 다르다. 그것은 사회적 모순과 타인의 악행으로 인해 억울하게 떠안게 된 불행에서 비롯된다. 피할 수도 있었던 일이 부당한 제도와 권력의 횡포, 특정 집단의 이익 추구 때문에 발생할 때 사람들의 마음에 원이 맺힌다. 원은 단순한 슬픔이 아니라 분노이고 저항이며, 그 분노가 해소되지 않는 한 공동체 전체를 병들게 만든다. 원은 달래거나 승화되기 어렵다. 억울하게 피해를 본 이들에게 단순히 "참으라, 시간이 해결해 준다"는 말은 위로가 될 수 없다. 오히려 원은 억눌리고 쌓일수록 폭발하여 사회를 더 큰 불행으로 몰아넣는다.

정치의 본령은 바로 이 '원'을 풀어주는 데 있다. 인간의 유한성과 한계에서 비롯되는 '한'을 정치가 치유할 수는 없다. 그러나 제도적 모순, 불평등, 부당한 권력 행사에서 비롯된 '원'은 정치가 반드시 해결해야 할 과제다.

정치가 국민의 억울함을 풀어주고, 공정한 질서를 세우며, 더는 새로운 원이 생기지 않도록 예방할 때 비로소 사회는 건강한 길로 나아간다. 역사를 돌이켜 보면, 억울한 원이 누적될 때 사회는 혁명이나 봉기, 심각한 갈등으로 치달았다. 반대로 원을 제대로 풀어준 정치가 있었을 때 사회는 평화롭고 안정적인 발전을 이룩할 수 있었다.

그러기 위해서는 무엇보다 정치권의 태도 변화가 절실하다. 지금처럼 피아(彼我)를 가르고 대결 구도만 고집한다면 원은 더욱 커지고, 국민의 분열은 더욱 깊어진다. 정치의 진정한 힘은 상대를 꺾는 데 있는 것이 아니라, 서로 다른 의견과 이해관계를 조율하고 타협하며 더 나은 방향으로 공동체를 이끌어가는 데 있다.

공정과 상식, 원칙이 무너진 자리에 남는 것은 언제나 원망과 불신뿐이다. 국민은 정치인들의 언행을 누구보다 예리하게 지켜보고 있다. 정치는 말로만 하는 것이 아니라 행동과 결과로 평가받는다. 작은 타협과 양보, 원칙에 충실한 결정 하나가 국민의 가슴에 맺힌 원을 풀어주는 실마리가 될 수 있다.

지금이야말로 정치권이 자성해야 할 때다. 권력 투쟁의 좁은 시야에서 벗어나 국민의 고통과 억울함에 귀를 기울여야 한다. 원을 풀어주지 못하는 정치는 결국 원망을 사게 되고, 원망은 불신과 분열을 키운다. 그러나 원을 풀어주는 정치는 신뢰와 화합을 낳는다. 국민이 진정 바라는 것은 화려한 말이 아니라 억울함 없는 세상, 공정하고 상식이 통하는 사회다.

정치는 곧 국민의 삶이다. 국민이 지닌 원을 풀고 새로운 원이 생기지 않도록 길을 닦는 것, 그것이 정치가 존재하는 이유다. 이제 정치가 본래의 자리로 돌아가기를, 국민 앞에 품격 있고 당당한 정치로 거듭나기를 간절히 바란다.

✦ 결심산업

2025년 1월 3일(금)

'결심산업'이라는 말이 있다. 소설가 김영하의 산문집 『랄랄라 하우스』에 소개된 개념인데, 새해만 되면 갑자기 활기를 띠는 특정 사업군을 일컫는다. 헬스클럽, 수영장, 어학학원, 다이어리, 금연초 등이 대표적인 예다. 마치 약속이라도 한 듯, 1월만 되면 이들 업종은 일제히 매출이 급증한다.

사람들은 해가 바뀌면 새로운 자신으로 태어나기를 꿈꾼다. 다이어트를 결심하고, 외국어 공부를 시작하고, 금연을 시도한다. 이때 헬스클럽은 사람들로 북적이고, 수영장 강습반은 대기자가 늘어난다. 서점에서는 다이어리와 자기계발서, 외국어 교재가 평소보다 두세 배 더 팔리고, 편의점의 금연 보조제 코너에는 손님이 줄지어 선다. 자전거 판매량과 러닝화 매출도 눈에 띄게 늘어난다. 이처럼 결심이 쏟아지는 시기, 관련 산업은 마치 황금기를 맞이하는 듯하다.

하지만 오래 가지 못한다. 며칠, 혹은 몇 주 지나지 않아 헬스클럽은 한산해지고, 어학원의 출석률은 뚝 떨어진다. 책상 위 다이어리는 첫 장만 화려하게 채워지고 나머지는 백지로 남기 일쑤다. 금연을 결심했던 이는 다시 담배를 손에 들고, 다이어트를 선언했던 이는 어느새 야식 앞에서 마음을 풀어버린다. 이렇듯 작심삼일은 인간사의 오래된 패턴이다.

김영하 작가는 '결심산업'이라는 표현으로 이 아이러니를 날카롭게 풍자했다. 사람들은 결심을 세우며 잠시나마 스스로를 단단한 의지의 존재로 믿는다. 그러나 실패했을 때의 상실감은 그만큼 크다. 추락한 자존심을 달래기 위해 어떤 이는 다시 담배를 피우고, 어떤 이는 주식과 복권 같은 단기적 희망에 매달린다.

결국 연말이 되면 사람들은 다시금 새해 결심을 준비하며 결심산업의 고객으로 돌아간다. 이 악순환 덕분에 결심산업은 절대 망하지 않는다. 오히려 인간의 나약함이 곧 이 산업의 영속성을 보장하는 셈이다.

생각해 보면 '결심산업'은 단순한 유행어가 아니라, 우리 시대의 민낯을 드러내는 거울이다. 우리는 늘 더 나은 내가 되고 싶다고 다짐하면서도, 동시에 쉽게 흔들리고 미루며 타협한다. 그러나 그것이 인간의 본성이기도 하다. 완벽하게 해내는 소수의 '의지의 인간'이 있기에 희망이 유지되고, 나머지 대다수는 실패와 반복 속에서 다시 도전하며 살아간다. 어쩌면 결심 자체가 완성을 위한 약속이 아니라, 다시 시도할 수 있는 용기와 희망의 장치일지도 모른다.

그래서 '결심산업'은 단순히 나약한 인간을 조롱하는 말로만 보아서는 안 된다. 결심은 늘 무너지고, 의지는 자주 흔들리지만, 그런데도 다시 시작하는 과정에서 우리는 작은 변화를 만들어낸다. 비록 작심삼일로 끝날지라도 그 '삼일' 동안의 실천은 우리에게 가능성을 보여준다. 중요한 것은 완벽하게 지키는 결심이 아니라, 결심이 무너졌을 때 다시 일어서는 반복 속에서 조금씩 나아지는 자신을 발견하는 일일 것이다.

✦ 설날의 유래와 의미

2025년 1월 29일(수)

설날 아침, 집 안은 일찍부터 분주했다. 전날 내려온 아들 내외와 손자의 웃음소리가 안방까지 퍼져왔다. 아들 가족은 아침 7시 기차를 타고 내려왔는데, 몇 달 사이에 훌쩍 자란 손자를 보니 반가움이 배가 되었다. 아이의 발걸음은 한층 더 힘이 붙었고, 말도 제법 늘어서 종알종알 이야기를 나누는 모습이 대견스럽기만 했다.

온 가족이 둘러앉아 전날 미리 빚어둔 만두와 정성껏 마련한 설음식으로 차례를 지냈다. 조상님들께 새해 인사를 드린 뒤에는 세배를 올렸다. 절을 하며 덕담을 나누는 그 순간, 예로부터 이어져 내려온 명절의 깊은 의미가 마음에 전해졌다.

그때 손녀가 나를 빤히 바라보며 조심스럽게 물었다.

"할아버지, 새해가 된 지 한 달이나 지났는데 또 새해예요? 그럼 새해가 두 번 있는 거예요?"

아이의 맑은 눈빛에는 솔직한 호기심이 가득 담겨 있었다. 어른들에겐 당연하게 여겨지는 일이지만, 어린아이 눈에는 참으로 신기하고 의아했을 것이다.

나는 손녀의 질문을 계기로 설날의 유래를 설명해주기로 마음먹었다. 인터넷을 찾아보니, 음력설은 원래 우리 민족이 고유하게 지켜온 명절이다. 세계적으로도 중국, 베트남 등 몇 나라에서만 남아 있는 전통인데, 그만큼 소중하고 독특한 문화임을 알 수 있었다.

그러나 이 설날이 오늘처럼 제자리를 찾기까지는 결코 순탄치 않았다. 1896년, 고종 32년에 태양력이 채택되면서 양력 1월 1일이 공식적인 신년이 되었지만, 민족의 생활 깊숙이 뿌리내린 설은 여전히 음력으로 지켜졌다. 문제는 일제강점기에 시작되었다. 일본은 우리의 전통문화를 말살하기 위해 체계적인 동화 정책을 펼쳤다. 설날을 비롯한 세시풍속을 없애버리고, 대신 일본 명절을 국경일로 지정하여 대대적인 행사를 열며 일본 문화를 강제로 이식했다.

특히 일제는 음력이 아닌 양력 사용을 강력히 권장했다. 단순히 달력의 차이를 넘어 우리의 생활 리듬과 정신세계를 흔드는 일이었다. 해방 이후 대한민국 정부가 세워진 뒤에도 그 여파는 오래 남아, 사람들은 양력 1월 1일을 '신정', 음력 정월 초하루를 '구정'이라 부르며 두 번의 설을 맞이하는 이중적인 풍속이 생겨났다.

여러 우여곡절 끝에 1985년, 음력설은 '민속의 날'로 지정되었고, 1989년부터는 마침내 본래 명칭인 '설날'을 되찾았다. 그리고 앞뒤 하루씩을 포함해 사흘 연휴가 마련되면서, 비로소 지금 우리가 누리는 명절의 모습이 자리를 잡게 된 것이다.

이 이야기를 해주자 손녀는 고개를 끄덕이며 "아, 그래서 새해가 두 번인 거군요!" 하며 환하게 웃었다. 어린 마음에 작은 의문이 풀린 것이 기쁜 듯, 그 맑은 웃음 속에 전통을 이해한 뿌듯함이 스며 있었다.

점심을 든든히 먹은 뒤, 가족들은 거실에 모여 우리 전통 놀이인 윷놀이를 즐겼다. 윷가락이 바닥에 떨어지며 '탁'하고 울리는 소리, 말이 앞으로 나아갈 때마다 터져 나오는 탄성과 웃음소리가 집 안을 가득 메웠다. 아이들은 이기고 지는 데 상관없이 들떠 있었고, 어른들은 오랜만에 모여 함께 웃는 순간이 그저 소중했다.

시간은 빠르게 흘러 저녁 9시, 아들 부부는 서울로 돌아가는 열차에 올랐다. 아침 일찍 내려와 온종일 함께하다 다시 먼 길을 떠나는 걸 보니 마음 한구석이 허전했다. 하지만 가족이 함께 보낸 따뜻한 시간이 마음속에 오래 남으리라는 생각이 들어 흐뭇했다. 나는 기차역으로 향하는 아들 가족의 뒷모습을 떠올리며, 다시 만날 때까지 모두 건강하고 행복하기를 조용히 기원했다.

✦ 운명은 내가 만들어가는 것이다

2025년 1월 30일(목)

새해가 되면 유독 한 해의 운세를 보려는 사람들이 많아진다. 길거리 점집에도 불이 환하게 켜지고, TV나 유튜브에는 유명 역술인의 신년 운세 방송이 넘쳐난다. 하다못해 여러 신문에 '오늘의 운세'가 빠지지 않고 실리니, 누구든 재미 삼아 한 번쯤 들여다보게 된다. 이제는 운세를 보는 일이 하나의 사회적 풍속처럼 자리 잡은 셈이다.

사람이 자신의 앞날이나 운명에 대해 궁금해하는 것은 지극히 자연스러운 일이다. 미래는 알 수 없기에 불안이 따르고, 그 불안을 잠시라도 해소하고 싶은 마음에서 운세에 기대는 것이다. 만약 정말로 인간의 운명이 미리 정해져 있다고 한다면 삶을 대하는 태도는 크게 달라질 수 있다. '어차피 정해진 길이라면 무엇을 하든 소용없다'라는 체념이 앞설 수도 있고, 반대로 '정해진 운명을 어떻게든 피하거나 바꿀 수 있을까?' 하는 집착에 빠질 수도 있다.

그러나 곰곰이 생각해 보면 '한 해의 운세'나 '오늘의 운세'가 들어맞을 가능성은 크지 않다. 같은 날, 같은 해에 태어난 사람이 전 세계에 얼마나 많을까? 그들이 모두 똑같은 운명을 걷는다는 것은 어불성설이다. 결국 이런 운세를 맹신하는 것은 현명하지 못한 일이다. 그저 가볍게 읽고 흘려보내며, 일상에 작은 즐거움이나 화제가 되는 정도로만 삼는 것이 바람직하다.

문제는 사람들이 종종 '맞는 것 같다'라고 느낀다는 데 있다. 마치 운세가 자기 이야기를 하는 듯한 착각이 드는 것이다. 이런 심리는 심리학에서 말하는 '확증편향' 때문이다.

즉, 자기 생각이나 기대에 부합하는 정보는 잘 받아들이고, 그렇지 않은 부분은 쉽게 흘려버리기 때문이다. 이로 인해 운세가 절반은 맞고 절반은 틀린 말이어도, 우리는 맞는 부분만 더 크게 기억하고 강조하게 된다. 결국 운세가 객관적인 진실처럼 보이지만 사실은 우리의 마음이 만들어낸 환영인 셈이다.

사실 사주나 운세의 본래 역할을 긍정적으로 바라본다면, 그것은 사람들에게 희망을 불어넣고 삶을 성실하게 살아가도록 동기를 주는 데 있다. "올해는 건강에 유의해야 한다"라는 말을 들으면 스스로 몸을 챙기려 노력할 수 있고, "새로운 기회가 찾아온다"라는 말을 들으면 좀 더 적극적으로 도전할 용기를 얻기도 한다. 그렇다면 운세는 예언이 아니라 하나의 자극, 삶을 다시 돌아보게 만드는 계기라 할 수 있다.

결국 중요한 것은 운세 그 자체가 아니라, 운세를 받아들이는 우리의 태도다. 운세에 끌려다니는 삶은 허망하지만, 그것을 계기로 자신을 돌아보고 최선을 다해 살아가는 삶은 분명 값지다. 새해 운세를 믿기보다는, 매일매일 자신이 쌓아가는 땀과 정성이 곧 운명이 된다는 사실을 기억하는 것이 더 현명한 길일 것이다. 운명은 하늘이 내려주는 것이 아니라, 내가 만들어가는 것임을 잊지 말아야 한다.

✨ 요즘 초등학교 졸업식은 '축제'의 자리였다

2025년 2월 22일(토)

며칠 전 손녀의 초등학교 졸업식에 다녀왔다. 손녀가 태어난 게 엊그제 같은데 벌써 초등학교를 마친다니, 시간이 얼마나 빨리 흐르는지 새삼 실감하게 된다. 나 역시도 학부모이자 조부모의 마음이 섞여 복잡한 감정이 들었고, 한편으로는 예전 우리 때와는 졸업식 분위기가 얼마나 달라졌을까 궁금하기도 했다.

그런 기대와 호기심을 안고 졸업식장에 들어서니, 귀엽고 사랑스러운 아이들의 눈망울이 초롱초롱 빛나며 나를 맞아주었다. 줄을 지어 대기하고 있는 졸업생들의 표정을 살펴보니, 긴장과 설렘, 또 앞날에 대한 기대가 고스란히 담겨 있었다. 아직은 세상 물정을 다 알지 못하는 어린 나이이지만, 그 순수한 눈빛 속에서 밝은 미래를 향한 희망을 읽을 수 있었다.

내가 초등학교를 졸업하던 시절을 떠올려 보았다. 그때는 졸업식이 곧 '이별의 자리'였다. 오랫동안 함께 지내 온 선생님과 친구들을 떠난다는 아쉬움에 눈물을 흘리고, 서로를 꼭 끌어안으며 위로하던 정겨운 풍경이 떠오른다. 반면 요즘의 졸업식은 한마디로 '축제'였다. 무겁고 형식적인 분위기보다는 아이들의 성장을 축하하고 격려하는 흥겨운 자리였다.

예전 우리 때 가장 영예롭고 으뜸으로 여겨지던 상은 단연 '6년 개근상'이었다. 성실함의 상징이자 자랑거리였던 그 상을 받는 것이 큰 영광이었는데, 지금은 그런 제도 자체가 사라졌다. 대신 학생 개개인의 성향과 장점을 존중하며, 다양한 이름의 상이 마련되어 모든 아이가 저마다의 빛나는 순간을 가질 수 있게 한 것이다. 누군가는 창의적인 상을, 누군가는 따뜻한 배려의 상을 받으며 환하게 웃고 있었다.

학생 수가 예전보다 줄어든 덕분인지 교장 선생님께서 졸업생 한 명 한 명에게 직접 졸업장을 전해 주셨다. 작은 손으로 졸업장을 받아 들고 정중하게 인사하는 아이들의 모습은 참으로 대견하고 기특해 보였다.

또 영상으로 졸업생들의 꿈과 포부를 소개하는 시간이 있었는데, 의사가 되겠다고 밝힌 학생이 가장 많아 인상적이었다. 시대가 변해도 여전히 누군가를 돕고 사람의 생명을 살리는 직업은 아이들의 가슴을 뛰게 하는 모양이다. 그 외에도 과학자, 선생님, 운동선수, 디자이너 등 다양한 꿈이 소개되며 객석에서는 박수와 환호가 이어졌다.

졸업식의 하이라이트라 할 수 있는 '졸업식 노래'도 옛날과는 달랐다. 우리가 부르던 노래는 다소 엄숙하고 격식에 맞춘 곡이었지만, 지금은 밝고 경쾌한 멜로디에 맞추어 아이들이 손뼉을 치며 즐겁게 따라 부를 수 있는 곡으로 바뀌어 있었다. 졸업식이 단순히 학교를 떠나는 의식이 아니라, 새로운 세상을 향해 힘차게 나아가는 출발점임을 음악으로도 보여주는 듯했다.

예전의 졸업식이 다소 고루하고 무겁게 느껴졌다면, 요즘의 졸업식은 훨씬 자유롭고 유쾌하게 다가왔다. 시대가 바뀌고 교육의 흐름이 달라진 만큼 졸업식 또한 세상의 변화와 발맞춰 새로이 진화해 가는 것 같았다.

결국 졸업은 끝이 아니라 또 다른 시작이다. 초등학교라는 울타리를 벗어나 더 큰 세상 속으로 나아가는 아이들에게 오늘은 분명히 인생의 중요한 이정표로 남을 것이다. 나는 그 모든 졸업생이 자신이 품은 꿈을 끝까지 잃지 않고, 성실하게 노력하며, 무엇보다 훌륭한 인격체로 성장하기를 간절히 바란다. 손녀 역시 앞으로 중학교, 고등학교를 거쳐 자신의 길을 찾아가겠지만, 이날의 환한 웃음을 오래 간직하며 씩씩하게 나아가기를 기원한다.

✦ 프란치스코 교황의 선종을 기리면서

2025년 5월 3일(토)

프란치스코 제266대 교황이 4월 21일 선종하셨다. 공교롭게도 그날은 부활절 바로 다음 날이었다. 예수 그리스도가 인류를 위해 십자가에 달려 돌아가시고 사흘 만에 부활한 그 신비로운 시간의 여운 속에서, 교황께서는 고요히 생애의 마지막 길을 걸어가셨다.

세상은 한 시대를 밝혀주던 한 줄기 등불을 잃었고, 사람들은 그가 남긴 삶의 울림을 되새기며 숙연해졌다. 생의 마지막 순간까지 가난하고 소외된 자, 세상의 가장 낮은 자리를 향해 몸을 굽히고 다가갔던 그분은 '빈자의 성자'라는 별칭 그대로 세상을 떠나셨다.

교황의 선종 소식을 접하자, 문득 오래전 읽었던 한 기사가 떠올랐다. 2014년 아르헨티나 주간 매체 『비바(Viva)』에 실린 인터뷰 기사였다. 당시 교황은 자신의 삶의 지혜를 담아 '행복 십계명'을 세상에 전했다. 특별한 교리나 어려운 철학이 아니라, 일상의 작은 습관과 태도 속에서 길어 올린 삶의 지혜였다. 아마도 그것이야말로 교황이 평생 몸소 살아낸 모습이었기에 더 큰 울림을 주는 것이리라.

「교황 프란치스코의 '행복 십계명'」

1. 다른 사람의 삶을 인정하라.
2. 관대해져라.
3. 겸손하고 느린 삶을 살아라.
4. 식사 때는 TV를 끄고 대화하라.
5. 일요일은 가족과 함께 보내라.
6. 청년에게 좋은 일자리를 만들어줘라.
7. 자연을 사랑하고 존중하라.
8. 부정적인 태도를 버려라.
9. 자신의 신념과 종교를 타인에게 강요하지 말라.
10. 평화를 위해 노력하라.

짧은 문장 속에 담긴 이 열 가지 조언은 마치 오래된 성경의 구절처럼 단순하면서도 깊은 울림을 준다. 타인의 삶을 인정하는 것에서 시작해 평화로 마무리되는 이 계명들은, 우리가 어떻게 사람답게 살아야 하는지를 따뜻하게 일러준다.

무엇보다도 눈길을 끄는 것은 '가족과 함께하는 시간', '식탁에서의 대화', '청년의 일자리', '자연의 존중' 같은 매우 구체적이고 생활적인 권고들이다. 그는 거창한 도덕률 대신, 일상에서 누구나 실천할 수 있는 삶의 길을 제시했다.

교황은 인터뷰에서 자신의 젊은 날에 대해서도 솔직하게 고백했다. "젊었을 때는 험한 바위산의 급류처럼 모든 것을 앞으로 밀어내려 했다. 그러나 성인이 되어서는 흐르는 강물처럼 순해졌다. 나이가 들어보니 삶은 고요한 물 같은 것임을 알게 되었다." 급류에서 잔잔한 강으로, 세찬 물살에서 고요한 물로 바뀌어 간 그의 내적 변화는 곧 인생이 우리에게 알려주는 진리이기도 하다.

그는 평생을 통해 겸손과 친절, 그리고 여유 있는 삶을 권했다. 특히 내일을 책임져야 할 청년들의 소중함을 강조했다. 청년이 최소한의 먹을거리를 집에 가져갈 수 있도록 하는 것, 그들의 자존심을 지켜주는 것이야말로 사회가 반드시 감당해야 할 책무라고 했다. 이 말은 단순한 훈계가 아니라, 세상의 가장 낮은 곳에서 만난 수많은 청년과 가난한 이들의 삶을 곁에서 지켜본 체험에서 나온 고백일 것이다.

교황은 이제 우리 곁을 떠나셨지만, 그가 남긴 '행복 십계명'은 여전히 우리의 마음속에 살아 있다. 바쁘게 돌아가는 세상 속에서, 경쟁과 욕망으로 지쳐가는 일상 속에서 이 계명을 한 번씩 떠올려 본다면 삶의 방향이 조금은 달라지지 않을까. 그분이 바라던 세상, 서로의 삶을 인정하고 평화를 위해 애쓰는 세상이 우리 안에서 조금씩 자라나기를 바란다.

| 닫는 글 |

백발의 청춘, 늘 한결같은 사람이고 싶다

　　　　　　은퇴 후 자신의 삶이 무너지거나 너무 빨리 늙어버리는 사람이 의외로 많다. 일이 없어서 그런 것이 아니라 일상의 질서가 사라지기 때문이다. 은퇴는 자유가 아니라 새로운 생존의 시작이다. 그 새로운 시작이 잘못되면 자존감이 허물어질 수도 있으며 불안과 후회, 무기력이 일상을 지배할 수도 있다. 갑자기 자신이 쓸모없는 사람이 된 느낌이 들고 사회적 고립이 생길 수도 있다.

　그래서 나는 은퇴를 앞두고 몇 년 전부터 내 삶이 무너지지 않고 은퇴 전과 마찬가지로 한결같이 활력있는 삶을 유지하기 위해 노력했다. 아침 기상 시간부터 운동, 독서, 여가활동, 일기 쓰기까지 규칙적인 생활 패턴을 유지하기 위해 애를 썼다.

　더불어 일상의 루틴을 잃지 않기 위해 돈보다도 동료를 위해 사무실을 운영하며 사회생활을 연장하기도 했다. 더불어 아내와 함께 운동하고 친구들과 둘레길 트레킹을 지속하는 등 활동을 이어왔다. 은퇴 후 초조한 마음과 무력감을 중화시키기 위한 것이었고 나 자신이 쓸모 있는 사람이라는 자기암시를 계속해줌으로써 자존감을 잃지 않게 했던 것이다.

보통 은퇴 후 1년이 지나면 삶의 민낯이 드러난다. 준비되지 않은 사람은 불안과 무기력에 무너지고 결국 더 빨리 늙거나 병에 들 수도 있다. 그렇기에 은퇴는 해방이 아닌, 삶의 무게 중심이 옮겨지는 순간이다.

'이불변응만변(以不變應萬變)'이란 말이 있다. '내 속의 변하지 않는 것으로 만 가지 변화에 대응한다'라는 의미이다. 돌이켜보면 나의 인생은 어릴 적부터 중심에 변하지 않는 하나의 목표를 품은 채로 새로운 것들에 대해 끊임없이 도전해 온 삶의 연속이라고 자부할 수 있다. 그것이 있었기에 지금의 내가 존재한다. '이불변응만변(以不變應萬變)'은 새로운 환경과 조건 속에서 변화에 직면할 때마다 나에게 늘 중심이 되었던 화두이자 철학이었다.

흔히 '인생 100세 시대'라고 한다. 은퇴는 노년의 시작이 아닌, 제2의 인생을 여는 출발점이다. 그동안은 조직과 사회의 일원으로서 살아왔다면, 이제는 자신을 위한 삶을 설계할 때다. 지나온 세월이 자산이 되어 더 행복하고 풍요로운 삶을 살아갈 수 있다.

이제 나는 은퇴한 백발의 칠순 노인이지만, 아직도 청춘이라고 생각한다. 조금은 과장된 표현이겠으나 '20대'의 마음으로 은퇴 후 삶을 누릴 것이다. 어느 대중가수의 노랫말처럼 '브라보 마이 라이프(Bravo my life)'를 외치며 남은 인생을 열어 가겠다. 지금껏 달려온 나의 용기를 위해! 찬란한 나의 미래를 위해!